实验室考古入门

Introduction to Laboratory Archaeology

杜金鹏 著

中国社会科学出版社

图书在版编目（CIP）数据

实验室考古入门 / 杜金鹏著. —北京：中国社会科学出版社，2021.6
ISBN 978-7-5203-8617-3

Ⅰ.①实… Ⅱ.①杜… Ⅲ.①实验室管理—考古学 Ⅳ.①K851

中国版本图书馆 CIP 数据核字（2021）第 116730 号

出 版 人	赵剑英
责任编辑	郭　鹏
责任校对	刘　俊
责任印制	李寡寡
出　　版	中国社会科学出版社
社　　址	北京鼓楼西大街甲 158 号
邮　　编	100720
网　　址	http://www.csspw.cn
发 行 部	010-84083685
门 市 部	010-84029450
经　　销	新华书店及其他书店
印　　刷	北京君升印刷有限公司
装　　订	廊坊市广阳区广增装订厂
版　　次	2021 年 6 月第 1 版
印　　次	2021 年 6 月第 1 次印刷
开　　本	710×1000　1/16
印　　张	22.25
插　　页	2
字　　数	320 千字
定　　价	99.00 元

凡购买中国社会科学出版社图书，如有质量问题请与本社营销中心联系调换
电话：010-84083683
版权所有　侵权必究

目 录

绪言 …………………………………………………………………（1）

第一章　实验室考古的诞生 …………………………………（9）
　　第一节　实验室考古概念 ………………………………（11）
　　第二节　实验室考古溯源 ………………………………（16）
　　第三节　实验室考古的形成 ……………………………（25）

第二章　实验室考古特点与价值 ……………………………（55）
　　第一节　实验室考古优点 ………………………………（57）
　　第二节　实验室考古局限性 ……………………………（60）
　　第三节　实验室考古的价值和意义 ……………………（62）

第三章　实验室考古成绩与问题 ……………………………（65）
　　第一节　已有成绩 ………………………………………（67）
　　第二节　存在的问题 ……………………………………（97）
　　第三节　相关建议 ………………………………………（99）

第四章　实验室考古对象 ……………………………………（103）
　　第一节　适用对象 ………………………………………（105）

第二节　对象选择 …………………………………………（118）

第五章　实验室考古项目计划书 ………………………（121）
　　第一节　基本要求 …………………………………………（123）
　　第二节　主要内容 …………………………………………（124）

第六章　实验室考古前期基础研究 ……………………（129）
　　第一节　基础理论研究 ……………………………………（131）
　　第二节　基础资料研究 ……………………………………（131）
　　第三节　文物保存保护状况评估 …………………………（138）

第七章　实验室考古的田野（包括水下）工作 ……（141）
　　第一节　前期勘察和发掘 …………………………………（143）
　　第二节　现场保护处理 ……………………………………（146）
　　第三节　提取和运输 ………………………………………（148）

第八章　实验室考古清理 …………………………………（161）
　　第一节　工作原则 …………………………………………（163）
　　第二节　工作方法 …………………………………………（163）
　　第三节　工作程序 …………………………………………（177）
　　第四节　工作要求 …………………………………………（179）

第九章　发掘现场文物保护 ………………………………（183）
　　第一节　监测与检测 ………………………………………（185）
　　第二节　保护处置 …………………………………………（185）
　　第三节　环境控制 …………………………………………（194）
　　第四节　安全保障 …………………………………………（195）

第十章　遗迹遗物和标本提取与管理 (197)
第一节　原则要求 (199)
第二节　提取对象 (200)
第三节　提取方法 (201)
第四节　管理要求 (208)

第十一章　信息资料采集记录与管理 (209)
第一节　基本原则和要求 (211)
第二节　记录方式 (212)
第三节　信息资料管理 (219)

第十二章　资料整理和研究 (221)
第一节　发掘资料整理 (223)
第二节　学术研究 (225)

第十三章　实验室考古报告 (239)
第一节　目标要求 (241)
第二节　基本规范 (242)
第三节　考古简报 (243)
第四节　考古报告 (245)

第十四章　实验室考古教学和培训 (253)
第一节　教学目的 (255)
第二节　教学内容 (255)
第三节　教学方式 (256)
第四节　专业培训 (256)

第十五章　实验室考古公众传播 ……………………（259）
第一节　基本原则 ……………………………………（261）
第二节　传播方式 ……………………………………（261）
第三节　保护措施 ……………………………………（262）

第十六章　实验室考古工作室建设 …………………（265）
第一节　建筑空间场所 ………………………………（267）
第二节　设施设备 ……………………………………（275）
第三节　仪器和机械、装置 …………………………（277）
第四节　工具和材料 …………………………………（278）

第十七章　实验室考古项目管理 ……………………（281）
第一节　合法依规 ……………………………………（283）
第二节　学术统筹 ……………………………………（284）
第三节　人员统筹 ……………………………………（284）
第四节　咨询和论证 …………………………………（285）
第五节　后勤服务 ……………………………………（286）
第六节　财务管理 ……………………………………（286）
第七节　安全保障 ……………………………………（287）

第十八章　实验室考古善后工作 ……………………（289）
第一节　项目结项 ……………………………………（291）
第二节　文物处置 ……………………………………（292）
第三节　资料处置 ……………………………………（292）
第四节　财务结算 ……………………………………（293）
第五节　知识产权 ……………………………………（293）

附录一 "实验室考古国家中心"创建
       报告书 ···（295）

附录二 应用低氧气调链对汉代棺椁的
       保护方案 ···（315）

参考文献 ···（335）

后记 ···（345）

绪 言

在本书最前面，我想说明以下三点，作为开篇词：

写作缘起

为什么要写这么一本小书呢？

2014年8月15日，"实验室考古呼伦贝尔论坛"在内蒙古呼伦贝尔民族博物院举行，来自国内近30个考古科研、教学机构的专家学者出席会议。会上，湖南省文物考古研究所所长郭伟民先生指出，短短几年来，实验室考古所取得的成就有目共睹，但目前缺乏行业标准及操作规程，对于从业人员缺乏资质评估，合作机制也无章可循。对此，当时的山东省文物考古研究所所长郑同修、河南省文物考古研究所所长贾连敏、河北省文物考古研究所所长韩立森、江苏省文物考古研究所所长林留根、重庆市文化遗产研究院院长邹厚曦等，纷纷表示赞同。彼时起，进一步规范实验室考古工作，便深深刻印在我的脑海里。

实验室考古在我国的发展速度比较快，成绩也比较突出，充分彰显出了实验室考古的优越性，但是，我对于其普及率还是不够满意。全国30多个省级考古机构、十几所有考古专业的著名高校中，开展实验室考古的单位只占少数，并且能够独立实施实验室考古者，更是少之又少。换句话说，在每年的大量考古发掘中，适合开展实验室考古的项目其实很多，但能够进行实验室考古者，真的是凤毛麟角！

这意味着什么？意味着大量珍贵的、不可再生的文化遗产，在我们的手中被"粗加工"了，许多重要的历史文化信息被"粗筛"掉了，甚是可惜！

因此，继续大力宣传绿色考古理念、彰显实验室考古的优势、传播实验室考古的方法和技术，从而促进实验室考古的发展，是重要且

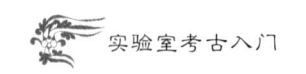

紧迫的事情。

发掘南昌海昏侯墓时，国家文物局为其指定了专家组驻现场指导工作，我有幸成为其中一员，具体负责实验室考古工作。某日，专家组组长信立祥先生亲自驾车，载专家组副组长张仲立和我前往发掘工地，路上，信立祥先生突然说了一句："实验室考古不就是室内发掘吗？"我一时无语，我想这兴许是信立祥先生开玩笑逗我吧？但也提醒我要继续努力，做实验室考古的宣传者、推广者。

学科群体

实验室考古学科建设，是一个团队、一群专家的共同工作。

当初，中国社会科学院考古研究所成立文化遗产保护研究中心，我们先后设立了考古技术部、文物保护修复部、文化遗产保护理论部、文保规划部、纺织考古部和文保实验室。这个组织架构，是奔着构建比较大的文化遗产科学体系而去。其中，考古技术部主要负责田野发掘技术支持和现场文物保护。在实际工作中，我发现，田野考古发掘与文物保护，应该实现无缝衔接，而不是有主次之分的发掘、保护两张皮的硬性叠加。这就是实验室考古理念的萌发。

早在承担二里头遗址贵族墓葬出土绿松石"龙形器"的实验室清理和复原研究时，我就萌生了将室内考古清理走出一条新路的想法。

随着中国社会科学院考古研究所文化遗产保护研究中心与山西省考古研究所合作开展翼城大河口西周墓葬 M1 壁龛清理发掘，创立实验室考古的想法日益突出，其学科框架也日益丰满、清晰。此间，我的同事、考古技术部部长李存信先生，付出了全部精力，很好地完成了大河口西周墓壁龛的发掘、保护、复原研究等任务。就这样，我们相互支持，开始了实验室考古理论与实践的探索。

我与李存信先生是实验室考古学科建设的搭档，我提出的一些思想理念，都是他率先实践，我从他的工作中，又受到启发而推进了实验室考古理论的完善。经他主持的实验室考古项目已有十几项，在我国考古界享有盛誉，是中国考古界的一个实验室考古"标杆"。

杨军昌教授也是我的实验室考古"搭档"。他对我提出的实验室考古概念给予高度肯定，并倾力实践。在他主持的重要考古项目中，一直全力践行实验室考古理念。我们之间有着频繁而深入的学术交流和切磋，期间他经历了从陕西省文化遗产保护研究院到西北工业大学的岗位变化，但他践行实验室考古的信念始终如一。

我的另一位实验室考古"搭档"是山东大学方辉教授，他是实验室考古走进大学学堂的主要倡导者，创建山东大学文化遗产研究院之后，他便积极推动实验室考古在山东大学落地开花，且开场便是重头戏，从实验室建设到项目引进，起步很高，进展很快，成为国内实验室考古教学的前沿阵地。我有幸成为这一过程的参与者，并且与方辉教授配合默契。

在实验室考古学科建设过程中，中国考古学会文化遗产保护专业委员会的同人们，给予了热情而全面的支持！2014年8月，"实验室考古呼伦贝尔论坛暨中国考古学会文化遗产保护指导委员会成立大会"在内蒙古自治区呼伦贝尔市举行，与会专家认真讨论了实验室考古学科建设问题，提出了学科存在的问题和发展方向。同时组建的"中国考古学会文化遗产保护指导委员会"，是中国考古学会成立的第一个专业委员会，可以说，考古学会文保专委会与实验室考古有着与生俱来的亲缘关系。后来的许多实验室考古活动，中国考古学会文化遗产保护专业委员会的同人们，踊跃参加，贡献良多！

在这里，我必须要提到一些直接或间接与我合作，对我国实验室考古学科建设真诚付出、贡献良多的考古同人。

他们是：山西省考古研究所宋建忠先生、谢尧亭先生，南京博物院李则斌先生，贵州省文物考古研究所周必素女士，湖北省文物考古研究所方勤先生，江西省文物考古研究所徐长青先生，中国科技大学张居中先生，上海博物馆宋建先生，扬州市文物考古研究所束家平先生，内蒙古呼伦贝尔民族博物馆白雪松先生，以及我的同事许宏先生、刘国祥先生、赵海涛先生等。这些考古精英们，对于新生事物满

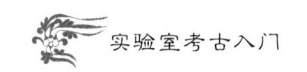

怀热情，对于考古学的发展充满信心，对于实验室考古新理念鼎力支持，于是，才有了我们参与的山西翼城大河口西周墓、贵州遵义播州土司杨价夫妇墓、湖北京山苏家垄曾国夫人墓、扬州曹庄隋炀帝萧后墓、江西南昌海昏侯墓、河南舞阳贾湖遗址史前墓葬、呼伦贝尔市岗嘎和谢尔塔拉遗址墓葬、偃师二里头遗址贵族墓葬、上海福泉山良渚文化墓葬等一系列实验室考古项目，也才有了实验室考古今天的成就。

当然，领导们的支持也十分可贵。中国社会科学院考古研究所所长、中国考古学会理事长王巍先生，充分肯定实验室考古理论方法，大力推动实验室考古实践，为实验室考古学科建设提供了诸多便利和实际支持！

国家文物局领导十分重视实验室考古，不仅集体到中国社会科学院考古研究所实地调研，还在其他考古发掘中大力倡导实验室考古。童明康副局长组织海昏侯墓的考古发掘，指派五人专家组驻考古现场指导发掘工作，由我负责实验室考古工作，开创了国家文物局重点考古发掘专列实验室考古项目之先河。

奠定实验室考古早期基础的前辈学者，更是人数众多，恕不一一列举，在此一并致以崇高的敬意！

总之，实验室考古学科建设现有成绩，是中国考古学界众多学者共同努力的结果，而非笔者一人之力、一人之功。

书名斟酌

这本小书的名字，按其内容似乎可以叫《实验室考古手册》，因为它貌似有点专业技术规范的影子；也可以叫《实验室考古导论》，因为它就是从笔者的同名论文扩展而来；但最终我还是更愿意叫它《实验室考古入门》，一则表示我自己刚入门，二则愿意引导有志青年入门。

我有20年的田野考古经验，有20多年的考古遗址保护工作经历，有将近40年的考古研究阅历，田野发掘技术也算熟练，文物保护技术粗知一二，考古研究方法涉猎尚广。但坦率地说，在不少田野发掘和文物修复技术方面，我不如一名资深技工；在遗址和出土文物保护科技方面，我肯定不如科班出身的专家；在考古学研究方面，我只在个别领域成就尚可。因此，斟酌自身学术长短，尤其是本书的水平限制，我还是把这本小书叫做《实验室考古入门》吧。

希望将来我国考古科研权威机构或管理部门，能组织编撰一部具有较高理论水平和实践指导价值的《实验室考古手册》，作为我国实验室考古工作的理论指导和技术规范读物。

鉴于实验室考古尚在起步发展阶段，本人的认知水平也有限，写作时间较紧迫，本书难免粗陋，恳请学界同人不吝赐教，多予批评！

杜金鹏
2020年7月

| 第一章 |

实验室考古的诞生

第一节　实验室考古概念

一　实验室考古概念

什么是实验室考古？

比较概括的概念阐述是：在考古实践中，考古专家与文物保护等方面专家相互协作，运用多种科技手段在室内开展古代文化遗存发掘清理，根据相关检测分析结果及时实施文物保护，通过对相关遗迹遗物的现场观察、分析、实验，探索古代人类活动及科学技术等问题的考古活动，称为实验室考古。[①]

比较详细的阐述则为：实验室考古是考古学研究的重要组成部分。通过考古学与文物保护科学、材料鉴定与分析科学、三维探测与复原技术、人类学、环境科学等各类相关领域的互动，在可控环境中（一般为实验室条件）开展古代文化遗存发掘清理，根据相关检测分析结果及时实施文物保护，并通过对相关遗迹及遗物的现场观察分析、实验等手段，探索古代人类社会生活各个侧面的考古学研究行为。其本质是社会科学研究，而非自然科学研究。其目标是在有限空间、有限材料、文物安全基础上通过多元方法提取信息，以求认识古代社会文化面貌和重构社会发展过程。研究对象取样、环境控制、发掘清理、检测分析、保护处理、性质鉴定与形态结构复原、社会与环境因素分析等内容为其基本工作要素。[②]

二　实验室考古内涵

发掘清理、检测分析、保护处理、研究复原为实验室考古基本工

[①] 杜金鹏：《实验室考古导论》，《考古》2013年第8期。
[②] 杜金鹏：《实验室考古》，王巍总主编：《中国考古学大辞典·文化遗产编》，上海辞书出版社2014年版，第656页。

作要素。

在实验室内通过成分分析和年代测定等研究文物之生产技术、地点、时间的"分析考古学",通过模拟实验研究古代人类活动和科学技术的"实验考古学",均可归入实验室考古范畴。

实验室考古可视为田野考古和水下考古的延续与补充。但因其工作的环境、方式、规程均有所不同,故应独立为一个考古工作种类。

三 实验室考古概念廓清

（一）"实验室考古"概念变换

20多年前,我国学术界曾有"实验室考古"的提法,主要指在实验室中通过科学分析测定,分析鉴定文物的材料、年代等,为考古研究和文物保护提供科学依据。李虎侯先生指出："实验室考古是运用自然科学实验的手段对古代遗存进行测量、分析和鉴定,取得数据资料,并以这些数据资料为依据阐述古代的实物、人物和事物,从而

图1-1 李虎侯先生赠予本书作者的《实验室考古学》①

---

① 笔者从李虎侯先生著作中获益良多。笔者曾与李先生合作从事古代文物测年技术研究。在此深深怀念离开我们已久的李虎侯先生。

达到认识古代社会的目的。"[1] 它的特点是：所有的方法都是在实验室里进行的；各种方法都是现代自然科学的新思想、新概念、新技术在其本门科学领域大力发展的基础上转而应用于考古研究上的；所有方法取得的结果，其对象都来自于古遗址；所有方法得出的数据，都是通过仪器仪表的显示来告诉人们的，不带任何个人的主观意识。[2]（图1-1、图1-2）

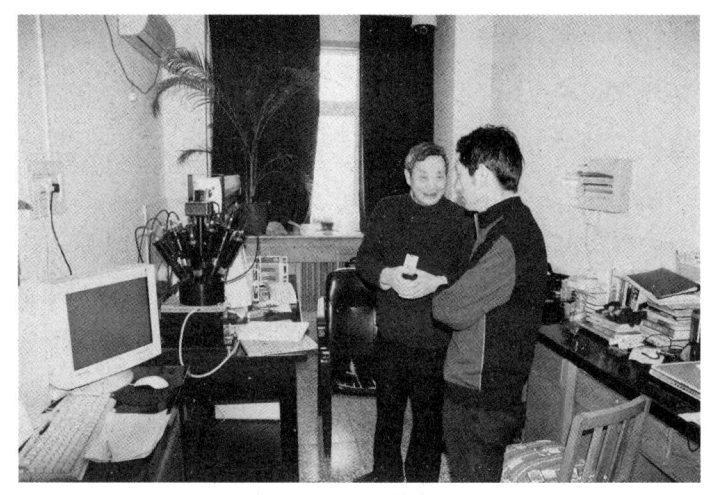

图1-2　2008年2月28日，本书作者与李虎侯先生在首都师范大学热释光实验室讨论运用热释光设备测试分析文物年代[3]

很显然，原先的"实验室考古"，现在被归为"科技考古"范畴，也可看做我们现在所说"实验室考古"的一部分。

（二）与"室内考古清理"的关系

实验室考古与一般的室内考古发掘清理（包括在田野发掘现场搭

---

[1] 李虎侯：《实验室考古纲要》，《实验室考古学》，科学出版社1998年版，第2页。
[2] 李虎侯：《实验室考古学的兴起》，《实验室考古学》，科学出版社1998年版，第15—16页。
[3] 李虎侯先生是中国社会科学院考古研究所研究员，主要从事出土文物科学检测分析研究，尤于文物测年方面建树颇多，著有《热释光断代》等。此时，李虎侯先生正在探索热释光测年技术。

建帐篷、构筑临时建筑等）之根本区别在于：前者注重运用各种科技手段，在可控时间与空间内对遗迹遗物及时进行保护处置，把田野考古发掘与实验室文物保护处理融为一体。后者注重遗迹清理和文物提取，发掘—保护—研究之系统关联性不强，因而只是田野发掘的自然延续。（图1-3）

图1-3　安阳曹操高陵考古发掘大棚①

（三）与"微型发掘"的关系

有学者把提取完整遗存之小部分，于室内进行多学科发掘研究的考古实践活动，称为"实验室微型发掘"②，或者叫做"微观清理发掘"。学者所称"微型发掘""微观发掘"，基本上都是小型实验室考古案例。因此有学者指出，"微型发掘就是一次更细致、更科学的考古发掘，是现场发掘在实验室里的延续，是集考古发掘、文物保护、

---

① 它只是一个遮风挡雨的临时设施，可以在一定程度上改善和保障考古工作环境。
② ［德］H. V. 雷可夫斯基、侯改玲：《考古发掘工地石膏封护提取文物的方法及实践》，《考古与文物》2000年第6期。

科学研究为一体的多学科互融的实验室考古"①。

（四）与"科技考古"的关系

科技考古一般是指依据考古学研究思路，借用自然科学相关学科的方法和技术，对考古遗址进行勘探，对遗址所在区域进行调查和采样，对多种遗迹和遗物进行鉴定、测试和分析，对各类与考古研究相关的资料进行定量统计，进而在一定程度上认识遗址或遗迹的空间信息、遗存的绝对年代、自然环境特征、人类自身与体质相关的特征、人类的多种生存活动及生产和社会行为特征，进一步拓宽考古学研究的视角与领域，提升考古学研究的效率、深度和精度，获取更多、更丰富的古代信息等。目前，科技考古主要研究领域包括：考古勘探、年代测定、环境考古、人骨考古、动物考古、植物考古、食性分析、古 DNA 研究、物质成分结构与工艺研究等。② 将来，科技考古研究领域还会不断扩大。实际上，"科技考古"本应是指运用自然科学技术手段对考古资料进行研究，以解决古代科学技术的发生与发展等问题。现在，学术界将其泛指一切利用自然科学技术手段对考古资料进行的考古学研究，涵盖了运用各种"考古科技"所进行的学术活动。

实验室考古与科技考古的区别在于，前者主要强调与一般考古发掘（相对田野考古、水下考古发掘）的方法和手段不同，后者主要强调与一般考古研究（相对人文、社会科学研究）的方法和手段不同。

可见，实验室考古与科技考古同为考古学分支，二者是并列、交叉、相融关系。

目前，随着一些田野考古项目搭建的现场保护性临时建筑物越来越高级、实用，发掘设备越来越先进，尤其是文物保护理念越来越提高，多学科结合越来越紧密，同时，将小型遗存从田野现场提取至室

---

① 杨忙忙、张勇剑：《实验室微型发掘方法在北周武帝孝陵发掘中的应用》，《文物保护与考古科学》第 22 卷第 3 期，2010 年 8 月。

② 袁靖：《科技考古》，王巍总主编：《中国考古学大辞典·科技考古编》，上海辞书出版社 2014 年版，第 665 页。

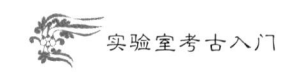

内进行考古发掘清理的活动，越来越注重文物保护、展示需求，越来越讲求多学科综合研究，因此"田野考古""室内考古清理"与"实验室考古"的界限越来越模糊，而"科技考古"与"实验室考古"的关系越来越密切。

第二节　实验室考古溯源

一　萌发——殷墟 YH127 号甲骨坑的整体搬迁

实验室考古，发端于室内考古清理。限于各种条件，某些考古遗存不适合于在田野中处理，于是产生了把有关遗存"打包"运回室内做进一步清理的发掘方式。

中国的实验室考古，萌发于 20 世纪 30 年代的安阳殷墟考古发掘中。

安阳殷墟科学考古发掘始于 1928 年。当时的"中央研究院"历史语言研究所部分专家，为了追寻甲骨文而在此开展考古发掘，至 1937 年累计共有 15 次发掘，于宫殿区和王陵区的发掘工作最具轰动性。其中，在宫殿区的发掘不仅如愿以偿地获得大量刻辞甲骨，更破天荒发现并辨识出商代夯土建筑遗迹，从而发现大片商代晚期宫殿建筑基址。

1936 年 6 月 12 日在殷墟第十三次发掘时，于乙十二基址西侧发现一个大型甲骨窖藏坑，编号 YH127。该坑为圆形，口径 1.8—2 米，底径 1.4 米，深 4.3 米。坑内堆积分为三层，上层为灰土，厚 0.5 米；中层为灰土和甲骨层，厚达 2.3 米；下层是灰绿土，厚 1.6 米。埋藏刻辞甲骨 17096 片，其中刻辞龟甲 17088 片（完整龟甲 300 多版），刻辞兽骨 8 片，皆属武丁时期。坑内还有一具人体骸骨与甲骨相伴，发掘者认为是王室档案（刻辞甲骨）的管理人员，在甲骨入库（坑）后以身殉职。① 该坑甲骨数量多，刻辞内容丰富，是迄今为止殷墟最大的出土刻辞甲骨之地层单位。（图 1-4）

---

①　石璋如：《小屯后五次发掘的重要发现》，《六同别录》上册，1945 年。

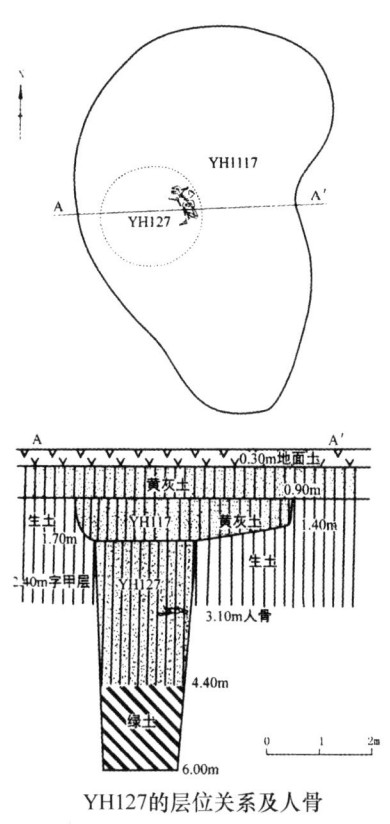
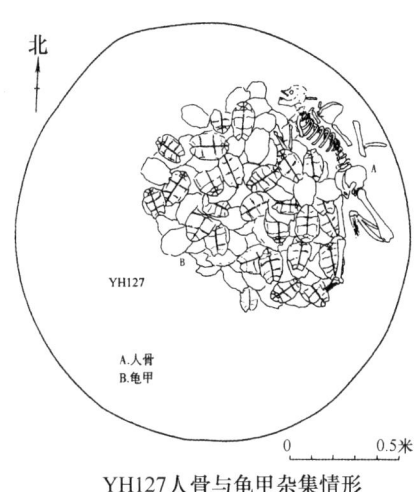

YH127的层位关系及人骨　　　　YH127人骨与龟甲杂集情形

图 1-4　YH127 层位与形制

（左：层位关系和窖藏坑剖面；右：人骨与刻辞甲骨混杂一处）①

发现该坑的当日，是本次发掘预定结束的日子。当天下午四点，在坑中发现有字卜甲，负责该坑考古清理的王湘立即仔细清理，至五点半收工时已经在半立方米土中提取出土3760块龟版。在场考古专家们十分兴奋，专门决定延长一天工作，期望利用这一天把坑中甲骨彻底清理出来。"谁知事实遮没了我们的想象，愉慰超过了我们的希冀。坑中包含的埋葬物，并不是平常那样的简单，遗物的排列，并不

---

① YH127是一个很规则的圆筒形窖藏坑，大概是利用了已有的窖穴，作为保存甲骨资料的窖藏坑。那个与甲骨一起被埋藏的人，应该是这批甲骨资料的管理人。

是像平常那样的杂乱，不能以普通的方法，来处理这特殊的现象。"①当时正值炎炎夏日，不仅考古工作者难耐酷热，坑中保存非常脆弱的甲骨更是经不起烈日灼炙！为了更好地清理、保护这些甲骨，"最有独创性的田野工作者"王湘②和石璋如等在场同事们决定放弃现场发掘，改为套箱提取至室内继续清理。

这确实是考古发掘史上的创举。这个创新性方法，可分为田野工作和室内工作两个阶段。

首先是田野发掘现场工作。王湘等先以YH127为中心开设一个长、宽各10米的探方，下挖2.5米深与YH127内甲骨显露层面持平，成为一个工作平台。再以YH127为中心，开设5米见方小探方，在该探方内把YH127填土以外的周边土，全部挖去，并把坑内没有甲骨的上层填土清理干净。于是，形成一个1.6米高的"灰土柱"。经发掘者探察，发现距

图1-5 殷墟YH127整体起取现场

（左图为YH127被挖成"土柱"准备套箱情景；右图是套箱后移出探方情景③）

---

① 石璋如：《殷墟最近之重要发现附论小屯地层》，《中国考古学报》第二册，1947年。
② 李济先生称YH127发掘主持人王湘为"最有独创性的田野工作者"，见李济《安阳》，上海世纪出版集团、上海人民出版社2005年版，第95页。
③ 这是一个中国考古学史上的技术创举，当时要把重达5吨的重物从地下提取出来，的确是个艰巨任务，30多人用了两天才完成任务。其所采用的方法启迪了后来的考古工作者，所提取的遗存物，类别越来越多，体量越来越大。现在，有了起重设备，此类工作便轻而易举，重达数十吨的提取物已经司空见惯。

离地表4.5米深时,已经罕见甲骨片。因此决定以5米深为工作底面,以4.5米为套箱底面。然后制作一个1.8米见方木箱,套在"灰土柱"外面,将土柱外围空隙用土填实,大家用了四个昼夜终于把它装进大木箱中,总重量达5吨多。与此同时,在大探方的北部开设一条斜坡道,宽3米,长12米,用于将大木箱从地下拖上地面。在克服许多困难之后于7月4日把它运到安阳火车站,7月12日方才运抵史语所南京驻地。(图1-5)

其次是室内清理工作。由胡厚宣先生负责,其工作步骤是:先剔除甲骨表面泥土,使龟甲轮廓清晰显现,依照相互叠压情况,逐层清理,每清理出一层甲骨,先照相画图,再逐一提取。一块甲骨编一个号码,装入一个纸盒子保存。从7月至9月历时三个月的辛勤劳动,终于完成任务。(图1-6)

小屯YH127在南京进行室内清理时情景

图1-6 殷墟YH127室内清理中①

---

① 从在南京的室内清理过程中,考古学家认识到室内考古清理的优点,因而将复杂而脆弱的遗迹遗物从田野中搬迁回室内进行考古清理,成为一种常见发掘方式。当时殷墟考古参与者、后来考古报告执笔人石璋如先生评价说:胡厚宣等人的发掘"比我们做得仔细,去掉箱子之后便用透明纸贴在龟版上用笔拓画,先照相再画图,画图后再在图上、龟版上进行临时性编号,一层一层地画,一层一层地起,不像我们在田野所面临的时间压力,他们还可以开着电扇慢慢地做,与田野真是差得太多了,所以说南京也做过田野发掘,是'室内的田野发掘'。之前从未有过把灰土坑变成灰土柱,装箱运到南京研究的行动,这算是中国考古界的大事"。(陈存恭、陈仲玉、任育德:《石璋如先生访问记录》,2002年4月,台北,第137页。)

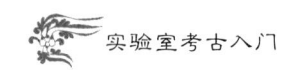

胡厚宣先生总结该坑甲骨特点有十方面之多，揭示了它不同寻常的学术价值。董作宾先生说这项发现"真是应该大书特书的一件事，也是十五次发掘殷墟打破记录的一个奇迹"①。李济先生说这是抗战前殷墟考古发掘中"最高成就和最伟大的业绩"②。这个评价是基于史语所的殷墟发掘初心在于寻求甲骨文，③ 实际上，此间的宫殿建筑基址和王陵发掘，同样、甚至更具科学价值！

笔者要说的是，这不是一个预先主动设定的考古工作项目，却是一个被迫无奈的聪明创举！

1937年春殷墟第15次发掘，再次运用了这个"聪明创举"：4月7日高去寻在殷墟宫殿区丙组基址北侧发现一座商墓，编号YM331，田野工作历时仅有五天。发掘时，在相当于墓主人的头骨附近，发现一组松石珠，与17条玉鱼在一处。因田野发掘时间仓促，现场来不及仔细清理，于是把这一组绿石珠遗存整个的连土提取，装在一个木盒中，计划运至南京史语所驻地从容地进行室内清理工作，以便弄清楚它们的组合。木盒运回南京后，即值抗日战争开始，绿松石珠木盒也随史语所开始其旅行——由南京而南昌，由南昌而重庆，由重庆而昆明，由昆明而李庄，由李庄而南京，均未开箱。直到运抵中国台湾岛，才在台湾大学打开木箱重新发掘。清理出玉鱼五条、大小绿松石珠181粒。④ 这是继YH127之后殷墟考古第二次采取现场提取、室内清理方式，进行考古发掘。（图1-7）

---

① 董作宾：《殷墟文字乙编·序》，《中国考古报告集之二·小屯·第二本》，1948年。
② 李济：《安阳》，河北教育出版社2000年版，第124—128页。
③ "当傅斯年所长选择安阳为第一个遗址，以此检验现代考古学的理论和方法……主要目的是了解有字甲骨是否仍存在。果然，在科学方法的指导下，经过八年多坚持不懈的工作之后，于1936年夏季发现了H127龟甲档案库。它把这一建立在理性推论和田野经验积累之上的事业推向了顶峰！"见李济《安阳》，上海人民出版社2007年版，第97—80页。
④ 石璋如：《小屯·第一本·殷墟墓葬之五·丙区墓葬·上》，"中央研究院"历史语言研究所1980年版，第99页。

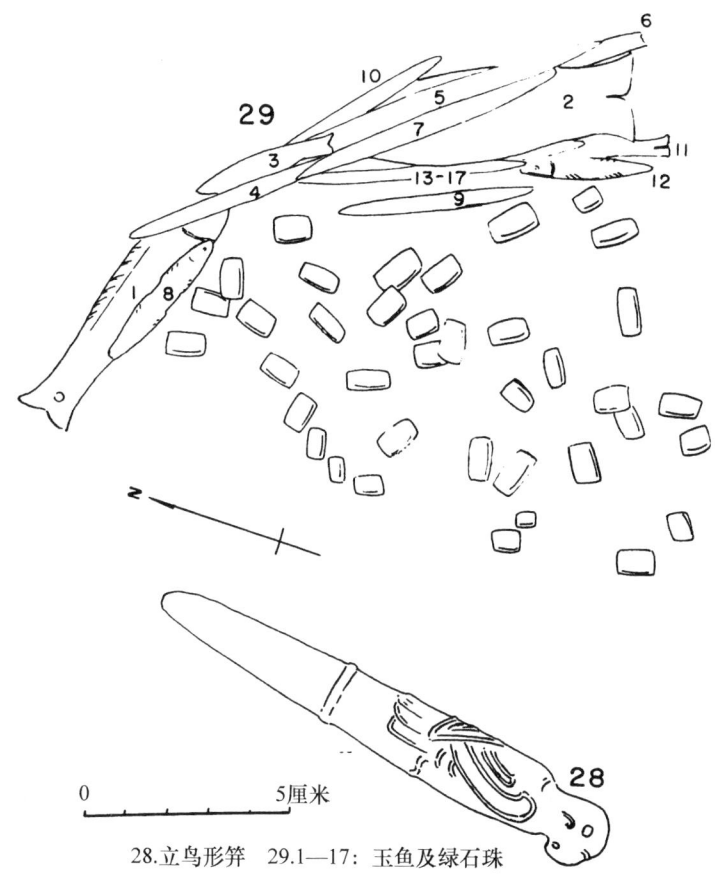

28. 立鸟形笄　29.1—17：玉鱼及绿石珠

图 1-7　殷墟小屯 YM331 室内清理出土头饰①

二　传承——新中国殷墟后续搬迁发掘

中华人民共和国成立后，随即恢复了安阳殷墟考古工作。70 年来，成果辉煌！在考古实践中，考古学家也经常运用"搬迁发掘""室内发掘"法。

1991 年秋，为配合殷墟博物苑前道路修建工程，中国社会科学院考古研究所在殷墟花园庄村东进行考古发掘，发现一个甲骨坑，编号 H3。该坑呈长方形，长 2 米、宽 1 米、深 2.5 米。坑内上部为浅灰土，

---

①　由于从田野发掘现场提取后，放置时间太久，且经过反复长途颠簸，土质干燥龟裂，文物已有移位现象。甚是可惜！

厚约0.6米，包含物很少。其下是0.6米厚夯土，十分坚硬。再往下是深灰土，里面包含甲骨片。由于坑小，仅容一人下坑清理，工作进度很慢。因甲骨埋藏时间很长，极易破碎，一块完整的卜甲出土时往往碎裂为数十片甚至百多片，清理工作进行一天半才提取卜甲54片。此时恰逢天公不作美，狂风大作，沙土飞扬，修路施工汽车轰鸣声不绝于耳！且因发现"宝物"的消息不胫而走，围观人群络绎不绝。而负责修路的城建部门又不停催工。凡此，均给考古发掘工作造成极大压力！主持发掘的女考古学家刘一曼先生等心急如焚，经反复研究，"决定终止在工地的清理工作，将整个甲骨坑来一个大搬迁，搬回考古站再清理"。其方法大致类似当年王湘先生搬迁YH127模式，制作一个长2.2米、宽1.2米、高0.8米的大木箱，套取该坑。套箱后甲骨坑总重达4吨多。租用起重机和平板卡车，从现场吊取、运输到工作站。（图1-8）

运回工作站以后，因进不了库房门，只好在院子里搭建工作棚进行

图1-8 殷墟花园庄甲骨坑H3套箱提取中①

---

① 图中下方中央站立者为本次发掘主持人刘一曼先生，图中左上方站立指挥套箱者为原中国社会科学院考古研究所安阳工作站郭鹏先生。这次套箱提取，基本沿袭王湘先生等的方法。而这种方法，也一直沿用到现在。当然，这种方法对于遗址会有一定程度破坏，因此，亟待发明一种专业机械进行更加科学、精细化套箱法。

继续发掘。发掘采取逐层清理方法,每剔出一层甲骨,就照相、绘图,然后依照叠压关系,依次提取,编号入盒,并随时采取加固保护措施。先后清理出 16 层,两个阶段共计工作两个多月,获取甲骨 1583 片。①

关于殷墟花园庄 H3 甲骨坑考古发掘的学术意义,发掘主持人刘一曼先生总结说有五点:对甲骨文分期断代有重要意义;为非王卜辞及商代家族形态研究提供珍贵资料;对甲骨文和古文字研究有重要价值;为甲骨文例研究提供丰富资料;对商代历史研究贡献重要新资料。②(图 1-9)

图 1-9　殷墟花园庄东地 H3 甲骨坑套箱清理至第 5 层时情景③

---

①　中国社会科学院考古研究所安阳工作队:《1991 年安阳花园庄东地、南地发掘简报》,《考古》1993 年第 6 期;中国社会科学院考古研究所:《殷墟花园庄东地甲骨》第一分册,云南人民出版社 2003 年版,第 1—3 页。

②　刘一曼:《殷墟考古与甲骨学研究》,云南出版集团、云南人民出版社 2019 年版,第 60—75 页。

③　在安阳殷墟,整体搬迁考古发掘对象已是平常之事,如车马坑、祭祀坑、墓葬、陶窑等,先前是田野发掘后实施搬迁保护,现在更多是搬迁回考古工作站后进行发掘清理并保护处理。

殷墟小屯和花园庄两项甲骨坑发掘,除了时间更加充裕、环境更加舒适、发掘更加细致之外,并不比田野发掘多出什么科技手段,因此,与今天的实验室考古相比有着本质差异。充其量就是石璋如所说的"室内发掘"——花园庄甲骨坑因箱体太大无法搬进室内,只得在院内清理,所以只能算是"搬迁发掘"。

三 推广——其他室内考古清理

上述方法,曾经在全国许多地方被采用。体量较大的发掘对象,一般采用木箱或铁箱套取;体量较小的遗迹遗物,除了使用套箱法也经常采用石膏包裹法提取。然后运回室内进行考古清理和文物提取,有的还成功进行复原仿制研究。中国社会科学院考古研究所在安阳殷

图1-10 北京琉璃河遗址西周墓出土漆罍(左)和其仿制品(右)①

---

① 琉璃河遗址西周墓葬出土一批木胎漆器,胎体已经腐朽殆尽,仅存一层漆皮,一旦从土中剥露出来,漆皮便会爆裂卷曲,造成文物损毁丧失。因此,在田野考古现场很难完成对这类文物的清理提取。于是,考古和文物保护专家采取打包提取方法,将其整体搬回室内,再应用技术手段进行仔细清理加固。这是从考古现场打包提取回到室内进行考古清理后得到的文物本体照片,以及根据清理出来的文物本体进行的复原研制的仿制品。这是考古专家与文物修复专家的合作成果。

墟、襄汾陶寺、北京琉璃河等遗址的考古发掘，便常常采用这个方法。① 有专家总结了从田野发掘现场整体提取文物遗存的方法技术。②（图1-10）

第三节 实验室考古的形成

一 实验室考古的初始概念——科技考古雏形

如前所述，早在20多年前，李虎侯先生即提出了"实验室考古"概念，出版了专著《实验室考古学》。他的定义是："实验室考古是运用自然科学实验的手段对古代遗存进行测量、分析和鉴定，取得数据资料，并以这些数据资料为依据阐述古代的实物、人物和事物，从而达到认识古代社会的目的。"③ 这一学术概念随后即被考古文博界所采用。1988年5月在广西南宁市召开了"全国第一次实验室考古学术讨论会"④。

后来，1989年在安徽合肥举行的"全国第二次实验室考古学术讨论会"上，学者们一致认为用"科技考古"一词替代"实验室考古"概念更为合适。⑤ 从此，"实验室考古"正式被"科技考古"所取代，"实验室考古"一词便被束之高阁了。

二 实验室考古产生背景

（一）社会发展

中国人主持的中国考古学已经走过了80多个年头。此间，中国考古学经历了初创、发展、辉煌、转型等阶段。

---

① 丁六龙：《北京琉璃河西周燕国墓地出土漆器在室内的清理起取和保护》，《文物修复与研究》，国际文化出版公司1995年版，第103—105页。
② 杨璐、黄建华：《考古发掘现场文物保护中的整体提取技术》，《文物保护与考古科学》2008年第1期。
③ 李虎侯：《实验室考古学》，科学出版社1998年版，第2页。
④ 蒋兴礼：《全国第一次实验室考古学术讨论会——开幕式在我院举行》，《广西民族学院学报》〈哲学社会科学版〉1988年第3期。
⑤ 考古杂志社：《全国科技考古学术讨论会在合肥举行》，《考古》1990年第4期。

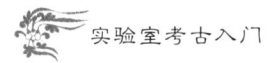

至20世纪八九十年代，中国考古学取得了骄人成就。中央、省（区）、市（地）三级考古科研网络的普遍建立，高校考古、文博教学机构的广泛建立，数十万处古代遗址、墓葬的发现，各地古代文化体系（区系类型）的建立完善，标志着中国考古学的基本成熟。因此有学者欢呼"中国考古学黄金时代"的到来。①

跨世纪的十几年中，"夏商周断代工程"②"中华文明探源工程"③等，推动了一系列重要遗址的考古发掘与研究，传统考古学与现代科技的结合，把中国考古学推向一个崭新阶段。

改革开放带来的大规模基本建设，推动了大范围、大面积的考古发掘，催生了一系列重要考古发现，许多重大学术问题得以逐步廓清。然而，此间的中国考古学，也产生了某些问题，如各地考古机构都在忙于应付层出不穷的基本建设项目，一些重大建设项目——如三

---

① 有学者认为，1949年以来中国考古学的成就主要表现在"年代上的缺环和地域上的空白都在逐渐地填补，使我们有可能利用考古学研究成果更好地恢复我国古代历史的全貌"，至20世纪80年代，中国考古学已进入"黄金时代"。这里的"黄金时代"还有思想领域的解放和政治经济环境的改善对考古学发展带来的机遇之意。（中国社会科学院考古研究所：《中国考古学的黄金时代》，《考古》1984年第10期。）

② "夏商周断代工程"是1996年启动的"九五"国家重点科技攻关计划项目，全国200余位历史、考古、天文、古文字、测年技术等多学科专家共同参与。工程开展期间，推动了多处大遗址的考古工作，其中最为重要的考古成果包括：偃师商城小城的发现、宫城布局和建城年代的解决，郑州商城宫殿区早期夯土建筑基址的发现、建城年代的解决，洹北商城的发现，登封王城岗、禹县瓦店、新砦遗址的重新发掘，沣西遗址先周与西周年代的廓清，晋侯墓地的发掘与研究，琉璃河遗址"成周"卜甲的出土等，对于夏商周文化编年和分期研究，均有重要意义，在中国考古学史上书写了光辉一页。（夏商周断代工程专家组：《夏商周断代工程1996—2000年阶段成果报告（简本）》，世界图书出版公司2000年版。）

③ "中华文明探源工程"是在科技部和国家文物局的组织下，于2001年启动的多学科联合攻关项目。该工程在考古学方面取得了一些重要成果。例如：在位于古史传说尧活动中心地区的山西襄汾陶寺遗址，发现面积达280万平方米的巨型城址和城内宫殿建筑基址；在与文献"禹都阳城"的地理位置和时间基本吻合的河南登封王城岗遗址，发现了面积约30万平方米的大型城址；在河南新密新砦遗址，新发现了夏代前期的面积达70万平方米的大型城址；在夏代后期都邑河南偃师二里头遗址，发现了中国最早的宫城和有中轴线布局的宫殿建筑。在浙江杭州良渚遗址群发现良渚城址。这些发现为讨论中国早期国家起源问题提供了新的资料。该工程重视多学科综合研究，重视自然科学与社会科学的结合，推进实验室考古技术方法应用和移动实验室在田野考古现场的运用，必将推动中国考古学的现代化建设。

峡工程、① 南水北调工程等②更是调动了全国考古力量。这些不同地方的考古力量承担的有着工期要求的考古发掘项目，其工作质量有时不能保障，发掘数量、面积与科研成果数量、质量之间不能相称。依照预定学术目标、按部就班地开展的考古项目，越来越少。中国考古学虽然在从业人数、发掘规模（数量、面积）方面举世无双，但是学术和技术创新却不能与之完全相称。

大规模的城乡建设，促使我们发现、发掘了大批古代遗址，但同时也使大量古代遗址面临严重损害甚至灭顶之灾。古遗址、古墓葬等文化遗产，均系不可再生的珍贵文化资源，粗放型考古发掘消耗大量文化资源，绝对是不可持续的发展模式。

（二）田野考古局限性

田野发掘是考古学研究的基本手段和途径，但在实践中，它存在某些局限性。譬如：

第一，工作条件局限。

环境局限。首先，田野考古受制于气候条件的制约，举凡风雨霜雪酷暑寒冬，无不严重影响田野考古工作的正常进行。因此，如无特殊需要，考古发掘一般安排在春秋季节而避开冬夏时令。但是，基本建设中发掘和抢救性发掘，往往时间紧迫，不能拖延。其次，空间的狭窄（如深邃的窖藏和墓葬等）不利于许多设备的工作展开，不利于人员的投入，甚至无法进行正常的清理发掘。此外，田野考古的环境局限性还包括地下水位高等方面。如果地下水位较高，我们一般会放弃大面积的发掘——除非承担十分重大的任务。但若遇建设项目必须进行发掘的，解决地下水问题便是很困难的事情。（图1-11）

---

① 自1997年启动的三峡工程考古和文物保护工作是中国有史以来最大的文化遗产抢救保护工程，项目多达1087项，其中涉及地下文物723项，考古发掘面积187万平方米。全国110家专业单位投入几乎全部考古力量参与发掘。（国家文物局主编：《中国文化遗产2008》，中国文物报社。）

② 2005年启动的南水北调工程考古和文物保护工作，涉及地下文物663项，发掘面积169万平方米。50多家专业机构参与发掘工作。（国家文物局主编：《中国文化遗产2008》，中国文物报社。）

图 1-11　商丘南关大运河遗址考古发掘现场抽水设施①

时间局限。考古发掘是一项细致入微且连续性很强的工作，面积大、堆积厚、现象复杂的遗址，其发掘时间就会很长。但在实际工作中，往往遇到不容拖延较长时间的发掘项目（比如重要建设工程项目中的发掘、特殊情况下的抢救性发掘），令考古工作者苦恼不堪。每当遇到重要、复杂的遗迹遗物，考古工作者希望有一定的时间进行研究，包括取样送检，专家"会诊"等，遇此情况发掘便会停滞。就是说，考古发掘有时间节律。但是实际工作中有很多情况下不容许耽搁。

安全局限。田野考古必须解决安全问题。首先是避险，包括避免中毒、滑坡、洪水、泥石流、空气污染等灾害，以及探方壁塌方、附近建筑物倒塌等事故，确保人员、设备安全，确保文物安全。由于客观条件限制，在考古现场往往不能完全保证避免上述种种危险。另一安全问题是防盗窃、防抢劫。凡是有重要文物出土的考古现场，都会面临被盗、被抢的危险，自民国时期殷墟发掘动用军队保卫考古工

---

① 作为大运河"申遗"项目，河南省文物考古研究所在此揭露出一座疑似"码头"的大运河遗存。发掘时，较高的地下水给考古工作带来极大挑战，昼夜不停地排水才勉强保证发掘。

地，到近年来许多考古工地请来武警、公安执勤，考古发掘现场的文物、人员安全，都不容忽视。可是，田野考古发掘往往是在旷野之中，即便是在城镇近郊，也缺乏围墙之类防护设施。动用武警、公安进行保卫需要经过繁复的审批手续。（图1-12）

图1-12　山东纪王崮春秋墓葬发掘现场武警站岗[①]

技术设备局限。在发掘清理一些特殊、复杂的遗迹现象时，需要一些特定的仪器设备和特殊的技术手段，而这些仪器设备不可能在田野发掘中普遍配备，甚至很多仪器设备不适合在野外环境中使用，一些必须的特殊技术手段也难以在田野中施展。

信息提取局限。受上述多种因素影响，田野发掘中的信息提取存在较大不足，许多有用的信息随着发掘工作的不断推进而湮灭、消失，且无可弥补。

[①]　为了对付地方黑恶势力，抗战前的殷墟考古发掘，便已动用军队保护考古专家和正常科学活动。直至今日，借助武装力量保证考古发掘现场安全，已是常事。

第二，发掘方法与研究手段局限。

发掘工序局限。在田野考古发掘中，我们一般要遵循从上到下、从晚到早的顺序进行发掘，揭露文化层的时序是相当严格的。可是在发掘实践中，我们往往迷茫于复杂的地层堆积和遗迹现象中，希望能够探寻到地下遗迹遗物间的确切关系。于是，在无奈之时人们会采用打小探沟的方法，去了解眼睛无法透视的地层关系和遗迹现象，但是，仍不得颠覆"从上到下、从晚到早"的发掘顺序之"铁律"。

研究手段局限。有些问题在田野考古中无法解决。如遗迹遗物的年代问题，尽管采用地层学、器物类型学等，可以解决相对年代问题，结合纪年文物可以解决绝对年代问题，但是毕竟许多遗存之间缺乏直接的地层关系，纪年文物的出土更是可遇不可求。因此，年代问题往往需要考古出土标本的实验室测定分析（包括碳十四、热释光等）予以解决。更有孢粉、微生物和其他田野工作中无法辨识的东西，也必须在实验室内观察分析。

田野发掘中见到的遗迹遗物，是人类活动的结果，而活动的过程则往往无所踪迹——有时会发现活动片段之遗迹，但完整的活动画面一般不可求取。要复原这些人类活动过程，需要通过反复实验予以分析和验证。

第三，文物保护局限。

在传统考古工作中，发掘与文物保护往往会出现脱节现象。即田野发掘与出土文物保护修复，是两个并不紧密衔接的环节，一些十分重要的遗迹遗物，因为得不到及时的保护处理，往往造成不可逆转的保存状态恶化甚至毁灭。即便在田野发掘中提取到的一些遗存，在长途运输和长时间搁置中，也会遭受不同程度的损害。

1956—1958年，经国务院批准对明定陵进行考古发掘。在这座规模宏大的"地下宫殿中，出土各类文物2648件，包括了织锦匹料、衣物、冠冕、佩饰、金银器、玉器、瓷器等，其数量之丰富、工艺之精湛、品相之精美，令人叹为观止。其中丝织品文物尤其珍贵，但十分脆弱,因保护措施和技术不到位,出土不久即遭损毁,令人痛心!帝后骨殖和棺椁,也在"文化大革命"中完全丧失"①。(图1-13)

图1-13 北京定陵出土缂丝十二章衮服

第四,专业人才局限。

田野发掘中面临的文化遗存,涉及古代社会的方方面面,正确认识它们需要多方面的专业知识。然而,田野考古发掘中专业人才的配备是有限制的,尤其是随着考古工作量的不断加大,有限的考古人员越来越分散、奔波在各个工地上,考古队人员配置的"单兵化"和学科配置的"单科化"日益严重。易言之,田野考古发掘人员的专业知识是有限的,不能对田野发掘中遇到的各种遗迹遗物从专业角度全部进行正确审视、判断、认识。

因此,田野考古发掘受到种种制约,严重影响到考古发掘的质量、进度,一些重要遗迹现象、遗迹关系搞不清楚,甚至一些重要的遗迹遗物遭到破坏、毁灭,给我们的考古研究带来不可弥补的损失,对珍贵的文化遗产造成无可挽回的破坏。

可见,科学的考古发掘是文化遗产保护、传承的重要途径和手

---

① 中国社会科学院考古研究所等:《定陵》,文物出版社1990年版。

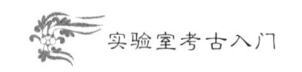

段，而非科学的考古发掘则会对文化遗产造成严重破坏，不利于文化遗产的保护与传承。

（三）考古人文保意识提升

随着经济社会的快速发展，国人对于文化遗产保护的认识有了很大提升。在考古界，也出现了对于考古学的反思、对未来考古学发展方向的思考。鉴于文化遗产的"公共遗产"性质（不仅属于考古学家，同时属于全体国民乃至全人类）、"不可再生"性质（随着时间推移，既有的文化遗产数量只会日益减少，且一经损毁不可复生），要求考古学者珍视考古资源、关注文化遗产保护和展示，产生了推行"文化遗产保护类"考古模式的呼声。这是一个崭新的、可贵的学术思潮，它要求考古学界贯彻科学发展观，珍视文化遗产，改变粗犷工作方式，推进精细化考古发掘，把文物保护工作前置于考古发掘现场。很快，这种思潮转变为中国考古学界新风尚。于是，注重以最少资源消耗获取最大信息量，把考古发掘和文物保护之科学技术手段运用至极致，融发掘、检测、保护、修复、研究、复制于一体的"实验室考古"应运而生。毋庸置疑，实验室考古必将成为中国考古学新的学科生长点。

2007年7月11—14日，由中国社会科学院考古研究所等单位发起召开的"中国大遗址保护研讨会"在内蒙古呼和浩特市召开。[①] 出席本次大会的120位代表来自全国26个省、自治区和直辖市的近60家单位，所属单位有科研院所、大学、行政管理和新闻出版等部门，所从事的主要工作有文物考古、文物规划、文物保护、文物管理、教学和出版宣传等领域。本次大会是第一次由考古科研学术单位发起和组织的关于大遗址保护的全国性的学术会议，通过会议搭建的平台，充分表达了现阶段学术界对大遗址保护的迫切心声，一定程度上体现了学术界对大遗址保护的关注程度。大会的议题广泛而鲜明，几乎涵盖了当前我国以大遗址为代表的文化遗产保护领域最急迫的命题。与

---

① 王学荣：《中国大遗址保护研讨会纪要》，《考古》2008年第1期。

会专家从理论和实践结合出发，就我国大遗址保护的急迫性、所面临的问题、基本概念、保护理念、保护方法和利用形式等问题，结合具体案例从多个角度进行了系统分析和精彩陈述。经会上、会下广泛而热烈的交流和讨论，在总结已有经验的基础上，与会代表就当前我国以大遗址为代表的文化遗产保护等问题形成了若干共识，其中重要一点是：考古学研究是文化遗产保护研究的重要组成部分，是大遗址保护的基础，将考古工作纳入文化遗产保护体系既是现实需要，也是发展的必然结果。考古学家及其研究成果在文化遗产保护工作中具有十分重要的地位，文化遗产保护应充分考虑考古工作者的地位。考古学家不能回避也无法回避社会对我们承担起文化遗产保护与展示使命的强烈要求，应该自觉和勇于承担对社会应尽的责任，用自己的研究成果回报社会。会上，张忠培先生提出要把考古工作纳入文化遗产保护体系，他认为"考古工作纳入到文物保护体系就是保护考古工作的生命线，是保护我们民族的文化命脉"[1]。傅清远先生指出：多学科参与是考古发掘中遗址保护的重要保障。考古发掘与可持续保护和展示的结合是考古发掘前期工作的重点思路。[2] 曹兵武先生呼吁："遗产阶段的考古学"应该关注公共遗产、保护可持续发展的考古资源，考古学家在发掘过程中必须考虑到古代遗存的保护、展示、传播。[3] 笔者在探讨了考古发掘与遗址保护关系的基础上，倡导"建立从遗址保护出发的考古模式"[4]。随后，笔者连续著文讨论"文化遗产保护类考古类型"的创建与推行问题。[5]

可以说，本次会议的召开标志着中国考古界的"文保觉醒"，中国考古学进入到一个新阶段——"文化遗产阶段"。这是考古人对于考古学任务和目标的一次重新审视，也是对考古学价值的一次重新定

---

[1] 张忠培：《中国大遗址保护的问题》，《考古》2008年第1期。
[2] 傅清远：《大遗址考古发掘与保护的几个问题》，《考古》2008年第1期。
[3] 曹兵武：《考古学与大遗址保护》，《中国文物报》2007年11月9日。
[4] 杜金鹏：《试论考古与遗址保护》，《考古》2008年第1期。
[5] 杜金鹏：《试论文保类考古》，《考古》2010年第5期；杜金鹏：《再论文保类考古》，《文化遗产研究》第1辑，科学出版社2010年版。

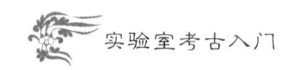

位。归结为核心一点，就是考古人、考古学要珍视文化遗产资源，重视文物遗产保护！（图1-14）

图1-14 中国社会科学院考古研究所文化遗产保护研究中心门牌①

三 实验室考古的实践探索

"实验室考古"一词的复活，是考古学学科进步的产物和表征。其契机则是文物保护专家直接参与到考古发掘清理中来。

2006—2007年，中国文化遗产研究院、故宫博物院文物保护、修复专家与考古学家合作，对在浙江瓯海西周土墩墓中套箱起取的青铜器等随葬品实施实验室考古清理，首次提出了"实验室考古清理"的

---

① 中国社会科学院考古研究所文化遗产保护研究中心的成立，是中国考古学学科发展进入到"遗产保护"阶段的重要标志之一。这个从非实体学术机构"大遗址保护研究中心"脱胎而来的实体科研机构，以考古遗产保护研究为己任。在呼和浩特举行的"中国大遗址保护研讨会"，便是该中心推动召开并承办的第一个全国性考古遗产保护学术研讨会。

概念，项目组"在安全提取和保护好文物的同时，又比较充分地获取考古信息"，"这项工作，无论从目的还是从技术手段来看，已经超出了考古室内清理的范畴"①。这项工作虽然主要是由文物保护专家完成的，但是十分重视考古信息的提取与保存。对于这种考古发掘方式，在起草工作报告时，曾按照西语译文称之为"实验室考古微型发掘"，后根据考古学家张忠培先生的意见改称为"实验室考古清理"，认为这样称呼既与通常所说的考古室内清理相衔接，又赋予其文物检测和保护的相关内容。大体上，这项科研活动基本符合"实验室考古"特征，可以看做是我国实验室考古的早期实践例证。（图1-15）

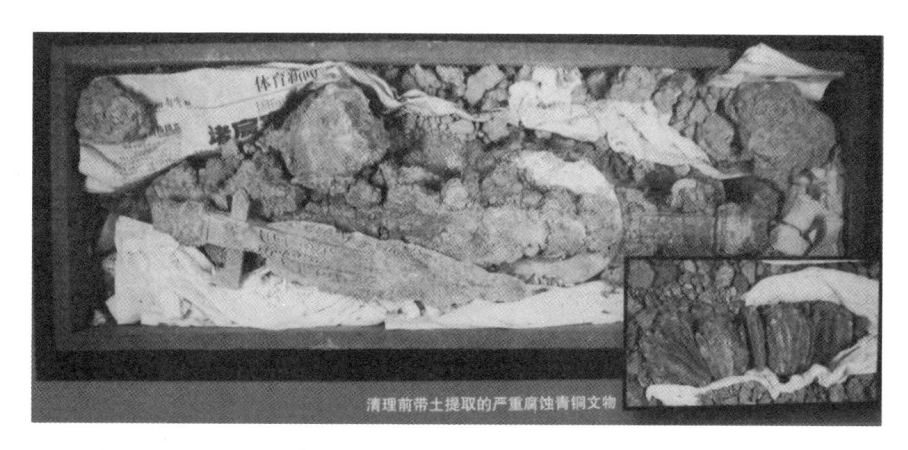

图1-15　浙江瓯海西周土墩墓实验室考古项目提取的青铜器包②

在此前后，我国许多地方的考古机构也先后开展了类似的工作。其中，陕西省考古研究院等单位的工作比较有代表性。

1993—1994年，陕西省考古研究所等单位对屡遭盗掘的北周孝陵（北周武帝与皇后阿史那氏的合葬陵）进行抢救性发掘。孝陵为二次葬，千余年的雨水、农田灌溉水渗进墓道，使得原有遗物发生漂移、

---

① 马菁毓、梁宏刚、霍海峻等：《浙江瓯海西周土墩墓出土青铜器的实验室考古清理》，《考古》2009年第7期。
② 尽管本次实验室考古活动从技术层面看，规模很小，只是简单清理还谈不上"发掘"，但从学术理念上来说有重要创新性。

浮升。加之历史上墓葬多次被盗掘，淤泥从盗洞涌入墓道、甬道、壁龛等，随葬文物被扰乱，其大多数处于不同层次的淤泥当中。尤其是在抢救性考古发掘前不久的两次盗掘均用爆破方法挖掘盗洞，导致墓室坍塌，其墓室周边及上部原生土层出现裂缝，使现场清理提取工作极为困难。为了尽可能多地提取考古真实信息，为相关研究提供最原始的资料，搞清遗物间相互关系，除少数处于表层的金属器物、陶俑被在现场提取外，壁龛和墓室底部的包含有各种遗物的土层均被分割切块，用石膏封固打成石膏包的方法提取，并运回实验室进行考古清理。这次考古现场共搬迁74个石膏包。[①]（图1-16）

图1-16 北周孝陵出土金箔织物残迹（杨军昌先生供图）[②]

[①] 侯改玲：《考古发掘工地石膏封护提取文物的方法与实践》，《考古与文物》2000年第6期；哈特姆特·冯·雷克夫斯基：《北周孝陵发掘工地石膏封护提取文物的保护技术》，见联邦德国教育与研究部公共关系局编《让过去拥有未来：十五年德—中文物保护方法的发展与检验》，罗马—日耳曼中央博物馆，2006年。

[②] 据初步统计，北周孝陵考古发掘现场清理提取文物有400余件，其中大多为陶俑。实验室考古清理出的文物却达2300余件，包括铜器、铁器、金器、玻璃器和瓷器等，还包括大量遗迹，为考古学深入研究提供了比较全面翔实的实物资料。北周孝陵文物保护是考古发掘现场文物保护的一个成功案例，是文物保护与田野考古有机结合的一个很好的实践，尤其是对小件文物、脆弱质文物、痕迹等的保护保存开辟了新途径，提供了新经验，也是陕西省考古研究院"实验室考古"实践的一个成功案例。

在陕西省考古研究院开展的实验室考古的第二个典型案例是唐李倕墓的出土文物的保护修复。这是一个配合基本建设的考古发掘项目，由陕西省考古研究院与德国美因兹罗马—日耳曼中央博物馆同行合作共同完成。①

2001 年，陕西省考古研究所在西安理工大学江新校区配合基建考古调查中发现一处唐代墓葬群，有墓葬近 180 座，其中李倕墓是该墓葬群中规模最大、等级最高的墓葬。据出土墓志获知，李倕是唐高祖第五代孙女，死于唐开元二十四年（公元 736 年）。李倕墓未遭盗扰，保存比较完整，但在现场的发掘清理过程中，在位于李倕头骨的位置，发现一组连续的不同材质的小件器物，可看到的有玉器、绿松石、珍珠、金质饰件等，其最小的尺寸约 2 毫米。大量排列有序小件饰件的发现，使考古学家们意识到，这些饰件意味着墓主人应该随葬着完整的冠饰和服装组配饰。由于施工工期的要求及现场工作条件的限制，加之墓室下部为淤泥沉积，现场清理时淤泥与遗物迹象无法区别，而直接提取会导致小件器物原始位置的混乱，给复原冠饰及身体服装组配饰等造成极大的困难。因此，考古队决定把冠饰和身体服饰组配饰及脆弱质文物等采取打石膏包的方法，分五部分搬迁至实验室进行考古发掘和保护修复。

从 2002 年初开始至 2012 年底，中德专家经过十余年的不懈努力，从现场搬迁回实验室的 5 个石膏包中清理出一批重要文物，包括 2 面螺钿镜、1 件木梳、1 个装有五个粉盒的漆奁、1 顶冠饰和 1 组身体组佩饰等珍贵文物。② 尤其是经过约一年半保护修复完成的李倕冠饰和经过近两年保护修复的身体组佩饰等，是极为难得的古代艺术珍品。

---

① 陕西省考古研究院、德国美茵兹罗马—日耳曼中央博物馆：《西安市唐代李倕墓冠饰的室内清理与复原》，《考古》2013 年第 8 期。

② 杨军昌、侯改玲、安娜格雷特·格里克：《唐李倕冠饰的保护修复与复原》，见陕西省文物局、陕西省考古研究院编《留住文明——陕西"十一五"期间基本建设考古重要发现》，陕西出版集团、三秦出版社 2011 年版；安娜格雷特·格里克、杨军昌：《关于李倕墓出土花冠清理及修复的最新报告》，见联邦德国《每年报》，罗马—日耳曼中央博物馆，2006 年版；陕西省考古研究院、德国美茵兹罗马—日耳曼中央博物馆：《西安市唐代李倕冠饰的室内清理与复原》，《考古》2013 年第 8 期。

初步的研究表明，唐李倕墓出土文物的制作工艺包括铸造、锤碟、鎏金、贴金、镶嵌、掐丝、焊接、金珠、平脱、螺钿及彩绘等；用到的各类材料包括金、银、铜、铁、陶瓷、象牙、贝壳、珍珠、绿松石、紫晶、琥珀、玻璃、羽毛、大漆等；在保护修复过程中，中德文物保护专家用到的现代分析方法包括显微分析、X光探伤、XRF、3D扫描、高清晰照相、SEM-EDS，以及计算机模拟技术等，以从各个角度开展相关科学研究。唐李倕墓出土文物的保护修复与复原过程中，使用的新材料、新工艺，注重实际问题的解决，其规范化的工艺，对于材质多样化、组合复杂化文物的保护修复，以及痕迹、遗迹的保护都有着重要的、积极的指导作用。（图1-17）

更重要的是，陕西省考古研究院与甘肃省文物考古研究所合作开展的甘肃省张家川县马家塬遗址战国墓之实验室考古活动。

马家塬墓地位于甘肃省天水市张家川回族自治县木河乡桃园村。该墓地独特的墓葬形制、装饰华丽的车辆、由大量金银珠宝组成的人体装饰等，反映了战国晚期生活在当地的西戎部族的文化面貌和丧葬习俗，对研究当时甘肃东南部地区与周边地区的文化交流和秦戎关系具有重要意义。

该墓地已发掘的墓葬中，墓主身体上多有金、银、锡质带饰和由各种珠子组成的装饰，珠子的材质包括金、银、绿松石、肉红石髓、汉紫、汉蓝、铅白、玻璃、蜻蜓眼等。珠子的直径小至1毫米，部分汉紫珠、汉蓝珠和铅白珠保存状况较差。珠饰结构复杂，以往在现场的工作中由于工作条件的限制，未能揭示珠饰的排列和结构形态，也未能获得有关人体装饰的完整信息。

为了解有关人体装饰和服饰的完整信息，复原人体装饰和服饰的全貌，两家考古机构的专家对保存状况较好、装饰复杂的M4、M16、M57的棺木进行了整体打包，提取至室内进行清理和保护，希望解决由于现场条件限制所造成的发掘清理难度大、文物结构观察不清楚、信息提取不全、文物保护不到位、文物提取困难等问题。

图 1-17　李倕冠修复复原后景象①

该项目取得了超乎预期的重要收获。发掘者总结为五方面：一、通过实验室考古使我们比较完整地了解了马家塬战国墓人体装饰和服饰的基本状况。二、比较完整地揭示了珠饰的排列和结构，对不同部

---

① 李倕冠饰整体高约 320 毫米、宽约 165 毫米。统计表明，冠饰由 4 个鎏金铜发簪、2 个铁质发簪、1 件金质发簪、13 件大型金质饰件、250 余件小型金质饰件组成，共镶嵌有 410 余颗珍珠、千余块绿松石等；材质分析研究显示，冠饰中用到的材料包括金、银、铜、铁、珍珠、贝壳、玛瑙、绿松石、红宝石、琥珀、象牙、玻璃、羽毛及纺织品等。

李倕身体服装组佩饰由三部分组成，腰部珍珠网状饰件和左右两侧璎珞饰件，其中腰部珍珠网状饰件长约 37 厘米，宽约 12 厘米，由 45 个单元饰件组成，包括绿松石 193 块，珍珠 974 颗，宝石 4 颗，贝壳 9 块，小铃铛 9 个；两侧饰件长约 77 厘米，宽约 12 厘米，其中左边璎珞缝缀有绿松石 276 块，珍珠 28 颗，宝石 37 颗，贝壳 5 块，小铃铛 6 个等；右边璎珞缝缀有绿松石 268 块，珍珠 26 颗，宝石 44 颗，贝壳 1 块，小铃铛 6 个等。

李倕冠饰和身体组配饰是目前得以复原的唯一一顶唐代贵妇冠饰和一组身体组佩饰，代表了当时最高的艺术和加工工艺水平，为考古学、艺术史和工艺研究等提供了极为难得的实物资料。

位发现的珠饰的排列组合关系有了初步认识。三、对腰部带饰的组合关系有了清楚的了解。四、通过显微清理、观察和拍照，在珠饰、铁器和人骨上发现了纺织品遗存。五，通过全程三维扫描，记录了遗物的准确位置和信息，为将来的复原和3D展示打下了良好基础。① 其实，该项目更重要的学术意义是为实验室考古理论建设和方法技术探索，做出了极其重要的贡献！因为无论在理念上还是方法上，该项目均具有积极创新性。（图1-18）

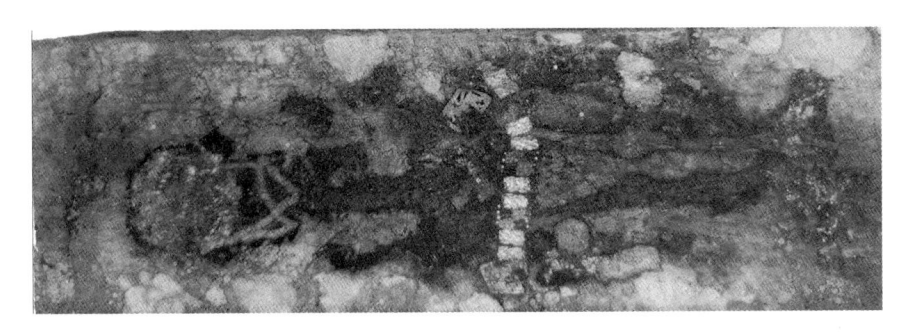

图1-18 张家川马家塬战国墓M4棺内死者正射影像②

在实验室考古创新建设方面，中国社会科学院考古研究所的有关探索更加重要。

2002年，中国社会科学院考古研究所二里头工作队在发掘河南偃师二里头遗址三号宫殿基址南院时发现几座贵族墓葬，其中M3号墓里发现大量绿松石片组成的龙形器，因现场技术条件有限，不能进行仔细清理，遂将该墓葬整体套箱起取后从考古现场运回北京，交由中国社会科学院考古研究所文化遗产保护研究中心专业技

---

① 甘肃省文物考古研究所、陕西省考古研究院：《甘肃张家川县马家塬战国墓地M4木棺实验室考古简报》，《考古》2013年第8期。
② 《甘肃张家川县马家塬战国墓地M4木棺实验室考古简报》这样认为，本项目"是我们对实验室考古规范化的工作流程及多种信息提取方法的一次尝试，目的是使实验室考古更加精细和科学，使信息提取与记录更加详细和全面。同时，使脆弱糟朽的遗物得到及时的保护。作为田野考古发掘的延续与深入，实验室考古更能体现文物、考古与文保工作者共同参与、相互协作的理念，也是现代科技手段应用与多学科合作进行研究的平台"。

术人员进行室内考古清理。在清理过程中，采用了显微剔剥、化学加固保护、三维扫描等手段，终于将其完整地揭露出来并提取有关信息。①（图1-19）

图1-19 二里头遗址三号宫殿M3绿松石龙室内清理发掘中②

---

① 中国社会科学院考古研究所二里头队：《河南偃师二里头遗址中心区的考古新发现》，《考古》2005年第7期。

② 该项目对象虽然体量不大，但工作量却十分庞大而缜密，从而成功地清理出一条完整的绿松石镶嵌龙，因其价值突出，被学术界誉为"中国龙"，成为中国考古博物馆的"镇馆之宝"。此前二里头遗址墓葬中屡屡发现有绿松石镶嵌文物，但鲜见成功完整提取者。究其原因，除了保存不佳，田野发掘现场显然不适合精密、脆弱文物清理和提取。

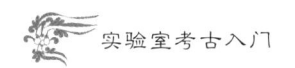

该器由约 2000 多片绿松石构成，绿松石片一般仅有长宽约 0.2—0.9 厘米，厚约 0.1 厘米，粘附在一种有机质物体上，构成伏龙状图案。龙身长 64.5 厘米。这项工作已迈向了实验室考古的门槛。（图 1-20）

图 1-20　二里头遗址三号宫殿 M3 出土绿松石龙[①]

更具代表性的实验室考古探索项目，是中国社会科学院考古研究所与山西省考古研究所合作进行的山西省翼城县大河口遗址西周墓葬壁龛的发掘。

2007 年 7 月，山西省临汾市翼城县大河口墓地墓葬被盗，山西省考古研究所等组成大河口考古队进驻当地。经勘探，这是一处有近 600 座墓葬的西周墓地，其中，一号墓（编号 2008SYDM1）墓口

[①] 技术人员还对这件珍贵的绿松石龙形器进行了模拟复制。（李存信：《二里头遗址贵族墓葬的清理与龙形器复原仿制》，《中原文物》2006 年第 4 期）此前在二里头遗址也曾于墓葬中发现绿松石片，如 1975 年在二里头遗址第六区清理的墓葬 75YLⅥK3 中，"在铜戈、铜戚附近各有一堆散乱的绿松石片（大约是镶嵌所用）"，墓坑内 "西北边有 25×6 平方厘米大的地方，排列着整齐的绿松石片"。（中国科学院考古研究所二里头工作队：《偃师二里头遗址新发现的铜器和玉器》，《考古》1976 年第 4 期）可惜在发掘现场未能搞清其图案构成。所以此次完整揭示出如此气派的绿松石龙形器，实属可贵！这也完全是拜室内考古清理之赐！

东西长 4.25 米、南北宽 3.22 米、深 9.75 米，墓底长 4.60 米、宽 3.78 米，一棺一椁。墓室内发现了大量的青铜礼器、乐器、兵器、工具及车马饰件。在墓室二层台上方约 0.4 米处的四壁发现壁龛 11 个，壁龛内放置漆木器、原始瓷器、陶器等。在东二层台上发现漆木俑两个，南北二层台上还发现木质盾牌等随葬品。从墓葬形制和随葬青铜器分析，墓主属伯一级贵族，时代为西周中期，墓主可能为男性。（图 1-21）

图 1-21 翼城大河口 2008SYDM1 田野发掘现场①

大河口 M1 在第一阶段田野发掘中，发现壁龛内放置的漆木器和二层台上漆木俑等，保存状况十分脆弱，在田野发掘现场条件下很难进行完好的清理和妥善保护处置。考古队经过慎重研究，决定邀请中国社会科学院考古研究所文化遗产保护研究中心参与该墓葬的发掘，并负责其壁龛和漆木俑的清理保护工作。

---

① 该墓葬四壁有置物壁龛，形制结构比较特殊。其壁龛内随葬一些漆木器，其木胎已经糟朽，因此很难在田野现场进行清理提取。

根据不同体量之壁龛、漆木俑及盾牌等的体积形式，采取了整体套箱起取的方法，对其每一遗存单元实施单独完整的套取。套取后单箱重量轻者数百公斤，重者可达数千公斤。运到位于北京王府井大街的中国社会科学院考古研究所驻地，随即展开室内发掘清理与保护，成功清理出一批西周漆器。（图1-22）

图1-22　大河口2008SYD M1壁龛套箱提取

针对大河口M1特殊的埋葬形式和漆木器等随葬品的保存状况，项目组秉持考古发掘与文物保护有机融合、考古发掘走科学化精细化道路之学术理念，制定出了精细清理—分析检测—及时加固—科学保护—全面记录—复原研究之技术路线，为推动建立具有中国特色的新型考古分支——"实验室考古"奠定了实践基础。（图1-23至图1-25）

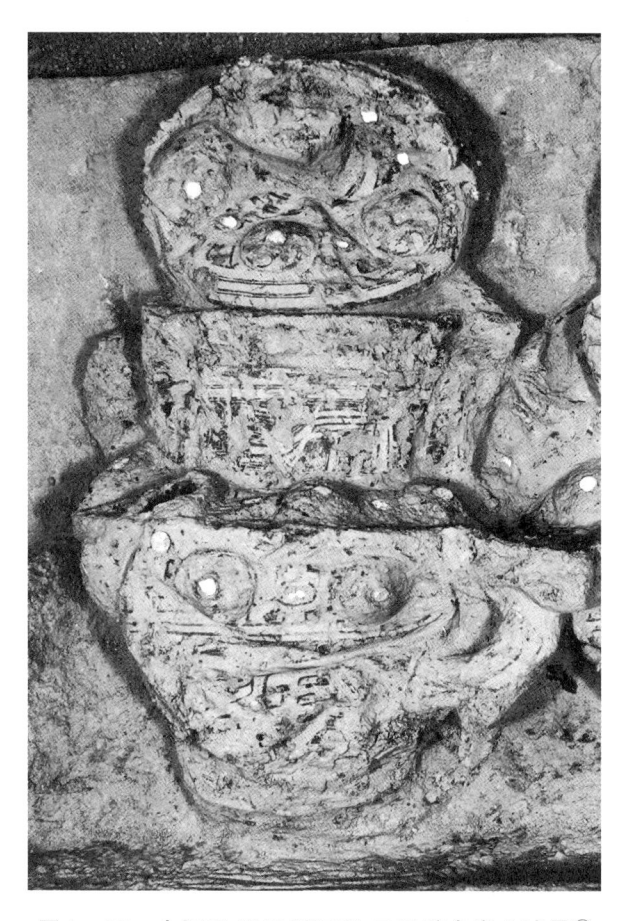

图 1-23 大河口 2008SYDM1 二号壁龛出土漆罍①

---

① 该龛位于墓室北壁下方中央，龛内放置嵌蚌饰漆木罍两件，其器形、纹饰、体积基本相同。木质胎，器盖和器身肩部及腹部镶嵌不同形状的蚌饰。器形与西周同期青铜罍近似，通体髹红漆为地，用黑漆线绘制纹饰。器物因变形比较严重，整体呈椭圆扁体状，且两罍之耳部互为并靠叠压，无法采取分离措施，故在原位进行加固处理保护，并按照实测图对壁龛实施了原始状态复原。

漆罍，通高约 0.45 米，口径 0.19 米，肩部最大径约 0.34 米。器盖菌形钮顶嵌一半球形蚌壳，蚌饰外缘描一周黑漆线。盖面由五个圆泡及其间五个柿蒂纹组成主纹带，纹带外再环三周黑漆弦纹。颈上部饰有三道黑色弦纹，颈下部以红漆描绘出三组两两相对的凤鸟纹。凤鸟纹下环以多道黑地红色弦纹。肩部装饰一周计七个突起的圆泡形饰，泡上饰涡纹，泡饰中心嵌一小圆形蚌饰。突起的圆泡之间各饰一由左右对称变体雷纹组成的柿蒂纹，蒂中心嵌一圆角长方形蚌片饰。器身上腹部的纹饰与肩部纹样相同，唯上下圆泡饰作"品"字形交错排列。纹带上施三周下施一周弦纹，纹带以下腹部至圈足间共饰五圈以左右对称变体雷纹组成的柿蒂纹带，均为红地黑线勾成，纹带间上下各环一周弦纹。

图1-24 大河口2008SYDM1六号壁龛出土漆牺尊①

图1-25 大河口2008SYDM1出土西周漆木俑②

---

① 六号壁龛位于墓室南壁西端，龛口近似长方形，底长1米、高0.65米、宽0.45米。出土牺尊为组合件，分别由兽体、冠饰、双翼及背上所载瓿等部件组成。兽身长0.7米，通高0.5米。兽头呈长圆形，头前伸，吻部突出。黑目圆睁，口微张。头上中部固定一冠饰。长颈，肩上伸展出两翼。兽身长圆，胸部微鼓，臀肥硕，小短尾微翘，四肢匍匐。兽身背、头、耳、翼均髹红漆为地，用黑漆线及绿色涂饰描绘纹饰，腹下似为黑漆。兽背中部驮有一圆瓿形器物，口径0.16米，腹最大径0.24米，通高0.21米。口及颈部髹红、黑漆，圈足亦为红漆。腹部以绿色涂饰勾勒出卷尾盘龙饰，龙首突出器表，似半浮雕状，龙身、尾呈涡纹状；盘龙周围亦衬有红、黑漆饰。

② 这是我国首次在考古发掘中成功清理、提取到西周时期髹漆木俑，不但对我国古代墓葬随葬木俑的起源研究、西周丧葬制度研究和人物服饰研究具有重要价值，而且对于我国北方地区古代漆木器类文物的发掘、保护，具有示范意义。

上述实验室考古项目皆脱胎于田野考古,而这里必须提到的一项脱胎于水下考古的实验室考古,便是"南海Ⅰ号"沉船的室内考古发掘。[①]

"南海Ⅰ号"系一艘南宋时期沉船,1987 年发现于广东省台山、阳江交界海域,其船体被海泥封护,保存较好,船载货物非常丰富,发现时即出水大量精美瓷器和金银器等遗物。作为一个独立存在、结构完整的水下遗存,在相关的文物、船体、社会关系、生态环境等诸多方面蕴藏的极其丰富的古代信息,对于开展我国古代造船技术、海外航运、对外贸易中的物质文化交流以及不同文明之间的接触碰撞研究等都有着极为重要的意义。因此,经国家文物局批准,国家博物馆等多次对其开展水下搜寻、物理探测、水下考古调查与发掘等工作。2007 年在已有水下考古工作基础上,运用整体打捞方式,完成钢沉箱静压下沉和水下穿梁后把 5500 吨的钢沉箱包裹的"南海Ⅰ号"古沉船及其船货整体起吊出水,最后采用气囊拉移的方法平稳移入专门为之建造的广东海上丝绸之路博物馆内。

2012 年即开始对丝绸之路博物馆进行专业改造,引入现代化车间工程管理运作系统,建设发掘平台,架设机械运载天车和光源稳定可控的平行光源灯阵,采用先进的测绘技术和各种影像、三维模型等数据采集模式,建设了与考古发掘相配套的文物保护实验室,建成当时规模最大的现代化考古实验室。随后,经过反复论证,确立了实验室考古发掘方案,开始了长达七年的实验室考古发掘清理工作,取得了重大考古成果。该项目被评为 2019 年度"全国十大考古发现"。(图 1-26)

---

① 国家文物局水下文化遗产保护中心、中国国家博物馆、广东省文物考古研究所、江阳市博物馆编著:《南海Ⅰ号沉船考古报告之一——1989—2004 年调查》,文物出版社 2017 年版;国家文物局水下文化遗产保护中心、广东省文物考古研究所、中国文化遗产研究院、广东省博物馆、广东海上丝绸之路博物馆编著:《南海Ⅰ号沉船考古报告之二——2014—2015 年发掘》,文物出版社 2018 年版。

图1-26 "南海Ⅰ号"沉船实验室考古进行中①

必须指出，考古学家文物保护意识的极大提升，文物保护专家实质性参与考古发掘清理，从而把文物保护理念和技术融入到考古工作中，促成了考古与文物保护相结合的有益尝试，从而萌生了实验室考古理念。

四 实验室考古的理论探索

大河口西周墓实验室考古项目的实施，厘清了实验室考古的工作特点、要求、模式与流程，由此，笔者总结提炼出实验室考古的基本理论方法。

2010年11月30日，中国社会科学院考古研究所和山西省考古研

---

① 该项目是我国第一个从水下考古转化为实验室考古的考古项目，对于我国的水下考古学科发展具有重要意义。在进入博物馆室内考古现场之后，关于如何开展考古发掘，有关部门组织过多次专家研讨和论证，有排干沉箱内海水进行实验室考古、恢复水下原状进行水下考古两套方案。最终，实验室考古方案得以通过。几年来的考古实践证明，对"南海Ⅰ号"沉船实施实验室考古的选择是正确的。

究所在北京召开"山西翼城大河口西周墓 M1 实验室考古研讨会",国家文物局考古专家组黄景略、徐光冀,国家文物局考古处张磊,以及中国文化遗产研究院、陕西省考古研究院、山西省考古研究所、河北省考古研究所徐海峰、河北省文物保护中心、安徽省考古研究所、河南省考古研究所、中国社会科学院考古研究所等单位的 30 余位考古和文物保护方面的专家学者出席会议。(图 1-27)

会上,笔者以《实验室考古初论》为题作了发言,首次提出实验室考古概念,初步阐述了实验室考古理念。

专家们认真观摩了大河口西周墓实验室考古成果,并进行了讨论。会议充分肯定了大河口西周墓实验室考古科学理念,讨论了实验室考古的概念、内涵,认为实验室考古是田野考古的延伸,是田野考古与文物保护的有机结合,建议应以这次工作为契机,逐步建立实验室考古科研基地。呼吁考古领队们要更重视田野发掘中考古现场保护和出土文物保护。通过本次会议交流探讨,进一步完善了实验室考古学的学科体系,明确了发展方向,丰富了研究内容,拓展了研究思路。

图 1-27 大河口西周墓实验室考古研讨会会场

2011 年 1 月 18 日,时任国家文物局局长单霁翔,副局长童明康、宋新潮,文物保护与考古司司长关强,博物馆司副司长罗静,中国文化遗产研究院院长刘曙光一行,专程到中国社会科学院考古研究所文化遗产保护研究中心考察"山西大河口西周墓实验室考古"项目成果,并在中国社会科学院研究生院良乡新校召开了"创建实验室考古国家中心座谈会"。中国社会科学院考古研究所所长王巍，党委书记兼副所长齐肇业，副所长白云翔、陈星灿等陪同考察并出席座谈会。笔者以《实验室考古理论与实践探索》为题、以山西翼城大河口西周墓实验室考古为案例，介绍了对实验室考古有关问题的理论和实践探索认识。国家文物局领导在观摩了大河口西周墓实验室考古成果，听取了笔者的报告之后一致认为，大河口西周墓实验室考古项目取得的成果十分可喜，实验室考古方法应予以推广。童明康副局长指出，看了本项成果很震撼，它代表了当前我国考古学最高发掘水平，是国家级水平，21世纪水平。所获文物可以列为我国国宝级文物。会议决议，由国家文物局与中国社会科学院共同创建"实验室考古国家中心"，设置在中国社会科学院考古研究所文化遗产保护研究中心。以此带动全国的实验室考古，推动我国考古学的发展和文物保护事业的进步。（图1-28至图1-29）

图1-28　大河口西周墓实验室考古研讨会与会专家合影①

---

① 此次会议是我国考古界召开的首次实验室考古专题会议，对我国实验室考古事业的建设发展起到了积极的促进作用。

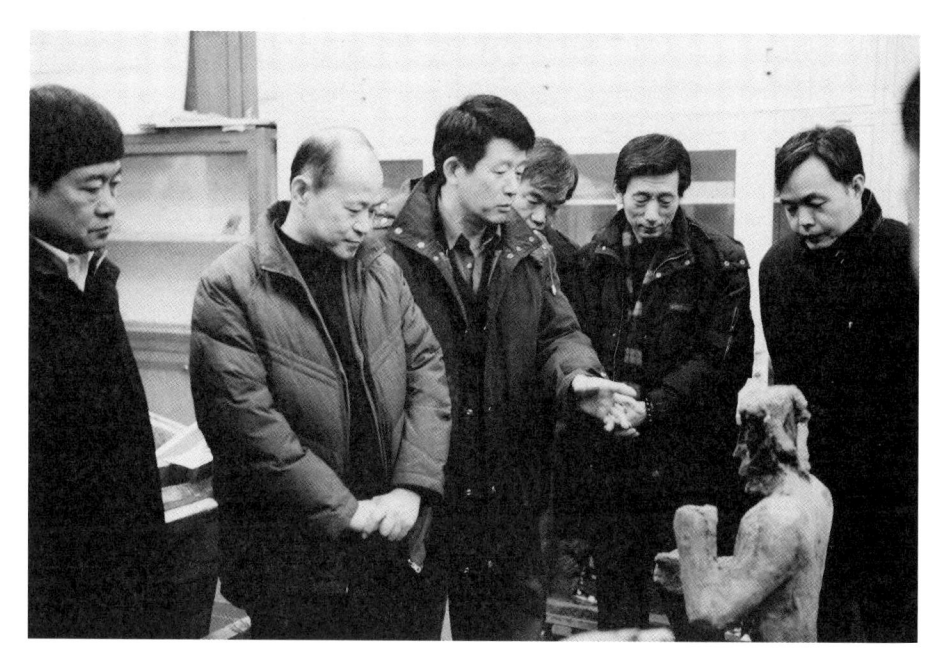

图 1-29　国家文物局领导现场调研实验室考古①

在上述两次会议发言稿的基础上，笔者撰写了论文《实验室考古理论与实践的初步探索》，发表在 2013 年 6 月出版的《文化遗产研究》第 2 辑，②该文的精简版以《实验室考古导论》为题发表在《考古》2013 年第 8 期。拙文比较全面地阐述了"实验室考古"的概念、理念、内涵、特点、技术路线，讨论了实验室考古的历史背景和产生过程及其优缺点。这是关于实验室考古实践总结和理论建设的首发论文，初步奠定了实验室考古的理论基础。

---

① 国家文物局主要领导同志集体到中国社会科学院考古研究所现场调研，充分体现了对实验室考古的重视。实验室考古的现有成果也坚定了国家文物局支持实验室考古的信心，为后来多项重大考古发掘项目引入实验室考古，奠定了基础。
② 中国社会科学院考古研究所文化遗产保护研究中心编：《文化遗产研究》第 2 辑，科学出版社 2013 年版。

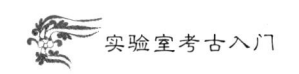

图1-30 《考古》杂志"实验室考古"专号①

现在，许多考古和文保专家都在使用"实验室考古"概念。中国考古学权威学术刊物《考古》杂志2013年第8期推出"本刊专

---

① 《考古》2013年第8期刊发了笔者的理论文章《实验室考古导论》和《山西翼城县大河口西周墓地M1实验室考古简报》等三篇实验室考古简报，这是实验室考古在我国考古界的正式露面，标志着实验室考古作为中国考古学分支的正式确立。

《考古》杂志发表实验室考古简报，也是新事物。由于实验室考古与田野考古有着很大区别，因此其工作简报也需与田野考古简报有所区别。我们在认真思考、反复斟酌之后，探索出实验室考古简报的独特体例，那就是做好背景介绍，突出学术思路、技术路线的阐述，把文物保护作为重点内容。

《山西翼城县大河口西周墓地M1实验室考古简报》说："实验室考古的基本理念，是把考古发掘、文物保护融为一体，推动中国考古学向着更加注重资源节约、科技投入、信息提取、文物保护的方向发展，走科学化、精细化的可持续发展道路，探索新型考古模式，创建具有中国特色的现代考古学。""实验室考古可以即时、最大限度地获取文物信息，全面、科学地认识发掘对象，及时跟踪记录，在发掘的同时解决学术问题，以取得更丰硕的科研成果。""通过该项目的实施，也逐步明晰了实验室考古的工作特点、要求、模式与流程，培育了文化遗产保护领域新的增长点。"

稿——实验室考古”；中国社会科学院考古研究所文化遗产保护研究中心编辑出版的《文化遗产研究》第2辑设有“实验室考古”专栏，中国社会科学院考古研究所编著的《中国考古学大辞典》文化遗产卷有“实验室考古”词条。① 中国社会科学院“创新工程”中有“实验室考古国家中心创建”项目，包含多个实验室考古课题；还有很多学者在其论著中论及实验室考古。② 凡此，标志着“实验室考古”概念已进入我国考古学界顶级学术层面。（图1－31）

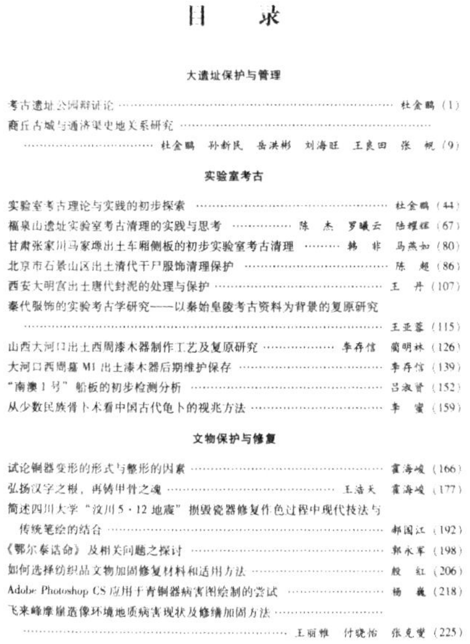
目　录

大遗址保护与管理

考古遗址公园辩证论 …… 杜金鹏（1）
商丘古城与通济渠史地关系研究 …… 杜金鹏　孙新民　岳洪彬　刘海旺　王良田　张　帆（9）

实验室考古

实验室考古理论与实践的初步探索 …… 杜金鹏（44）
福泉山遗址实验室考古清理的实践与思考 …… 陈　杰　罗曦云　陆耀辉（67）
甘肃张家川马家塬出土车厢侧板的初步实验室考古清理 …… 韩　非　马燕如（80）
北京市石景山区出土清代干尸服饰清理保护 …… 陈　超（86）
西安大明宫出土唐代封泥的处理与保护 …… 王　丹（107）
秦代服饰的实验考古学研究——以秦始皇陵考古资料为背景的复原研究 …… 王亚蓉（115）
山西大河口出土西周漆木器制作工艺及复原研究 …… 李存信　蔺明林（126）
大河口西周墓M1出土漆木器后期维护保存 …… 李存信（139）
“南澳1号”船板的初步检测分析 …… 吕淑贤（152）
从少数民族骨卜术看中国古代龟卜的视兆方法 …… 李　蜜（159）

文物保护与修复

试论铜器变形的形式与整形的因素 …… 霍海峻（166）
弘扬汉字之根，再铸甲骨之魂 …… 王浩天　霍海峻（177）
简述四川大学“汶川5·12地震”损毁瓷器修复作色过程中现代技法与传统笔绘的结合 …… 郝国江（192）
《鄂尔泰诰命》及相关问题之探讨 …… 郭永军（198）
如何选择纺织品文物加固修复材料和适用方法 …… 殷　红（206）
Adobe Photoshop CS应用于青铜器病害图绘制的尝试 …… 杨　巍（218）
飞来峰摩崖造像环境地质病害现状及修缮加固方法 …… 王丽雅　付晓怡　张克雯（225）

图1－31　《文化遗产研究》第2辑③

① 杜金鹏：《实验室考古》，王巍总主编：《中国考古学大辞典·文化遗产编》，上海辞书出版社2014年版，第656页。

② 李存信、王丹：《大河口M1实验室考古的思路及技术路线与收获》，《中国文物报》2011年1月21日。

③ 该刊“实验室考古”专栏，发表《实验室考古理论与实践的初步探索》《福泉山遗址实验室考古清理的实践与思考》《甘肃张家川马家塬出土车厢侧板的初步实验室考古清理》《山西大河口出土西周漆木器制作工艺及复原研究》等文章。其中上海福泉山遗址良渚文化墓葬实验室考古简报，除报道了项目成果之外，还对实验室考古理论有所探讨。

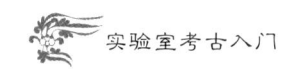

中国考古学会理事长、中国社会科学院学部委员王巍认为："'实验室考古'虽然已有较长的萌发阶段，本所及兄弟单位也曾有过一些实践探索，但是上升为一种新的理念和理论方法，则是近年由杜金鹏先生等在总结前人工作基础上提出的。……随着中国考古学的发展，实验室考古将是中国考古学发展的一个新的增长点，在将来的考古工作中将大有可为。"[①] 王巍先生还撰文指出："近年来，实验室考古的理念和方法日益深入人心。……实验室考古的开展，使一大批在田野发掘中因种种条件的限制而难以完整起取的丝织品、漆木器等有机质文物和多件以相互叠压的状态出土的其他材质精美文物通过在室内的精细发掘和及时、有效的保护而被较为完好地起取出来，并加以有效的保护，充分体现出这一方法对于清理易损、易坏文物的有效性和优越性，因而，也越来越受到各个考古机构的欢迎。"[②]

[①] 2015年2月2日，王巍所长在中国社会科学院考古研究所召开的"贵州遵义播州土司杨价墓实验室考古和文物保护修复专家咨询会"上的讲话。会议纪要见李存信《遵义播州土司杨价墓实验室考古和文物保护修复专家咨询会在京召开》，中国考古网，2015年2月5日。

[②] 王巍：《2014年的中国考古学——考古发现之外的那些事》，《中国文物报》2015年3月13日第5版。

| 第二章 |

实验室考古特点与价值

第一节　实验室考古优点

一　环境可控

无论田野考古还是水下考古,都要受到环境的负面影响,如田野考古之天气——严冬酷暑、雨雪风暴等,水下考古之水文——水流、水深、水温、水体污染以及海洋风暴等,无不严重影响着考古工作的正常进行。在普通环境清理一些较脆弱、易氧化文物——如纺织品、

图 2-1　海昏侯墓实验室考古工作站①

---

① 根据国家文物局关于在海昏侯墓考古发掘中积极实施实验室考古的指示精神,有关方面在新建立的海昏侯墓考古工作站内,设立了实验室考古工作室,系根据实验室考古需求专门设计、建设的,满足了该项考古工作需要,为高水准完成海昏侯墓考古工作奠定了坚实的基础。

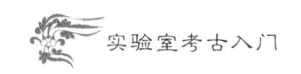

漆木器文物，极易造成文物损失。而实验室考古之环境——包括温度、湿度、光照、空气流通等，都是可控的，考古发掘不受环境的影响，必要时甚至可以实现无菌环境。（图 2-1 至图 2-2）

图 2-2　实验室考古低氧工作室

（上：发掘工作室；下：气体工作站）①

二　时间可控

无论田野考古还是水下考古，无不受制于时间限制，即需要在某个时间段内进行。尤其是基本建设中考古，更是如此。而实验室考古却一年四季随时可以展开发掘，发掘时间的长短根据实际需要而定，

---

① 通过特殊设施、设备创造低氧环境进行考古发掘清理，可以避免文物因氧化而损毁、灭失，适合对易氧化的纺织品、漆木器等文物遗存实施考古发掘工作。

不再受季节变换、建设工程进度等外在因素的制约。

三 节奏可控

田野考古和水下考古都讲求工作的连续性，一旦因某种原因造成中断便损失严重。而实验室考古却可以根据需要，随时中断发掘，为必要的检测、保护提供时间保障。遇有特殊情况，发掘工作紧急中止后，可适时恢复发掘。

四 全方位发掘

田野考古有个铁律，就是自上而下、逐层揭露（试探性解剖除外），因此遇到重要现象需要保护保存，便不可继续往下发掘，否则将损失某些遗迹信息，至少无法完整保留相关遗迹遗物间的空间关系，该遗迹所叠压的其他文化遗存便无法发掘揭示。（图2-3）

图2-3 实验室考古发掘翻转架[1]

---

[1] 利用该设备可以随时翻转文物箱体，从而使需要发掘清理面朝上。这样，可以了解文物遗存的侧面甚至背面情况。该设备尤其适合内含物复杂的考古对象。

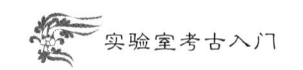

实验室考古采取套箱搬迁发掘，在实验室内可通过特制设备，从不同角度、层面进行发掘清理。理论上，可以从六个方向进行清理发掘，从而颠覆了田野考古发掘所遵守的"从上到下、从晚到早"的发掘顺序之"铁律"，这对于那些复杂遗迹现象尤其是各种文物混合纠杂、甚至变态变形情况下的考古发掘，无疑极其必要。

五　各种仪器设备运用

田野考古和水下考古，可以使用一些便携式仪器设备进行现场检测分析。但固定性较强或对环境要求较高的仪器设备，不适合在田野、水下发掘现场运用，而可以在实验室内得以施展，检测分析的广度、深度和精度，都会大大提高。

六　人才保障

在实验室内工作，有充分的时间和条件根据需要聘请不同专业的专家（譬如物理、化学、医学、生物、艺术、纺织、冶金、建筑、宗教、刑侦等）参与不同遗迹遗物的清理发掘和研究，从而保证对发掘对象的认识是全面和科学的。

七　安全保障

实验室考古发掘可以很好地解决防盗、防火、防水、防毒、防冻、防塌方等安全问题，可以避免脆弱文物从出土现场到实验室运输过程中的损毁，可以最大限度地缩短文物从出土到保护修复之间的时间间隔，从而保障文物在脱离原先环境后尽快进入保护工作环节。

总之，实验室考古的优点包括：全面、科学地认识发掘对象，即时、最大限度获取文物信息，随时研究、及时保护文物，长期、有效保存文物，为可持续科学研究奠定良好条件。

第二节　实验室考古局限性

实验室考古发掘具有许多优势，但是它却不能取代田野考古或水下考古发掘，只能是田野考古发掘和水下考古发掘的补充形式。因为，实验室考古发掘存在一定的局限性。

一　考古对象限制

一些处于陆地遗址中的文化现象非常重要、复杂，不宜（或难以）进行分割甚至不准移动，或地理位置偏远、险要，无法动用大型机械设备的遗存，或地质构造复杂、特殊，地下水位较高，有电缆管道等障碍，不能进行套箱（打包）起取的遗存，难以实施实验室考古发掘。（图2-4）

图2-4　北京元大都遗址和义门瓮城城门遗址①

如果水下文化遗存体量太大，保存状况太差，现有技术力量不能在保证文物安全条件下完成套箱提取，也就不能实施实验室考古。如

---

① 该城门遗址体量巨大，且与城墙连成一体。古代建筑遗存——包括宫殿建筑、宗庙建筑、城墙城门等大型建筑基址，为保证其完整性，一般不可对其进行移动或分割，应该现场发掘、就地保护，因而不能做实验室考古。

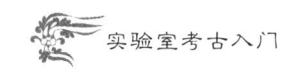

新近发现的甲午战争中大东沟海战沉舰"致远舰",舰船体量约1500吨,埋深3米左右,已处于解体状态,很难进行整体打捞、实验室考古清理。

二 发掘要求限制

考古发掘十分重视遗迹现象的完整揭露,注重遗迹现象之间的相互关系。这就决定了很多考古遗存不适合于实验室考古发掘。

出于文化遗产保护的需要,越来越多的考古发掘采用"非完全性发掘",注意把一些重要的遗迹现象保留在原址(譬如建筑遗存、手工业作坊遗存等),以防止遗址的空洞化,服务于遗址展示利用,确保考古科研的可持续发展。因此,实验室考古与保护遗址、展示遗址的要求,难以兼顾。

三 工作条件限制

实验室考古必须具备一些软件、硬件要求。如符合条件的实验室,具有一定水平的科研人员和技术人员等。如果设施设备条件太低,或者人员素质不达标,即便从田野或水下提取到合适的考古对象,也难以开展成功的实验室考古工作。

科学发展到今天,要求当今考古发掘,应尽量保持遗址的实在性、遗迹现象的完整性、遗迹遗物的安全性。因此,实验室考古的开展,应该受到一定的限制,是在特定条件下才能实施的考古活动。

第三节 实验室考古的价值和意义

一 考古学学科发展之必然

第一,文物国情。

我国历史悠久,地下文物资源丰富,限于专业队伍能力、财政支付能力、技术保障能力,文物考古工作长期以来执行"保护为主、抢救第一"方针,"抢救"性考古发掘,难免紧迫、粗放。同时,新中国成立以来，城乡建设和大型基本建设规模大、推进快，使得考古工作疲于应付，本应专业、细腻的考古发掘，变身成为"工程"项目。发展与保护之间的突出矛盾，造成了考古发掘中文物资源的浪费。

第二，新发展理念。

习近平同志在中国共产党第十九次全国代表大会上所作报告《决胜全面建成小康社会，夺取新时代中国特色社会主义伟大胜利》中指出："中国特色社会主义进入新时代，我国社会主要矛盾已经转化为人民日益增长的美好生活需要和不平衡不充分的发展之间的矛盾。"认为"我国社会主要矛盾的变化是关系全局的历史性变化，对党和国家工作提出了许多新要求"。号召"我们要在继续推动发展的基础上，着力解决好发展不平衡不充分问题，大力提升发展质量和效益，更好满足人民在经济、政治、文化、社会、生态等方面日益增长的需要，更好推动人的全面发展、社会全面进步"①。解决新时代新问题，必须要有新思想、新理念。创新考古与文物保护，是新时代新发展的必然。

第三，学科建设。

随着经济社会的发展，考古学的研究目标从以复原古代社会、探索人类社会发展规律为最高任务，向抢救和保护人类文化遗产、服务社会发展的方向拓展，尤其是中共"十八大"以来取得的历史性成就和发生的历史性变革，推动着考古学向综合文化遗产调查发掘、研究阐释、保护保存、展示利用、传承创新一体化的以服务经济社会发展为宗旨的文化遗产科学体系演变。② 因此，新时代考古工作的科学发展新理念，应该是改革创新，绿色高效，开放包容，平衡共享，服务人民。勇于改革，善于创新，是学科发展的法宝。打破影响考古事业永续、平衡、优质发展的制度桎梏，解放思想，在理论创新、制度创新、科技创新上下功夫。要使我国考古从快速发展模式转化为优质发展模式，走出一条具

---

① 习近平：《决胜全面建成小康社会，夺取新时代中国特色社会主义伟大胜利——在中国共产党第十九次全国代表大会上的报告》，人民出版社2017年版，第11—12页，以下简称《十九大报告》。

② 杜金鹏：《文化遗产科学研究·文化遗产科学导论》，科学出版社2017年版，第35页。

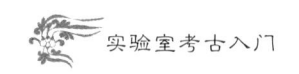

有中国特色的科学化、智能化、社会化发展道路。文化遗产是不可再生的珍贵文化资源，必须倍加珍惜。考古工作应追求以最小资源消耗，获取最大科研资料和文保效率之目标。考古发掘，应秉持对发掘对象的敬畏、珍惜态度。要在精细化发掘条件下要发掘效率，倡导绿色发展理念。要以与时俱进的眼光，看待本学科的拓展；以海纳百川的胸怀，欢迎其他学科向本学科的靠拢、兼容。要敢于承认本学科的局限性，直面本学科的发展性。主动向其他学科学习、借鉴，向着创建多学科融合的"文化遗产科学"体系方向奋进。① 可见，实验室考古是考古学学科建设之重要方面，是考古学转型发展的必由之路。

二 文化遗产保护利用之必须

第一，文物保护。

随着我国经济社会的发展，文物保护向着更加科学化、精细化方向发展，原有考古工作中的文物保护模式渐渐不能适应新形势需要。多学科紧密结合、考古发掘与文物保护无缝衔接的文化遗产保护模式，正在形成中。

第二，文物价值。

出土文物具有重要的科学、历史、艺术价值，但其价值彰显，需要我们不断深入发现、挖掘。易言之，出土文物的价值，会随着研究的深入而不断增值。因此，在考古发掘中，最大限度地获取信息资料，便成为文物价值增值的重要途径和必要手段。

第三，文物利用。

考古发掘所获各种遗迹遗物，都是重要的文化遗产，具有展示利用的巨大价值。文物利用不仅仅是出土文物的展览展示，还应包括各类文化遗迹甚至自然遗存的展示，而它们在以往的考古发掘中，往往不被重视而消解、丧失、遗弃。

总之，实验室考古能够促进文化遗产保护利用更加全面、高效。

---

① 中国社会科学院考古研究所文化遗产保护研究中心编《文化遗产研究》待刊稿。

| 第三章 |

实验室考古成绩与问题

第一节 已有成绩

一 理论建设

笔者在综合几十年来考古界已有学术认识的基础上,把实验室内的考古发掘清理、文物检测分析、文物保护处理、遗迹遗物研究、文物复制仿制等一系列文化遗产保护利用活动,整合成一个紧密衔接的学术体系,名之为"实验室考古"。

2010年11月30日,在由中国社会科学院考古研究所和山西省考古研究所联合召开的"山西翼城大河口西周墓M1实验室考古研讨会"上,笔者以《实验室考古初论》为题作了发言,首次提出实验室考古概念,初步阐述了实验室考古理念。

2011年1月18日,在国家文物局领导考察"山西翼城大河口西周墓实验室考古"项目成果并召开的"创建实验室考古国家中心座谈会"上,笔者以《实验室考古理论与实践探索》为题、以山西翼城大河口西周墓实验室考古为案例,介绍了对实验室考古有关问题的理论和实践探索认识。

尔后,在上述两次会议发言稿的基础上,笔者撰写了论文《实验室考古理论与实践的初步探索》,发表在《文化遗产研究》第2辑,[①]拙文比较全面地阐述了"实验室考古"的概念、理念、内涵、特点、技术路线,讨论了实验室考古的历史背景和产生过程及其优缺点。这是关于实验室考古实践总结和理论建设的首发论文,初步奠定了实验室考古的理论基础。

《实验室考古理论与实践的初步探索》的发表,是我国实验室考古理论建设起始的标志。在笔者提出这个学术概念之后,考古和文保

---

① 中国社会科学院考古研究所文化遗产保护研究中心编:《文化遗产研究》第2辑,科学出版社2013年版。

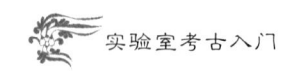

界很快就接受了这个概念。2013年8月，中国考古学权威刊物《考古》杂志，推出了实验室考古专号，刊发笔者的理论文章《实验室考古导论》和三篇实验室考古简报，① 由此在学术界掀起一个实验室考古的讨论、参与热潮。

在笔者提出"实验室考古"之后，学术界展开一系列讨论，就其必要性和重要性取得高度共识，对其基本理论和方法也达成基本一致。

2010年11月30日，中国社会科学院考古研究所和山西省考古研究所在北京联合召开"山西翼城大河口西周墓M1实验室考古研讨会"。会议充分肯定了大河口西周墓实验室考古科学理念，讨论了实验室考古的概念、内涵，认为实验室考古是田野考古的延伸，是田野考古与文物保护的有机结合，建议应以这次工作为契机，逐步建立实验室考古科研基地。呼吁考古领队们要更重视田野发掘中的考古现场保护和出土文物保护。通过广泛交流和深入探讨，明确了发展方向，拓展了科研思路。此次会议对我国实验室考古事业的建设发展起到了积极的促进作用。

2013年3月18日，甘肃省文物考古研究所和陕西省考古研究院在兰州召开"甘肃马家塬战国墓实验室考古项目结项评审会"，来自中国社会科学院考古研究所、中国文化遗产研究院、国家博物馆、北京大学等单位的专家，就其实验室考古理念、方法、成果，展开讨论和评议，对该项目给予充分肯定。

2014年5月5日，中国社会科学院考古研究所在北京举行"大云山汉墓出土遗迹遗物实验室考古中期研讨会"，来自国家文物局、中国文化遗产研究院、南京博物院、河南省文物局以及陕西、山东、山西、湖南等省文物考古机构的十余位专家出席会议。与会专家就该项目的学术目标、技术路线、前期工作成果，进行了讨论，并就学科建

---

① 《考古》2013年第8期。

设问题提出有益建议。①

与会专家认为,大云山汉墓(车马坑)实验室考古项目,发掘工作程序合理,技术方法得当。遗迹遗物的保护处置,使用材料合理、表现手法适宜,保持了遗迹遗物的原始保存形态。遗迹遗物的复原、复制工作,资料翔实、图表规范、数据准确,为复原复制工作奠定了良好基础。该项目操作思路清晰、研究方法得当、技术路线合理,取得了创新性的研究成果,达到了预期目的。

与会专家建议,中国社会科学院考古研究所文化遗产保护研究中心在我国实验室考古领域处于领先地位,应加强硬件设施建设,加大资金投入,提升科技手段。要抓准科研定位,推进研究深度,全面、及时、准确提取考古信息。要创立实验室考古学科规范,尽快申报创建国家级实验室考古基地。(图3-1至图3-2)

图3-1 大云山汉墓出土遗迹遗物实验室考古项目中期研讨会②

---

① 李存信:《大云山汉墓出土遗迹遗物实验室考古项目中期研讨会在京召开》,中国社会科学网,2014年5月8日。
② 大云山汉墓出土遗迹遗物实验室考古项目由中国社会科学院考古研究所与南京博物院合作开展,是我国江淮地区首个实验室考古项目。

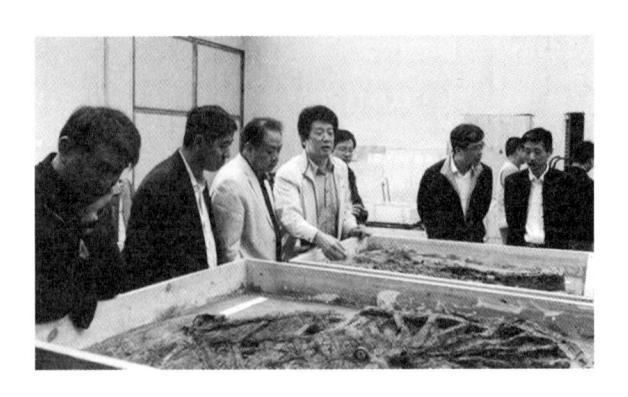

图 3-2　与会领导和专家参观实验室考古现场

2014年6月8日,"文物保护与实验室考古研讨会"在山东大学举行。来自中国社会科学院考古研究所、山东大学、山东省文物局、济南市文物局、山西省考古研究所、陕西省考古研究院、山东省文物考古研究所、河南省文物考古研究院、河北省文物研究所、江苏省考古研究所、江西省文物考古研究所、湖北省文物考古研究所、安徽省文物考古研究所、浙江省文物考古研究所等近20家单位的30多位代表出席。(图3-3)

图 3-3　文物保护与实验室考古研讨会(山东大学)[①]

[①] 这是我国高校首次召开实验室考古专题研讨会,也是我国高校第一次实验室考古现场学术会议,对于推进实验室考古学科建设,意义重大。

与会代表参观了山东大学兴隆山校区"实验室考古基地",深入讨论了实验室考古的学科发展前景、推广应用及人才培养问题。大家一致认为实验室考古是考古发掘从粗犷型向精细型发展的必经之路,是考古学发展的必然趋势。在大学开展实验室考古对于考古学新理念的推广和新型人才的培养均有非常积极的意义,多家省级考古机构负责人表示,要尽快在本省推广和实施实验室考古,把中国考古学研究推向一个崭新高度。①(图3-4)

图3-4 与会专家观摩正在进行的翼城大河口西周墓葬发掘②

2014年8月14—15日,由中国社会科学院考古研究所和内蒙古呼伦贝尔民族博物院联合主办的"'实验室考古'呼伦贝尔论坛暨中国考

---

① 李存信:《"文物保护与实验室考古研讨会"在山东大学举行》,中国考古网,2014年6月11日。
② 山东大学济南兴隆山校区实验室考古基地,是我国高校中第一个实验室考古专门基地,形成了实验室考古科研与教学的一体化模式,对于推动我国的实验室考古学科建设意义重大。

古学会文化遗产保护指导委员会成立大会"在呼伦贝尔市举行。来自中国社会科学院考古研究所、国家文物局水下文化遗产保护中心和部分省市文物局、考古研究所以及国内高校近30个单位的40余位专家学者出席论坛及成立大会。中国社会科学院考古研究所刘国祥介绍了"蒙古族源"课题及考古发掘项目,中国社会科学院考古研究所李存信介绍了呼伦贝尔市岗嘎和谢尔塔拉遗址墓葬的实验室考古概况以及本所近年实验室考古项目的实施情况,陕西省文物保护研究院杨军昌介绍了本院正在进行的实验室考古项目。与会学者参观了中国社会科学院考古研究所设在呼伦贝尔民族博物院的实验室考古工作室,观摩了岗嘎和谢尔塔拉出土墓葬实施实验室考古的操作现场,考察了位于海拉尔河畔的岗嘎遗址考古工地发掘现场。①

会上,笔者以"关于实验室考古的几个问题"为题,对实验室考古的学术背景、历史机遇和学科任务做了阐述。与会代表围绕实验室考古与学科发展及其与文化遗产保护的关系、行业规范及操作规程、人才培养、经费投入等问题展开讨论,取得不少共识。

关于实验室考古与学科发展及文化遗产保护的关系,多数与会者认为,实验室考古是考古学科发展的必然趋势,也是文化遗产保护事业发展的必然要求。王炜林研究员所做的对陕西省考古研究大遗址保护、遗址现场保护和实验室考古"三位一体"工作模式的介绍引起与会者极大关注与高度赞赏。唐际根研究员、姜波研究员、张居中教授、邹厚曦研究员、李虹研究员等专家认为,实验室考古集约式采用多种手段和方法获取各种信息,有利于对文物本体的认识、保护和展示,代表了学科和文化遗产保护的发展方向。方勤研究员、戴向明研究员等专家还认为,以"中国考古学会文化遗产保护指导委员会"成立为标志,实验室考古进入到一个新阶段。(图3-5)

随着实验室考古的深入和普及,建立实验室考古的行业规范及操作规程越来越引起学者们的关注。郭伟民研究员认为,实验室考

---

① 方辉:《"实验室考古"呼伦贝尔论坛暨中国考古学会文化遗产保护指导委员会成立大会在呼伦贝尔举行》,《中国文物报》2014年8月25日。

图 3-5　实验室考古呼伦贝尔论坛①

古短短几年来取得的成就有目共睹，但目前缺乏行业标准及操作规程，对于从业人员缺乏资质评估，合作机制也无章可循。他的发言得到贾连敏研究员、郑同修研究员、林留根研究员、韩立森研究员、邹厚曦研究员等工作在考古一线的考古研究所所长们的共鸣，大家建议国家文物局应尽快出台相应的规范化要求，从政策和具体操作层面对实验室考古予以规范。孙英民先生、王守功先生等文物考古管理专家建议，可采取考古领队资格的办法对从业人员的资质加以规范。

与会代表认为，当下制约实验室考古发展的瓶颈有两个，一是人才培养，二是经费投入。在人才培养问题上，目前基本上是开展此项工作较早的几家单位建立工作基地，采取师傅带徒弟的工作方式进行，满足不了实验室考古快速发展的需要，这样的培养模式也缺少规范性，建议设有考古专业的高校在人才培养上发挥应有作用；在经费

---

① 本次会议的另一个重要成果是创立了中国考古学会文化遗产保护指导委员会。讨论通过了《中国考古学会文化遗产保护指导委员会章程》，选举产生了第一届委员会委员，推举国家文物局考古与文物保护司司长关强为主任委员、中国社会科学院考古研究所文化遗产保护研究中心主任杜金鹏为常务副主任委员、河南省文物考古学会会长孙英民等 12 人为副主任委员。文保指导委员会是中国考古学会设立的第一个专业委员会，它的成立有力地推动了实验室考古学科建设。

投入问题上，与已经发展起来的大遗址保护经费投入相比，实验室考古的投入微不足道，实验室考古所必须的、具有特殊要求的工作场地和设备，几乎都是各工作单位自己想办法解决的。与会者呼吁国家文物局和各省市文物局予以关注并尽快解决。方辉教授结合山东大学开展实验室考古的情况，从人才培养、科学研究、社会服务和国际化等角度对考古学科建设谈了自己的看法。他指出，教育部近年公布的历史学类本科专业目录中，与考古学有关的专业增加到了三个，即考古学专业、文物及博物馆学专业和文物保护技术专业，这为考古学尤其是实验室考古人才的培养提供了契机。但考古学类专业投入大，仅凭一己之力很难建立起所有专业，建议国家及省市文物管理部门通过共建人才培养基地模式解决实验室考古及文化遗产保护人才缺乏的问题。

2015年2月2日，中国社会科学院考古研究所在北京召开"贵州遵义播州土司杨价墓实验室考古和文物保护修复专家咨询会"，来自国家文物局科技处、中国文化遗产研究院、故宫博物院、中国国家博物馆、北京大学、山东大学、贵州省文物考古研究所、陕西省文物保护研究院、湖北省文物考古研究所等单位的约20位专家学者参加了会议。会议由笔者主持，并首先介绍了正在进行的播州土司杨价墓实验室考古项目工作实施情况。中国社会科学院考古研究所文保中心实验室考古技术部李存信先生向与会专家介绍了杨价墓现场处置、搬迁，实验室考古清理保护进展情况。中国社会科学院考古研究所文保中心文物保护修复部王浩天先生和国家博物馆杨小林女士汇报了杨价墓出土文物的修复保护情况。（图3-6）

中国社会科学院考古研究所时任所长王巍先生致辞，向与会人员介绍了我国实验室考古的发展历程及研究现状，指出："实验室考古"虽然已有较长的萌发阶段，本所及兄弟单位也曾有过一些实践探索，但是上升为一种新的理念和理论方法，则是近年由杜金鹏先生等在总结前人工作基础上提出的。本所最近所做的实验室考古项目，主要包括与山西省所合作项目"翼城大河口M1实验室考

图3-6 贵州遵义播州土司杨价墓实验室考古和文物保护修复专家咨询会①

古研究"、与南京博物院合作项目"盱眙大云山汉墓实验室考古研究"、与江西省所合作项目"新建墩墩汉墓实验室考古研究"等，目前与贵州省文物考古研究所合作项目"播州土司杨价墓实验室考古研究"，充分显示了实验室考古的光明前景。随着中国考古学的发展，实验室考古将是中国考古学发展的一个新的增长点，在将来的考古工作中将大有可为。

  与会专家学者现场考察了实验室考古工作室，认真观察了杨价墓发掘清理现状。随后，就发掘和保护问题，进行了讨论，提出一些建设性意见和建议，主要包括：在实验室考古的实践中，应加强科学化、规范化，抓紧制定实验室考古规程或为制定该规程奠定坚实基础；在实验室考古清理时，应特别注重层位关系，注意识别各种遗迹现象，努力复原丧葬过程；加强信息提取，加大分析检测力度；进一步改善实验室条件，提高科学仪器设备的更新和使用率，改善出土遗

---

① 在该项目中，实验室考古清理与出土文物保护修复实现无缝衔接，取得了很好的学术效果。

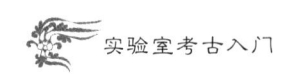

迹遗物的存放条件；加强各学科叠加合作，与各省所和高校等单位合作，努力培养人才，促进实验室考古健康发展。①（图3-7）

图3-7 与会专家考察"杨价墓实验室考古"现场。对实验室条件下的考古发掘、文物保护成果，予以充分肯定和高度评价

2015年4月28日，山东大学文化遗产研究院在济南召开"舞阳贾湖墓葬实验室考古座谈会"，来自中国社会科学院考古研究所、中国科技大学、河南省文物考古研究所、山西省考古研究所、陕西省文物保护研究院、湖北省文物考古研究所、贵州省文物考古研究所、山东省文物考古研究所、山东大学工程训练中心、山东大学历史文化学院、河南省舞阳县博物馆等10余家单位的20余位专家、学者与会，结合河南舞阳贾湖遗址两座墓葬（M58、M87）的实验室工作成果，就实验室考古有关问题展开研讨。（图3-8）

---

① 李存信：《遵义播州土司杨价墓实验室考古和文物保护修复专家咨询会在京召开》，中国考古网，2015年2月5日。

图 3-8　山东大学舞阳贾湖墓葬实验室考古座谈会

与会专家充分肯定了贾湖遗址史前墓葬在山东大学的实验室考古成果。会议认为，对于贾湖墓葬等遗存下一步的保护、研究和展示之原则是：（1）保护第一，注重科研，兼顾展示；（2）应整体保护，原状展示；（3）墓葬应还原到原始状态，即下葬时的状态；（4）土中暴露的文物应加固保护；（5）是否复制展示要视具体环境而定；（6）对于不能提取的遗存要就地保护，不过多干预。①（图 3-9）

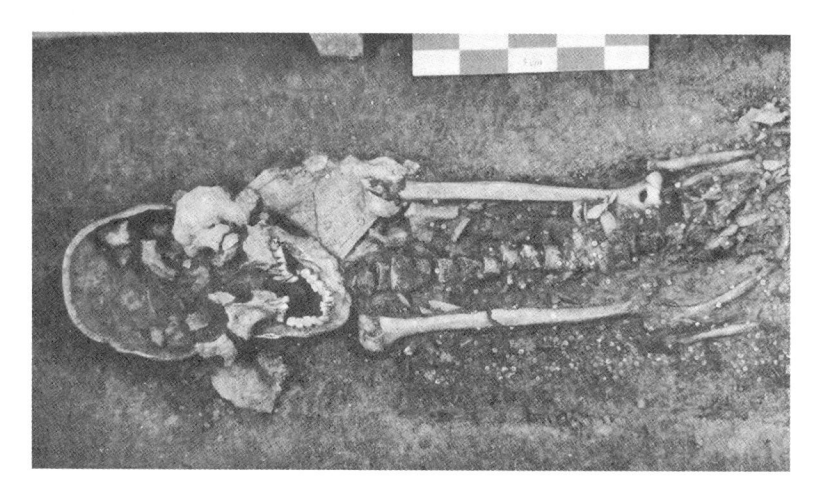

图 3-9　实验室考古清理出的舞阳贾湖史前墓葬②

---

① 王迪：《舞阳贾湖墓葬实验室考古座谈会在山东大学举行》，中国考古网，2015 年 4 月 29 日。

② 死者身上布满小绿松石片，应该是衣服上的装饰物。把用绿松石作为服饰的历史，上推至距今约 8000 年前。

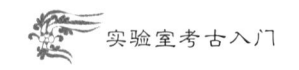

2014年10月至2015年6月,陕西省文化遗产保护研究院就其承担隋炀帝萧后墓冠饰的实验室考古项目,先后三次召开专家讨论、论证会,研究工作程序、方案,解决技术问题。这是由文物保护专家主持的实验室考古项目,充分听取、融合考古专家和文物专家的意见,为实验室考古在文保科研机构开展,树立了典范。(图3-10)

图3-10 萧后冠出土状态

2016年9月5日,扬州市文物局组织有关历史、考古及文物保护专家在西安召开了"扬州隋炀帝萧后冠实验室考古与保护"项目验收会。与会专家高度评价该项目是实验室考古的成功范例,对实验室考古理论和实践探索具有重要的推动作用。2013年11月,隋炀帝墓与萧皇后墓在扬州西湖曹庄被发现,出土有大量珍贵文物,其中萧后冠是目前考古发现等级最高、保存最完整的隋唐时期女性贵族冠。但由于酸性土壤等原因,冠饰保存状况极差,出现局部坍塌、变形、移位、腐蚀、残断、破碎、缺损和粉化等现象。经扬州市文物考古研究所与陕西省文物保护研究院协商，双方合作开展隋炀帝萧后冠实验室考古与保护研究，并成立了由杨军昌教授领衔的项目组。萧后冠实验室考古项目始于2014年3月初。5月完成了萧后冠的现场保护和保护性搬迁工作。7月，扬州市文物考古研究所护送萧后冠至陕西省文物保护研究院入库。经过充分的前期研究，于当年11月开始实验室考古清理工作。项目持续两年半，期间五次召开专家论证会。每到关键节点，邀请考古、保护专家共同会商，确保项目清理朝着正确科学的方向稳步推进。项目组基于信息揭示与保存释读的基础，按照"认真观察，谨慎清理，保守推进"的思路，结合多种科技手段，探明了萧后冠的框架结构、花树分布、饰件材质以及制作工艺。（图3-11）

图3-11 考古和文保专家讨论萧后冠复原仿制工作①

与会专家认为，该项目工作目标明确，思路清晰，研究方法科学严谨，保护措施得当，工作规范细致，实验室考古清理到位，信息提

---

① 萧后冠的框架主要由2博鬓、呈十字交叉的2道梁和呈环带的3道箍组成；共有13棵花树、9个铜钿花等饰件。制作萧后冠所用的主要材料（包括框架材料与装饰材料）有铜、金、铁、玻璃、汉白玉、珍珠、木、漆、棉、丝等10种；加工工艺包括锤揲、焊接、掐丝、镶嵌、珠化、鎏金、贴金、錾刻、抛光、剪裁、髹漆等11类。

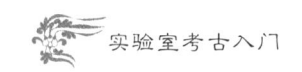

取全面。在研究成果的基础上，对隋炀帝萧后冠进行了成功的仿制，为向社会公众展示奠定了基础。项目的实施体现了多学科结合，取得了显著的成果，达到了预期的目标，是实验室考古的成功范例，对实验室考古探索和实践具有显著的推动作用。[①]

2016年12月5日，由中国社会科学院考古研究所和贵州省文物考古研究所联合召开的"杨价墓实验室考古结项评审会"在北京举行。来自中国社会科学院考古研究所、贵州省文物考古研究所、北京大学、故宫博物院等单位的专家学者出席会议。（图3-12）

图3-12 杨价墓实验室考古结项评审会

与会专家一致认为，本项目在实施过程中，多学科有机结合，多部门精诚合作，很好地实践了实验室考古理念，丰富了其理论、方法、技术，是一个实验室考古的成功范例。项目操作思路清晰、研究方法得当、技术路线合理，取得了创新性的研究成果，达到了项目的预期目的。杨价墓出土遗迹、遗物的处置保护工作，均严格按照国家

[①] 郭桂香：《实验室考古的成功范例——"扬州隋炀帝萧后冠实验室考古与保护"通过专家验收》，《中国文物报》2016年9月6日第1版。

文物局相关规定、实验室考古相关程序实施。方法运用到位,过程处置得当。遗迹、遗物的研究复原工作,资料详实全面,图表规范、数据准确,为将来进一步研究和展示利用奠定了良好基础。①

2016年12月18日,受中国社会科学院考古研究所、南京博物院、扬州市文物考古研究所委托,中国考古学会文化遗产保护专业委员会在北京组织召开"大云山汉墓和曹庄萧后墓实验室考古结项评审会"。来自国家博物馆、北京大学、北京市文物研究所、西北工业大学以及中国社会科学院考古研究所、南京博物院、扬州市文物考古研究所等单位的考古和文物保护专家出席会议。会议由笔者主持。(图3-13)

图3-13 大云山汉墓和曹庄萧后墓实验室考古结项评审会

中国社会科学院考古研究所所长王巍研究员指出:我们的实验室考古已经做了几年,取得了一点成绩,积累了一些经验,实验室考古如何向纵深发展,是今后需要讨论的问题,比如实验室考古报告究竟要怎么写、项目开展所积累的经验在实践的基础上如何进一步向前发展等。南京博物院院长龚良研究员说:大云山汉墓和曹庄萧后墓实验

---

① 李存信:《遵义播州土司杨价墓实验室考古结项评审会在京举行》,中国考古网,2016年12月6日。

室考古,把遗迹保护得如此之好,对以后的考古项目有很大的借鉴作用,对文物展览也有很大的帮助。国家博物馆信立祥研究员认为,目前实验室考古已经成为了独立的考古领域,应该着重加强这方面的工作。全国做实验室考古工作的有中国社会科学院考古研究所、山东大学和陕西有关单位,希望能够在全国不同地区普遍展开。北京大学考古文博学院齐东方教授认为,这两个项目在实施过程中使信息量成倍增加,具有开创性,是成功的案例。其展示效果、提供信息都非常好,是前所未有的。西北工业大学杨军昌教授说:实验室考古最大的优势就是脆弱质文物的保护不受时间的限制、不受环境的限制,可以有效地将文物提取出来。实验室考古是田野考古的延续,将研究对象提取到实验室来,做精细发掘,达到了预期目标。可持续的发掘、可行的技术路线,以及过去的经验、保护材料的介入,使遗迹可以最大化地保存下来,达到保护的目的。北京大学考古文博学院胡东波教授认为,两个实验室考古项目的实施细致、保存了文物的大量信息,使各类文物遗存得到很好的展示。北京市文物研究所所长白岩研究员强调认为,这两个实验室考古项目,实施程序精细化、科技化、合作化。保护的过程对于将来的展示很重要,媒体和公众对展示等问题有兴趣,观众需要立体的展示,如发掘过程、分析过程、保护过程、展示过程等。保护过程其实是还原过程,对观众参观有很好的效果,有助于观众理解。南京博物院考古研究所所长林留根研究员说:实验室考古陆陆续续在各地都有开展,如何向纵深方向发展,实验室是手段,考古是目的。实验室考古本身就是科学研究的过程,以科学研究作为基础,本身又是科学研究的理念。实验室考古并不仅仅是保护、呈现,其本身包含的信息更大;实验室考古报告如何编写,内容应该更多,更广泛。实验室考古研究应该升华,且应包括考古报告和修复复原出来的文物。实验室考古的整个研究过程,应该完整地记录下来,这一点三维动画等都可以体现出来。

与会专家认为,两个项目秉持考古学新理念,较好地践行了实验室考古的理论和方法,操作程序严谨,技术路线合理,信息提取全

图 3 - 14　套箱提取的大云山汉墓冥器车

面,体现了当今考古学最高发掘与保护水平,具有很好的示范、推广价值。两个项目采用跨学科、跨部门的科研模式,将出土遗物的科学检测分析、脆弱质文物的加固保护、重要文物的复原研究等建立在实验室的科学基础之上。①(图 3 - 14)

2017 年 5 月 3 日,中国社会科学院考古研究所文化遗产保护研究中心和夏商周考古研究室联合召开"二里头墓葬实验室考古清理保护与展示利用研讨会",来自中国社会科学院考古研究所文化遗产保护研究中心、夏商周考古研究室、科技考古中心和北京科技大学等的专家学者出席会议。此次会议旨在对关于二里头 2016 年ⅢM1 和 2015 年ⅤM7 目前的状态和实验室考古工作进程进行讨论。中国社会科学院考古研究所夏商周考古研究室主任许宏研究员认为,田野考古是考古工作这一庞大系统中的第一步,越来越依仗于多学科的发展,这两座墓的实验室考古工作,具有方法论上的指导意义。中国社会科学院考古研究所徐良高研究员指出,实验室考古依靠精细化考古与研究相

---

① 李存信:《大云山汉墓和曹庄萧后墓实验室考古结项评审会纪要》,中国考古网,2016 年 12 月 19 日。

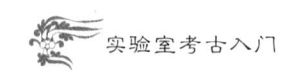

结合，可以获得大量在田野考古中提取不到的信息，为保护出土遗存、研究文物和以后的展示打下良好基础，因此具有非常重要的价值。建议将工作思路、方法、客观认识、研究过程、结论等内容融入实验室考古报告当中。

经过讨论，专家们一致认为：要将考古、保护、展示相结合，在清理过程中贯彻保护和展示理念，为之后的工作打下良好基础，多学科精诚合作进行研究。文物保护的方法、材料和效果要科学筛选，要经得起检验，做到对文物负责。①

上述学术研讨会、论证会、咨询会，对于我国的实验室考古学科建设起到了积极的推动作用。可以说，实验室考古在我国方兴未艾，前途光明！学术界有评论说："实验室考古是近年来考古发掘精细化，兼具发掘、检测、保护和研究的理念下，出现的一种新的考古发掘形式……并逐渐代表了考古工作一个新的发展方向。"②

二 实践探索

十多年来的实验室考古实践，取得了一系列重要成果，在考古研究和文物保护领域，均具有重大学术价值，对于实验室考古学科建设，贡献极大。

相继开展实验室考古工作的考古文博机构和高校，包括国家文物局水下考古中心、中国社会科学院考古研究所、南京博物院、上海博物馆、陕西省考古研究院、陕西省文化遗产保护研究院、甘肃省文物考古研究所、山西省考古研究所、贵州省文物考古研究所、湖北省文物考古研究所、山东省文物考古研究院、河南省文物考古研究院、江西省文物考古研究所、河北省文物考古研究所、扬州市考古研究所、洛阳市文物考古研究院、内蒙古呼伦贝尔民族博物馆以及山东大学、

---

① 杨森：《二里头墓葬实验室考古清理保护与展示利用研讨会在京举行》，中国考古网，2017年5月5日。

② 朱磊、唐仲明、王庆铸：《从野外走向室内——近年实验室考古实践成果及未来展望》，《中国文物报》2014年8月4日。

西北工业大学等单位。涉及的古遗址、古墓葬主要有河南贾湖遗址史前墓、河南偃师二里头遗址贵族墓、山西翼城大河口西周墓、山东高清陈庄西周车马坑、湖北京山苏家垄曾国墓、河南伊川春秋墓、甘肃张家川马家塬战国墓、江苏盱眙大云山汉墓、河南洛阳汉墓、江苏扬州隋炀帝萧后墓、贵州遵义土司杨价墓、河北行唐县故郡墓地车马坑、内蒙古呼伦贝尔市岗嘎和谢尔塔拉墓地，等等。其中，仅中国社会科学院考古研究所便组织了十余项重要实验室考古项目（参见表3-1）。

表3-1　中国社会科学院考古研究所实验室考古项目简表

项目起始时间	项目名称	项目合作者
2008年	山西省临汾市翼城大河口墓地（M1、M5010、M6043、M8031），西周中期	山西省考古研究所
2011年	江苏省淮安市盱眙县大云山汉墓（M1、K2、K7），西汉早期	南京博物院考古研究部
2012年	江西省南昌市新建区墎墩汉墓（海昏侯刘贺墓）和M4、M5等墓葬，西汉中期	江西省文物考古研究院
2013年	内蒙古自治区呼伦贝尔市岗嘎和谢尔塔拉墓地（22座墓葬），室韦时期	呼伦贝尔民族博物院
2014年	贵州省遵义市杨氏第十四代土司杨价夫妇墓葬，南宋时期	贵州省文物考古研究所
2014年	内蒙古赤峰辽上京皇家寺院泥质彩绘人像	本所项目
2015年	河南偃师二里头文化两座贵族墓葬	本所项目
2017年	河北省石家庄市行唐县故郡墓地，白狄中山国君之二号车马坑，东周时期	河北省文物研究所等
2018年	浙江省衢州市衢江区庙山尖贵族墓葬，西周早期	浙江省文物考古研究所等
2018年	吉林省延边市珲春市渤海国皇家寺院石函遗存，唐代早中期	吉林省文物考古研究所

舞阳贾湖遗址史前墓葬实验室考古，清理出大量用作服饰的绿松石片，这对于研究8000年前的中原人类文化，意义重大。

上海福泉山良渚文化墓葬象牙权杖的成功发掘和提取，是良渚文化考古的一大重要成果，对于研究良渚古国政治宗教文化，意非凡。

偃师二里头遗址宫殿区贵族墓实验室考古成果，获得了国宝级文物"中国龙"，成为中国考古博物馆镇馆之宝！而其镶嵌绿松石片的华冠，为研究夏代贵族冠饰，提供了珍贵的实物资料。

大河口西周墓实验室考古，成功获取一批西周漆木礼器和漆木俑标本，这是我国北方地区经考古发掘获取的第一批西周时期漆木礼器完整资料，极大丰富了西周礼乐制度实物资料。

隋炀帝萧后墓和唐李倕墓实验室考古，使我们对于隋唐时期贵族妇女冠饰，有了真切了解。

马家塬战国墓实验室考古，所获金银、珠宝类装饰品，对于研究当时西戎文化、尤其是服饰文化，非常可贵。

江西南昌墎墩遗址汉墓（海昏侯刘贺墓）实验室考古项目，是首个由国家文物局指定开展的实验室考古项目，其墓室内木棺和车马坑等遗存，经实验室考古发掘，收获甚丰，影响广泛，实现了"体现新世纪中国考古学最高水平"的任务目标。（图3-15）

图3-15 海昏侯墓主棺实验室考古发掘进行中[①]

[①] 在海昏侯墓考古发掘中，国家文物局指定笔者为专家组成员，负责其实验室考古工作。这是我国首个在考古发掘现场专门建设的考古工作站内进行的实验室考古，与工作站内的金属陶瓷文物保护、漆木器文物保护、纺织品文物保护等紧密融合，形成发掘与保护修复一体化。

南海Ⅰ号沉船考古收获，可以建成一座专业博物馆！并摸索出水下考古与实验室考古的转换模式。（图3-16）

图3-16 南海Ⅰ号沉船"水晶宫"内实验室考古发掘①

河南伊川徐阳墓地陆浑戎贵族墓葬实验室考古，是洛阳市文物考古研究院首次尝试开展实验室考古，洛阳市文物考古研究院因此成为我国第一个独立开展实验室考古的地级市考古机构。死者佩戴的螺旋形金耳环和胸前的鎏金铜质挂件是典型的戎人装饰，发掘者据此确认该墓为陆浑戎贵族墓。②

---

① 从2012年至2019年，南海Ⅰ号沉船实验室考古共获取文物171600件套，其中瓷器约158600件套，金器188件套约2.8公斤，银器198件套约300公斤，铜器196件套，铁器13件套，铅锡金属器60件套，竹木漆器98件套，石玉玻璃器26件套，铁器凝结物124吨。"南海Ⅰ号"考古发现，再现了南宋海外贸易活动的繁荣景象，显示出南宋时期高度发达的商品经济水平。其发现及发掘打捞工作前后历经近三十年，是我国水下文化遗产保护发展的一个缩影，见证了我国水下考古学科的完整发展历程，也是迄今我国规模最大、成果最丰富的古代沉船实验室考古项目。

② 记者常书香、实习生付嘉欣：《洛阳首个墓葬实验室考古项目进展顺利》，《洛阳日报》2017年8月18日第5版。

2014年8月,由陕西省考古研究院、北大考古文博学院、中国社会科学院考古研究所三家单位联合组成新的周原考古队,在对周原遗址贺家村附近进行考古勘探发掘中,发现一座西周时期车坑,内有豪华马车一辆。经初步清理,车轮、车辖、车辋等青铜配件相继露出,镶嵌有绿松石,十分豪华,显示车主人身份显赫。为了更好地发掘、获取更多文物信息,更好地保存文物整体,考古队决定对其进行整体搬迁,实施实验室考古。2015年2月,整体打包、重达60吨的"豪车"由岐山县顺利搬迁到西安泾渭文物保护基地,进行更科学的实验室考古。①(图3-17)

图3-17 周原遗址西周马车

除此之外,国内有关机构还开展过其他一些实验室考古活动。

三 队伍建设

随着实验室考古理念的普及和实验室考古项目的推广,我国已有一批考古、文保专家投身于实验室考古工作,实验室考古科研队伍建设初见成

---

① 冯国:《西周"第一豪车"顺利搬至文保基地 将要实验室考古》,新华网,2015年2月17日。

效。其中，中国社会科学院考古研究所、国家文物局水下考古中心、山东大学、西北工业大学等，设置有专业队伍，常年开展实验室考古。

四　实验室建设

因开展实验室考古的需要，我国部分考古科研机构和大学，先后创建实验室考古专用工作室。其中，中国社会科学院考古研究所、山东大学、西北工业大学、江西省文物考古研究院等单位的实验室考古工作室，规模较大、设施设备较完备、学科搭配较齐全。此外，甘肃省文物考古研究所、呼伦贝尔民族博物院、陕西省文化遗产保护研究院、洛阳市文物考古研究院等单位，也都创建了自己的实验室考古工作室，具备了进行实验室考古的基本条件。江西省文物考古研究院的墎墩汉墓考古工作站，成为大型考古发掘项目发掘、保护基本设施设备的建设楷模，正在建设完善中的山东省文物考古研究院定陶汉墓考古工作站，包括有考古发掘工作大棚、出土文物保护工作间、文物检测分析实验室，也是此类建设的佼佼者。（图3-18至图3-19）

图3-18　山东大学青岛校区实验室考古工作室[①]

[①] 在山东大学青岛校区博物馆内，山东大学文化遗产研究院设置有实验室考古工作室，同时设置了十余个考古研究和文物保护修复实验室，这是目前国内高校中最为完备的实验室考古体系。

图 3-19　定陶汉墓考古发掘大棚①

五　人才培养

山东大学文化遗产研究院、西北工业大学文化遗产研究院先后创建实验室考古教研室，开展实验室考古工作，同时进行实验室考古教学，已有部分研究生参与实验室考古项目，学习实验室考古理论和方法。

其中，山东大学的实验室考古科研和教学工作，成绩可观。

2013 年，山东大学与中国社会科学院考古研究所共同创建"山东大学文化遗产研究院实验室考古基地"。随后，联合山西省考古研究所共同开展大河口西周墓实验室考古工作。接着，又与河南省文物

---

① 定陶汉墓考古大棚建设，为汉墓的长期、精细发掘（包括其黄肠题凑的拆解保护），提供了基本保障，整个墓室包括黄肠题凑在内的发掘清理和拆解保护，都将在这个大型钢结构保护棚内完成。它与旁边的出土物保护工作间、出土文物检测分析室等，共同构成了一个实验室考古工程体系。

考古研究院、中国科技大学合作，开展河南舞阳贾湖遗址史前墓葬的实验室考古工作。山东大学在全国高校中率先开展实验室考古，不仅符合中国考古学发展道路，呼应了我国考古学的学科建设潮流，同时也为本校的考古与文化遗产保护科研和教学增加了重要学术支点，在文化遗产科学体系建设方面，有可喜贡献。尤其是通过以上实验室考古项目的开展，由专业老师指导、研究生参与、本科生观摩学习，有效地锻炼了教师，培养了学生，实现了在高校中进行实验室考古专业人才培养的初步目标。（图 3 – 20）

图 3 – 20　研究生参加实验室考古、观摩实验室考古现场①

六　国家文物局重视与支持

起初，实验室考古只是少数专家的尝试性探索，后来随着实践经

---

①　山东大学文化遗产研究院院长方辉教授认为："合作建立实验室通过考古学与化学、物理、生命科学、医学、计算机等学科的合作，共同就实验室考古面临的各类学术难题进行攻关。而对于学校人才培养而言，形成课堂—田野—实验室'三位一体'的教学体系，能够有效锻炼学生的实践操作能力，为实验室考古培养人才、积蓄力量。"

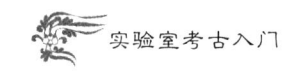

验的总结、理论框架的构建，实验室考古终于在学术界崭露头角，并得到国家文物主管部门的重视与支持。

2011年1月18日，国家文物局局长单霁翔，副局长童明康、宋新潮，文物保护与考古司司长关强等一行，专程到中国社会科学院考古研究所考察调研"山西大河口西周墓实验室考古"项目成果，并在中国社会科学院研究生院召开了"创建实验室考古国家中心座谈会"。与会者一致认为，大河口西周墓实验室考古项目取得的成果十分可喜，应予以推广。童明康副局长评价说，本项成果代表了当前我国考古学最高发掘水平，是国家级水平、21世纪水平。会议决议，由国家文物局与中国社会科学院共同创建"实验室考古国家中心"，以此带动全国的实验室考古，推动我国考古学的发展和文物保护事业的进步。（图3-21）

图3-21　国家文物局领导视察中国社会科学院考古研究所实验室考古

座谈会上各方一致认为，实验室考古是中国考古学的发展方向，是中国考古学新的学术生长点。中国社会科学院考古研究所现已进行的实验室考古理论与实践探索,取得了十分可喜的成绩,体现了我国考古学现阶段最高水平,应予总结推广。国家文物局愿与中国社会科学院共同推动在考古研究所文化遗产保护研究中心基础上创建"实验室考古国家中心",建设一个集考古科研、文物保护、教育培训、服务公众为一体的国家级实验室考古基地,带动全国各地的实验室考古工作。中国文化遗产研究院希望积极参与创建活动,充分发挥现有的人才、设备优势。中国社会科学院研究生院欢迎把拟建"实验室考古国家中心"设立在该院良乡新校区,以此丰富和提升该院研究生教育。①(图3-22)

图 3-21 国家文物局、中国社会科学院联合召开"创建实验室考古国家中心座谈会",笔者向与会人员做《实验室考古理论与实践探索》报告

2014 年 11 月 3 日,国家文物局在《关于湖北枣阳郭家庙墓地考古工作方案的批复》(文物保函〔2014〕第 2784 号)中,明确要求进行实验室考古,包括对重要墓葬和脆弱质文物堆积的整体提取移送

---

① 文化遗产保护研究中心:《国家文物局领导赴中国社会科学院考古研究所调研"实验室考古"》,中国考古网,2011 年 2 月 17 日。

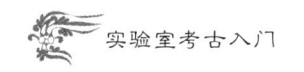

实验室清理。

2015年1月5日,国家文物局、江西省文物局在江西南昌召开"新建墎墩汉墓考古发掘专家论证会",国家文物局童明康副局长提出墎墩汉墓考古与文化遗产保护要实现三个"一流"——一流的考古发掘、一流的文物保护、一流的展示利用。要体现新世纪的中国考古学最高水平。会议确定,在当地创建实验室考古工作室,墎墩汉墓实施实验室考古,在解决墎墩汉墓发掘与保护的同时,培养地方的考古和文保技术力量。

国家文物局的肯定和支持,有力地推动了我国实验室考古工作进一步发展。

七 中国社会科学院支持

中国社会科学院将实验室考古作为新兴学科予以支持,在"创新工程"中专列一项,大力扶持实验室考古学科建设。院领导亲临现场,考察指导工作。(图3-23)

图3-23 中国社会科学院王伟光院长考察中国社会科学院考古研究所实验室考古工作,听取汇报

八　媒体传播

随着实验室考古在考古界崭露头角，取得初步成果，有关媒体也敏锐地捕捉到这个学术前沿信息，及时予以报道，对于实验室考古的推广，起到了积极的促进作用。

其中，中国考古网和中国文化网等网络媒体、《中国文物报》等传统纸媒，先后多次报道实验室考古项目进展情况。而新华社记者的采访报道，在更大范围内传播了我国实验室考古理念和成果。

2014年8月14日《中国文化报》发表刘黎雨文章《实验室考古开启发掘保护新模式》，报道中国社会科学院考古研究所与山东大学文化遗产研究院的考古学者和文物保护专家共同合作，开展了对山西翼城大河口M6043和M5010两座西周墓葬的实验室考古发掘清理及相关的文物保护工作。报道说，此次实验室发掘工作将墓葬中出土的随葬器物进行细致而科学的发掘清理，完成现场绘图、去锈保护及加固处理，最大限度地保留了器物的原始性状和位置关系，使下一步的复原成为可能。此外，发掘过程中遇到的各种纺织品痕迹、草席痕迹、朱砂痕迹、矿物质痕迹等细微遗迹现象的范围全部采集清楚，完成拍照、绘图及取样采集工作。

2014年8月21日，新华网刊发新华社记者汪永基文章《专家学者：尽快实施"实验室考古"科技支撑　促进文化文物遗产保护》，报道了在内蒙古呼伦贝尔闭幕的"实验室考古呼伦贝尔论坛"，指出与会学者一致认为要认清发展趋势、加强科技手段、植入科学管理，让考古研究通过"实验室考古"更有效地为文化文物遗产保护服务。引述专家意见说："'实验室考古'的历史使命应该是绿色考古的推广、科学考古的追求、遗产传承的担当和实验室考古人才培养。""实验室考古"的出现是考古学发展的趋势与必然。根据文物资源本身是稀缺资源的特性，这种发掘研究的新理念能更有效地在发掘过程中保护考古原始信息和出土文物实体，充分利用考古行为资源，让考古学"服务当代社会"。称"实验室考古"是近年来为世界考古学界普遍

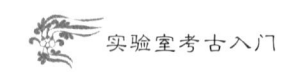

认同推广的一种和传统田野考古发掘并存的发掘研究手段，被考古学界一些学者称之为是"考古学科的重大突破与发展趋势"，是考古学学科最有前途和必不可少的部分。

2015年3月30日，《中国文化报》刊发杜洁芳文章《实验室考古大显神通——贵州遵义第十四世土司杨价夫妇墓文物进京记》，对贵州遵义播州杨氏第14世土司杨价夫妇墓的考古发现、田野清理和木棺整体迁移至北京交由中国社会科学院考古研究所文化遗产保护研究中心进行实验室考古的过程、收获等，作了早期报道。①

2015年4月20日，中国文物信息网登载李杉文章《探索：实验室考古中的播州杨氏土司杨价夫妇墓》，对贵州遵义新蒲播州杨氏土司杨价夫妇墓实验室考古，有比较详细介绍。文章指出，播州土司杨价夫妇墓的实验室考古坚持多学科结合原则，坚持发掘、保护、研究的同步化和一体化，代表了实验室考古的发展趋势。精细化发掘，辅以图表影像记录、标本检测分析等多种技术手段，再对遗迹遗物等进行模拟复原，满足研究和陈列展示的双重需要。

2015年4月22日，中国考古网刊登李说文章《深度报道：实验室考古助力土司申遗——探访中国社科院考古所杨价墓实验室考古项目》，作者根据现场亲身参与，比较全面地介绍了播州杨氏土司杨价夫妇墓的实验室考古实况。

2016年3月24日，新华社记者汪永基的采访报道《"实验室考古"为海昏侯墓葬发掘提供充分科学保障》面世，报道了他对中国社会科学院考古研究所所长王巍研究员、海昏侯墓实验室考古项目承担人李存信副研究员、海昏侯墓考古发掘领队杨军的采访纪要。王巍认为，海昏侯墓葬发掘清理运用"实验室考古"，是中国考古学和文化遗产保护技术的"完美"结合范例。"实验室考古"是将在田野考古发掘现场不容易清理和易损坏的遗迹和遗物套箱提取移至在室内创造的安全技术条件和良好环境进行发掘清理和研究，最大限度并有效保存、还原其原始状

---

① 杜洁芳：《实验室考古大显神通——贵州遵义第十四世土司杨价夫妇墓文物进京记》，《中国文化报》2015年3月30日第7版。

态信息，达到文物安全保护、发掘完整最大化。杨军认为，海昏侯墓田野考古与"实验室考古"结合贯穿始终，达到了相当有效的预期。李存信副研究员介绍，这次海昏侯墓葬"实验室考古"在三维扫描、透射影像技术、红外影像技术、拉曼光谱、显微分析等十余种科技考古之外，还采用新的电脑制图软件和低氧操作间等最新技术设备等投入文物保护与研究，取得田野考古过程中不可替代的作用。①

2016年9月19日，《新华日报》发表汪滢文章《历时两年半实验室考古和修复，真仿版"萧后冠"亮相扬州》，报道了由西北工业大学杨军昌教授主持的隋炀帝萧后墓出土萧后冠的实验室考古成果。报道指出，萧后冠腐蚀严重，经过两年多的艰苦修复，萧后冠上一些脆弱饰件的形状得以完整维持，一些痕迹得以保存。通过实验室考古，首次发现南方地区隋唐时期的棉花、鎏金铜珠化工艺制品，还揭示了隋唐时期铜钗、钿花复杂的结构与工艺特征。并且，历经半年制作完成的萧后冠仿制品金光灿灿，冠上13棵花树、166片铜花瓣、12片水滴形头饰，十分精美，尽显皇家气派。②

此外，中央电视台"探索·发现"栏目等电视媒体，连续播报实验室考古成果，对于公众了解实验室考古起到了重要作用。

第二节 存在的问题

中国的实验室考古已经创造出可喜的开局。但是，存在的问题依然很多，其中不少还相当突出，是该学科建设发展道路上必须扫除的障碍。

一 人才匮乏，专业队伍不足

实验室考古需要考古、文保之专门人才，同时更需要跨专业的复

---

① 汪永基：《"实验室考古"为海昏侯墓葬发掘提供充分科学保障》，2016年3月24日新华社消息。
② 汪滢：《历时两年半实验室考古和修复，真仿版"萧后冠"亮相扬州》，《新华日报》2016年9月19日第8版。

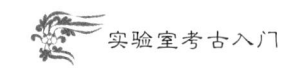

合型人才，否则不能胜任实验室考古之学术和技术工作要求。这些专业人才，还需合理搭配成足以适应各项任务的工作团队。但在目前，我国尚未形成一支强劲的实验室考古专业团队——无论中央级别还是地方级别，甚至连必需的专业人员也极度匮乏。大学里没有实验室考古这门课程，社会上没有现成的实验室考古专业人员。从事实验室考古的人员，是从考古和文物保护等不同学科领域"转业"过来的，实验室考古队伍其实也是"拼凑"的班子。尽管这些为数不多的专家、屈指可数的单位，在实验室考古方面做出了十分可喜的成绩，但是从文化遗产保护事业需求来看，人才队伍建设迫在眉睫。

二 硬件建设滞后，不能满足学科发展需要

实验室考古需要较大空间的工作间，需要许多适应室内发掘清理的专用设备，需要具备各种检测分析仪器的实验室。而当前我国从事实验室考古的单位、机构，绝大多数受困于硬件设施的局限、缺乏。

三 经费不足，难以支撑大型项目的实施和满足大面积推广需求

目前，我国文物考古管理部门尚未把实验室考古单列经费项目，现有的实验室考古项目之经费申请，主要走田野（水下）考古发掘项目路径。实际上，实验室考古项目的经费需求，与田野考古发掘相比，数额要大很多倍（就同等单位面积或体量的发掘而言）。因此，从田野考古发掘经费中"挤出来"的实验室考古经费，实在难以支撑比较大型的项目，更难以在全国大面积推广实施。经费瓶颈，制约了实验室考古的正常发育。

四 供需矛盾突出

随着实验室考古理念迅速被考古界广泛接受，希望开展实验室考古的单位、机构越来越多。但是，能独立承担实验室考古项目之单位或机构，仍属极少数。

五　考古发掘与文物保护结合有待加深，科技手段利用亟待加强

虽然实验室考古是田野发掘转化为室内发掘、出土文物保护前置于考古发掘现场，但是考古与文保两个学科的融合、融洽，不是一朝一夕便可以完成得天衣无缝。而在发掘清理、文物保护过程中科技手段的运用，目前不尽如人意。监测、检测、分析、试验之仪器设备，尚不完善。尤其是最大可能地利用现代科技手段获取考古对象的历史文化信息，限于理念、人才、经费等条件，也做得不能令人满意。即便是实验室考古开展最好的单位——如中国社会科学院考古研究所、陕西省考古研究院和陕西省文化遗产保护研究院，也是如此。

六　缺乏统一组织

在目前阶段，实验室考古正在起步中，需要有组织的推动、支持，方可健康发展。但现状是，这个跨学科、跨部门的新兴交叉学科，从学术上、管理上，都互相分离，没有明确的组织机构来统一组织，只能靠具体部门之间的合作来推动。

七　缺乏技术规范

考古、文物保护学科的健康发展，离不开科学的技术规范。国家文物主管部门颁布有考古发掘规程，也颁布了一系列出土文物保护修复技术规范，但是这些技术规范分属于两个不同学科领域，不能适应把考古与文保有机结合为一体的实验室考古之需求。哪些文化遗存适合或可以做实验室考古、怎样做实验室考古，要有一个考古、文保界共同认可与遵守的规范。

第三节　相关建议

为推动我国的实验室考古健康发展，针对上述问题，兹提出以下建议。

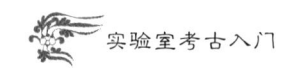

一　学科建设

应加强理论、方法、技术、设备的创新研究、研发，加快完善实验室考古科学体系。

实验室考古学科建设，应超越部门、地区成为全国性学科建设行为。可由中国考古学会出面组织，设立国家社科基金项目，推进实验室考古学科建设。

二　人才培养

一方面，从大学本科教育抓起，增设实验室考古课程，编写相关教材，组织必要实习。在研究生阶段，设置实验室考古专业方向。踏踏实实、按部就班地培养专业人才。另一方面，鼓励、吸引相关专业人才"转行"到实验室考古领域，同时，以师傅带徒弟模式培养急需实用人才。此外，在单位合作模式下，也可较快地培育人才队伍。

三　政策扶持

建议国家文物主管部门打破原有管理条块，明确实验室考古的管理归属，设立实验室考古专项经费，大力支持实验室考古。

四　机制创新

创立实验室考古国家中心和区域基地，形成一个梯次有序的实验室考古联合团队，承担不同规模和难度的实验室考古项目。国家文物局与中国社会科学院联合创建实验室考古国家中心的设想，应该落实。或者，双方可以单独创建这样的国家级实验室考古中心。

国家文物局应在考古发掘工作量较大、开展实验室考古较集中的地区，设立几家实验室考古区域基地。

中国考古学会可考虑设立"实验室考古专业委员会"，负责协调全国实验室考古工作。

五　科学化与规范化

应制定符合我国国情的实验室考古科学发展规划，编制实验室考古工作规程，指导我国实验室考古健康发展，落实实验室考古支持措施。

| 第四章 |

实验室考古对象

第一节 适用对象

在田野考古和水下考古工作中,如果在现场不能保证考古发掘正常进行,或者不能保证文物安全、难以完整提取相关信息,可根据需要实施实验室考古。

但是,实施实验室考古也需要满足一定条件。

一 适用对象

理论上,大多数考古发掘对象都可以进行实验室考古。现阶段,实验室考古适用对象主要是:墓葬、祭祀坑、窖藏坑、车马坑、水井、灰坑、陶窑、沉船、小型建筑址或构筑物、小型手工业作坊址,等等。一般聚落遗址的局部,也在适用范围内。但大型建筑基址,分布密集、叠压复杂的遗迹现象,不宜进行实验室考古。

(一)墓葬

史前时期墓葬一般都适合进行实验室考古发掘。夏商周时期随葬品丰富、葬制复杂的墓葬,进行实验室考古发掘具有更高的学术价值。(图4-1)

目前已经实施的河南舞阳贾湖遗址墓葬、上海福泉山良渚文化墓葬、河南偃师二里头遗址墓葬、山西翼城大河口西周墓、湖北京山苏家垄曾国墓、甘肃张家川马家塬战国墓、贵州遵义宋代吐司墓等,都是成功案例。

我们知道,没有实验室考古,就很难有今天的"中国龙"——二里头遗址绿松石片镶嵌龙形器,而不久前实施实验室考古的另外一座二里头遗址贵族墓葬,出土的镶嵌有绿松石片的华冠,令人叹为观止!可以断言,在田野发掘中几乎无法处理如此复杂的现象、获取如此重要的资信。以往于考古简报、报告中常常见到所谓出土"绿松石片若干"云云,其实都是没有清理到位的绿松石片镶嵌物。(图4-2至图4-3)

图 4-1 山东曲阜西夏侯遗址大汶口文化墓葬

图 4-2 2018 年实验室考古中的二里头遗址贵族墓头部绿松石华冠

图 4-3　偃师二里头遗址ⅨM11 绿松石镶嵌牌饰出土状态①

对于古代墓葬实施实验室考古清理、保护，可以是整体的，也可以是分体的、局部的。这主要根据发掘对象的体量和遗迹遗物复杂程度而定。西安唐李倕冠、扬州隋炀帝萧后冠的实验室考古，为局部打包提取法的经典案例。海昏侯墓发掘则对墓室内不同遗存，分别套箱

---

① 这是笔者1995年在偃师二里头遗址祭祀区发掘时，在一座二里头文化墓葬中遇到的一个现象，是一件用绿松石片镶嵌而成的"兽面纹"牌饰。与通常所见二里头文化青铜牌饰不同的是，该牌饰的绿松石片镶嵌在有机质背托上，背托已经完全腐朽，踪迹全无。因为旁边一座汉墓的缘故，该墓底部局部塌陷，造成这件文物部分解体。田野发掘中只得将其逐片提取，复原到一块木板上。为此还产生一场风波。笔者也因此对于田野考古中脆弱文物的保护提取格外注意，并为日后的实验室考古理念的产生和提出埋下伏笔。

打包提取至实验室内进行发掘和保护,效果很好。

当年发掘河北中山王墓,由于墓室底部为山岩,重要随葬品的提取采取了插板、插网保护提取法,然后进行室内清理。现在有了更加合适的材料,也可进行类似的文物提取。

一些古代壁画墓在发掘时墓室往往已被土淤满,现场剔剥、保护,非常困难。整体提取到实验室内,营造低氧和恒定温度、湿度的工作环境,有利于文物的清理和养护。需要现场保护展示的除外。(图4-4)

图4-4 安阳唐代墓葬壁画

(二) 车马坑

古代车马坑的考古发掘,曾经是高难度的技术活儿,完整地清理出车体和马骨实属不易。而现有条件下,套箱提取独立的车马坑已非难事,即便更大型的多辆车共存的车马坑,也可以套箱提取。关键是看提取对象所在遗址的地质、交通状况。(图4-5)

而实验室内清理剔剥车马坑遗迹遗物,业已有相当成熟的方法和技术。

图 4-5 山东高清陈庄遗址西周车马坑套箱提取中

（三）甲骨坑

几乎所有的甲骨坑都可以进行实验室考古，可以确保脆弱文物的安全，有利于厘清已经破碎的甲骨片之间复杂关系。设若当初殷墟花园庄甲骨坑没有套箱提取至工作站内进行清理，大量破碎甲骨之间的关系很难理清，必将对文物的完整性、文物资料的科学性，造成不可挽回的损失。（图 4-6）

殷墟宫殿区甲骨坑、花园庄甲骨坑，因为室内清理的缘故，保障了理想的工作环境、清理速度、提取条件等，成为甲骨坑套箱提取室内发掘清理的典范。

（四）窖藏坑

历史上有很多情况下会产生窖藏，给后人留下珍贵财富。窖藏坑一般均适合做实验室考古。像郑州商城向阳食品厂商代铜器窖藏、张寨南街商代铜器窖藏那样的青铜器窖藏坑，埋藏物单一、关系简单，在田野现场进行清理未尝不可。但对于内涵比较丰富、关系比较复杂、现场条件不良的窖藏坑，还是以套箱提取进行实验室考古清理更好。（图 4-7）

图 4－6　殷墟 YH001 甲骨坑

图 4－7　郑州商城向阳食品厂青铜器窖藏坑

如郑州商城南顺城街铜器窖藏坑，系利用一座水井埋藏一批青铜器，共计 12 件，包括方鼎 4 件、簋 1 件、罍 2 件、爵 2 件、戈 2 件、钺 1 件，其中方鼎分别重达 52.9 公斤、26.7 公斤、21.4 公斤、20.3

公斤，是现知商代前期最重要的青铜礼器，学者称之为"王室重器"应可信。该水井在埋藏铜器前，曾经使用了一段时间，因而在井底遗留了很多陶器（主要是汲水罐以及罍、壶、尊等）。埋藏铜器时，在井底淤积层上面敷设木板，放置铜器后又在上面覆盖木板，然后填土掩埋。现场发掘时，对于某些遗迹现象未能梳理清楚，以至于铜器是盛放在木箱中，抑或是夹放在两层木板之间；是祭祀产物，还是仓促间宝物埋藏；珍贵的原始瓷尊是属于水井使用时期遗物，还是与铜器共同埋藏；该窖藏坑是专门修筑的窖藏坑还是利用废井；坑的性质为窖藏坑，还是祭祀坑，都成为了后来讨论的问题。①（图 4-8）

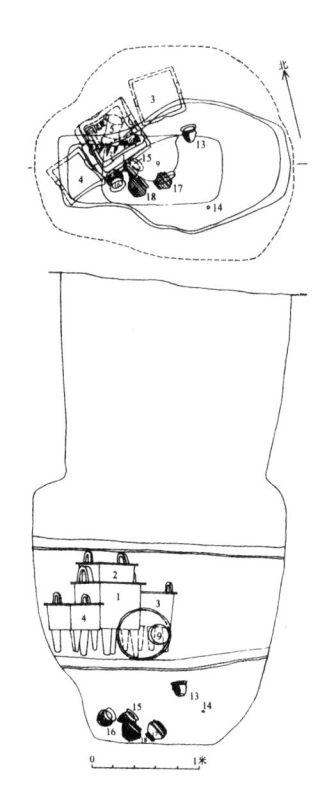

图 4-8　郑州南顺城街商代铜器窖藏坑和出土铜器

---

① 河南省文物考古研究所、郑州市文物考古研究所编著：《郑州商代铜器窖藏》，科学出版社 1999 年版。

试想，如果在实验室内进行仔细的清理，其埋藏方式、盛具、共存物等问题，不难弄清；铜器上下的木炭灰，是木箱木板腐朽后遗存，还是燎祭木炭遗存，从炭灰遗留情况也不难弄清；铜器附近的朱漆遗迹，是盛放铜器的木箱漆皮，还是另有漆器共存，也不难弄清。于是，是窖藏坑还是祭祀坑，也就有了判别的科学依据。

（五）祭祀坑

殷墟后冈祭祀坑，是一个十分重要的商代祭祀遗存。该坑呈竖井状，口径2.2米，深2.8米。坑内分三层埋置人牲73具，陪葬品有青铜器10件，陶器32件，玉器4件，骨角牙器13件，贝700多枚，另有丝、麻和纺织品等。根据坑内有大量木炭、烧土和烧过的蚌壳等遗迹现象，发掘者认为这是一个与燎祭有关的遗存。有意思的是，该祭祀坑先后经过三次发掘，本意是限于自上而下逐层揭露的田野考古发掘原则下，为保留一些坑内人牲遗骸和随葬品，没有进行一次性彻底发掘。但时隔十几年后，因坑内保存人牲遗骸严重糟朽，失去保护意义，遂决定再次发掘，将该坑清理到底，于是又发现下层的19具人牲遗骸及其伴随的串珠、骨笄和海贝等。①（图4-9）

很显然，如果采用实验室考古方法清理此坑，可以从上面、下面和四周对该坑进行发掘，进而全面掌握坑内堆积，并采取有效手段加固和保护人牲遗骸。那样的话，我们今天还可以看到这个著名祭祀坑的真容。

四川广汉三星堆遗址一号祭祀坑，长方形，坑口长450—464厘米，宽330—348厘米，深146—164厘米。出土铜器、金器、玉器、琥珀、石器、陶器等共计420件，骨器残件10片，象牙13根，比较完整海贝62枚，另有大约3立方米烧骨碎渣。"根据出土器物的堆积和分布情况，可推测这些器物和骨渣是基本依照类别顺序放入坑内的。"（图4-10）发掘工作从1986年7月18日延续至8月14日，历

---

① 中国科学院考古研究所安阳发掘队：《1958—1959年殷墟发掘简报》，《考古》1961年第2期；中国社会科学院考古研究所编著：《殷墟发掘报告》第五章第二节，文物出版社1987年版。

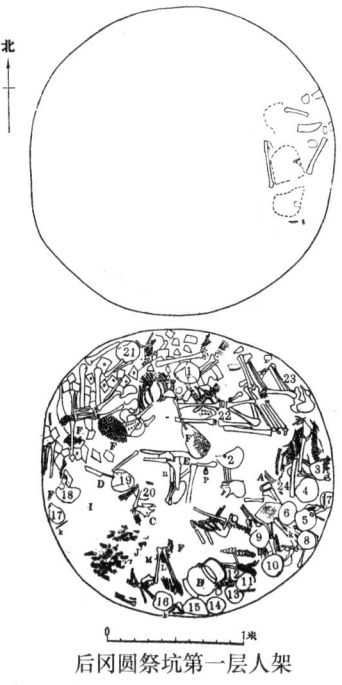

后冈圆祭坑第一层人架

第一具人架之位置　下：1—24.人架　A.铜鼎
B.铜卣　C.铜戈　D.铜刀　E.铜戈　F.贝
I.谷粒　J.成束的丝麻　K.骨笄　L.铜泡
M.铜璜形器　N.象牙棒

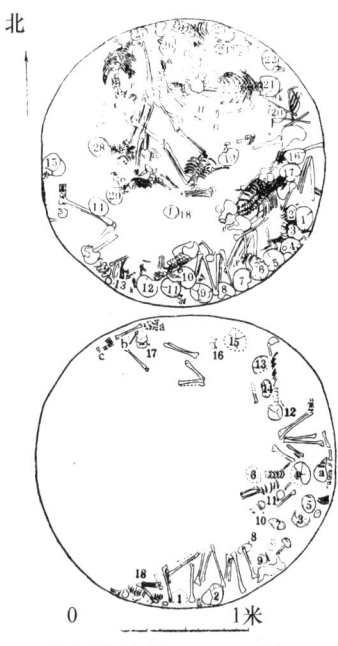

后冈圆祭坑第二、三层人架

上：第二层人架　1—29.人架　G.玉璜　H.玉鱼
O.玉珠　K.骨笄　F.贝
下：第三层人架　1—18.人架　A.贝　B.骨笄
C.花骨

图4-9　殷墟后冈圆形祭祀坑分层平面图

图4-10　三星堆一号祭祀坑

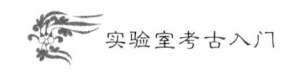

时20多天。① 这个著名的商代祭祀坑，应该是商代古蜀国一次非常隆重的祭祀活动之遗存，内涵丰富，极具历史、科学、艺术价值。只是它的田野发掘工作，现在看来相当仓促、紧迫，若干历史信息未能提取到。不知最近新发现的三星堆祭祀坑的考古发掘，能否采用实验室考古方法？

（六）水井

1931年殷墟第四次发掘时，在殷墟甲组基址甲二号建筑基址近旁，发现一个被叫做"窭"的遗迹，初始编号E16（因位于发掘区E区，坑号16），后来改称5：H16。② 石璋如报告说，这个遗迹"是一个深入水中尚未到底的深窭，其中出有甲骨、铜戈、铜矛、陶骨等，并有许多小石子"。李济曾著文详细介绍了该遗迹自4月10日至5月2日共计九个工作日的发掘过程，记录了从开口到9.4米深度之土层的土质土色和包含物。评价说该坑"出土的物品，为在殷墟发掘来最丰富者，并为唯一之铜器坑；统计他处所得之铜器，不及此坑中所出二分之一。所出铜器以武器为最多，有戈，矛，瞿，簇等；用器次之，如锛，斧，小刀等，礼器少见，只有残片"。在李济记录的15个发掘层中，自开口至5.2米深，坑形从圆形变为方形，深8米时填土渐成淤泥，有字甲骨渐多，深8.4—8.8米时全成稀泥，甲骨极多，深9.3米到水面，仍有带字甲骨片。关于工作量，李济计算说发掘该坑每日土方量，是通常工作量的五分之一。③（图4-11）

笔者研究认为，甲二基址应属"庖厨"建筑，H16为其附属水井。现有出土文物的年代大约从武丁至廪辛康丁时期。④

很显然，这是一个十分重要的遗迹现象——位于宫殿区，是商代宫室建筑群的有机组成部分；文化内涵非常丰富；堆积相当复杂。可

---

① 四川省文物考古研究所编：《三星堆祭祀坑》，文物出版社1999年版。
② 石璋如：《小屯·第一本·遗址的发现与发掘·乙编·建筑遗存》，"中央研究院"历史语言研究所1959年版，第31—32页，插图七。
③ 李济：《安阳最近发掘报告及六次工作之总估计》，《安阳发掘报告》1931年第4期，第564—567页。
④ 杜金鹏：《殷墟宫殿区建筑基址研究》，科学出版社2010年版，第77—80页。

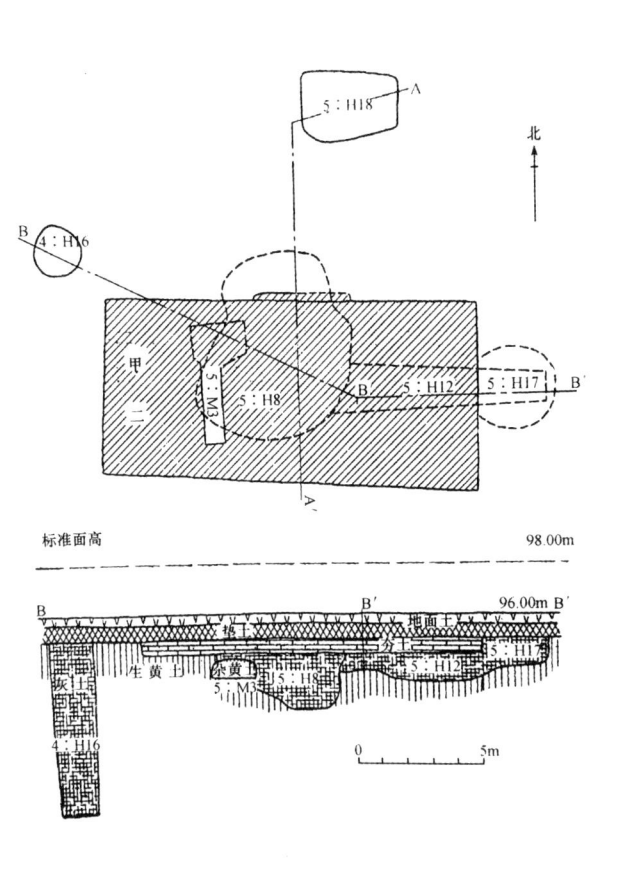

图 4-11　殷墟甲二基址和水井 H16 关系图

惜，田野发掘比较粗糙——尽管比普通地层发掘用时多出五倍，但与其现象重要性、复杂性相比，还是不够细致。以至于今天我们不能看到该坑的堆积层图、文物分布图、文物关系图等。那些绿松石、蚌饰、涂朱陶、蚌壳等，都是独立遗物还是互有关联？一概不知。

我们注意到，2005 年中国社会科学院考古研究所安阳工作队在殷墟宫殿区甲十四基址西侧发现的水井（编号 T3J1），钻探深度 12.6 米，发掘清理至 9.5 米因塌方而终止工作。出土一批陶器。[①] 该井与上述甲二基址水井 H16 东西相距约 80 米左右，年代亦相若，则可推测 H16 当

[①] 中国社会科学院考古研究所安阳工作队：《2004—2005 年殷墟小屯宫殿宗庙区的勘探和发掘》，《考古学报》2009 年第 2 期。

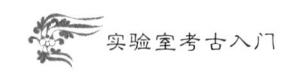

初尚未清理到底部分，大约还有 2 米多深（如果同时期水井深度基本相同的话）。希望有朝一日能够重新发掘 H16，利用套箱提取法移至实验室内进行发掘清理和保护，笔者认为一定会有惊喜等待我们。

（七）窑址

史前至商周时期的陶窑，其体量不大，适合做实验室考古。至于汉代以来的瓷窑遗址，整体套取进行实验室考古会有一定困难。（图 4-12）

图 4-12　商代陶窑[①]

综上可见，实验室考古的适用面相当广泛。随着发掘技术——包括方法、设备——的不断提升，实验室考古适用范围会逐步扩展。

[①] 实验室考古清理的陶窑，不仅对于陶窑的结构会有里里外外的全面了解，而且可以为博物馆增添一件十分良好的展品。

二 适用条件

什么条件下,可以实施实验室考古?

(一) 文化遗存条件

文化遗存体量合适,过大者若可分解也适宜。

文化遗存相对独立,与其他文化遗存没有叠压打破关系,或叠压打破关系比较简单。

大型建筑基址、大型构筑物,重要且连片的文化遗存,计划原址保护、展示的遗存,都不适合进行实验室考古。

如偃师商城宫城内成片的宫殿建筑,各个宫殿建筑之间存在着统一规划和逐渐演进关系,每个宫殿均体量宏大,发掘后将就地保护并建设考古遗址公园。因此,对于此类遗迹不宜随意解剖,更不宜分解实施实验室考古发掘。(图4-13)

图4-13 偃师商城二号宫殿基址发掘现场

(二) 环境条件

环境条件必须达到可以安全、有效套箱提取发掘对象。

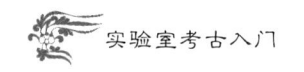

田野发掘中极易发生塌方、渗水时，不宜套箱包装。

（三）交通条件

起重设备能够顺利到达现场，套箱提取后便于运输。无法使用起重设备、无法通行载重汽车时，难以实施实验室考古。

第二节　对象选择

一　选择的理由

实验室考古对象的选择，大致有以下四种理由：

第一，学术需求下的主动选择。

根据学术需求，主动选择一些合适对象，用于相关的科研活动。这类活动应该是有计划、有目的、有选择。

第二，教学需求下的主动选择。

为了方便现场教学，减少师生从学校到遗址地之间的奔波，同时方便进行公众考古宣教，可以选择实验室考古方式。

第三，文物保护需求下的主动选择。

可能包含大量纺织品、漆木器等脆弱文物，或者包含人牲、牺牲等人类和动物骨殖，其他不易现场清理和保护的文物遗存，需要进行实验室考古。

第四，抢救性发掘的被动选择。

在基本建设工程中，为了文物保护的及时性和有效性，同时为了节约时间便于工程推进，可以将重要遗存进行实验室考古，尽量减少在现场的发掘工作。

因工程施工、盗掘等，已经使文物遗迹暴露的情况下，也可实施抢救性实验室考古。

二　选择的条件

第一，人才条件。

项目主持人需具备多学科综合研究驾驭能力，有较高的文化遗产保护意识。一般应是具有丰富田野考古经历和扎实发掘基础的考古学家，或者是具有深厚理论造诣和丰富实践经验的文物保护专家。

项目组应是多学科专家的集合，能够满足本项目的发掘、保护、研究需要。

第二，技术条件。

应具备必要的实验室考古场地，包括发掘工作室、实验室、保护处理室、文物保管室、资料室、办公室等专用建筑空间。

应具备必要的设备和仪器。主要包括水电设备、空调设备、安保设备、环保设备、分析检测仪器设备、交通运输设备、包装加固设备、发掘清理和保护处理工具，等等。

具体参见本书"实验室建设"一章。

第三，经费条件。

鉴于实验室考古的精度高、内容多、周期长，因此在同等发掘体量下，实验室考古需要比田野考古更多的经费投入。所以，应该在项目启动前有比较充足的经费储备，以免中途经费"断炊"造成不可挽回的文物、信息损失。

| 第五章 |

实验室考古项目计划书

第一节　基本要求

总的要求是明确项目的学术理念和技术路线，计划缜密，方案翔实，涵盖全面，具有较高的指导性、较好的可行性。

一　理论方法

充分认识实验室考古思想理念，即从文化遗产发掘、阐释和保护、传承角度，思考和认识实验室考古理论与方法。把科学发展理念、绿色发展理念，浸润到内心深处。

二　任务目标

第一，文化遗产保护高度。

要从文化遗产保护利用的认识高度，确定项目最高任务目标，把"为人民服务"的思想理念贯彻到项目每个细节。

第二，学科建设高度。

要从考古学学科建设的高度，确定项目次级任务目标。每个实验室考古项目的实施，都应为考古学学科建设添砖加瓦——提升实验室考古理论方法，丰富实验室考古实践经验。

第三，学术课题方面。

要从与项目密切相关的学术课题方面，结合自身的学术条件、学术方向，以及项目对象的特定情况，拟定具体学术目标和技术任务。

三　技术路线

编制实验室考古计划书之技术路线为：现场勘察调研—现状评估—价值评估—实验室考古条件评估—立项—编制计划书。

现场勘察调研，主要明确实验室考古目标对象的遗址背景和埋藏

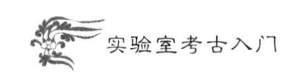

环境、考古发掘与研究现状。

现状评估是指实验室考古目标对象的保存、保护现状,适宜进行实验室考古。

价值评估,系对实验室考古目标对象的考古价值——具有重要的至少是有一定的历史、科学、艺术等研究价值和公众宣传教育、专业教学等方面意义。

实验室考古条件评估,是指评估相关人员和单位是否具备实施实验室考古的条件——包括学术水平、技术能力和场地、设备条件等。

立项,是要通过专家评审,确认本项工作的重要性、必要性、可行性,从而确立其合法性。

最后,便是组织力量编制项目计划书。

第二节 主要内容

实验室考古计划书主要内容包括:

第一,项目内容。

项目对象名称。

所在遗址概况:地理位置、遗址性质、年代、发现与发掘简史、现有研究成果等。

第二,项目价值。

主要包括历史价值、科学价值、艺术价值、社会价值等。

不同的项目对象所具有的主要价值或有不同,应注意挖掘和阐释。

第三,指导思想。

主要是以科学发展思想、学科重要理论为指导。

第四,任务目标。

主要任务目标是推动文化遗产科学进步,包括推进考古学学科建设、文物保护学科建设、博物馆学科建设，出成果、出人才。涵盖考古科研、文物保护、宣传教育、文化传承等方面的具体任务目标。

第五，组织保障。

首先，要有明确的组织领导，明确决策者、责任者。

其次，应组建学科搭配合理的项目组，做到人员稳定、执行有力。

最后，成立具有权威性的专家组，负责提供专业咨询和指导。

最好还应在项目组基础上搭建一个合作平台，把学科融合、学术资源整合，扩展到最大限度。

第六，实验室建设。

实验室建设内容主要包括：

场地空间的类别、规模、数量、技术要求；

仪器设备的种类、型号、用途、数量；

工具和材料的品类、数量等。

第七，实施方案。

实施方案要求全面、科学、翔实，可操作性强。内容主要包括：

①学术准备——充分吃透实验室考古理论、方法，明确本项目学术任务。

②技术准备——根据实际需求和现有条件，做好考古发掘和文物保护方面的技术准备，包括文献梳理、硬件配置。

③后勤保障准备——各项后勤服务工作、业务保障工作、对外联络工作，制定各自的细化方案，责任到人。

④前置研究——项目对象的田野发掘情况、现场保护、套箱提取等。

⑤文物现状分析评估——主要指提取箱保存现状和箱内文物保存现状评估。

⑥发掘清理——应遵循科学判断，慎重处置；仔细操作，稳妥推

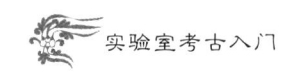

进；文物安全，信息全面之指导原则。明确工作程序和工作方法以及工作节点。

⑦文物保护预案——对出土遗迹遗物及时采取保护处理措施，保湿、保温、避光、灭菌、加固，使其不干裂、不硬化、不生锈、不发霉、不坍塌，阻止或延缓文物劣化进程，使之逐渐适应新的环境。就其工作原则、保护条件、脆弱文物保护、一般文物保护等，做出规定。

⑧科学检测分析——在对遗迹遗物进行发掘清理的同时，要对发掘对象随时随地进行科学检测。由于文物出土后往往会使用加固、封护材料进行保护，因此必须在出土后第一时间采集样本以备检测。

⑨信息采集——对实验室考古工作过程中以及发掘清理所发现的一切遗迹遗物，均需进行全面、详细、准确记录。信息采集方式方法应多样化。除了常规的文字、绘图、照相之外，还包括摄像、红外照相、三维扫描……许多瞬息即逝的现象，必须及时捕捉、完整记录。一些人类肉眼不易直接察觉的现象，则应借助特殊仪器观察记录。

⑩信息管理——采取必要措施确保信息资料安全。除了异地保存多份的电子文件，文字资料最好也有打印保存纸质稿，照片资料有扩印照片。

⑪安全保卫措施——包括考古现场安全保障、文物库房安全保障制度和措施。

⑫科学研究——包括考古、历史、医学、经济、文化、军事、商贸、艺术、宗教、民俗、材料、工艺技术等各个方面。有综合性研究课题，也有专题性研究课题。

⑬教学组织和服务——教学科目应包括实验室考古、科技考古、文物保护、博物馆展陈。教学方式可采用现场教学和远程视频教学。

⑭信息传播与公众服务——包括信息管控措施、信息发布方式、信息传播途径、公众服务措施，重点策划好发言人制度、现场开放参观、专题展览、走进校园社区、电视媒体宣传、纸质媒体宣传、新媒体宣传。

⑮项目结项——主要包括结项报告和结项评审两方面。

结项报告由项目组根据《项目立项书》和《项目计划书》，撰写《结项申请书》《结项报告》，提交项目主管单位（立项单位）。结项报告重点说明《项目立项书》规定的工作任务之完成情况，《项目计划书》的实施情况，存在主要问题。

结项评审验收由项目主管单位组织专家进行。主要针对发掘清理、文物保护、资料管理、成果整理、科学研究、经费使用、公众宣传等，进行评审。

⑯实验室考古报告编撰——总体要求：及时、全面、客观、详细、准确地反映和介绍项目成果。

其中，实验室考古简报应在发掘工作结束半年内完成简报撰写，就项目主要成果进行简要报道。大型项目也可在中期适当工作节点，发表工作简报。实验室考古简报体例有别于田野考古发掘简报，重点内容包括项目设计、技术路线、重要成果、存在问题等。

实验室考古报告应在发掘工作结束两年内完成报告撰写，全面整理、公布本项目成果。应包括思想理念、方法技术、工作方案、文保预案、组织实施、发掘成果、科研收获、项目意义、问题讨论，等等。

⑰善后——包括文物处置、资料处置、设备仪器处置、经费结算、人员遣散，等等。

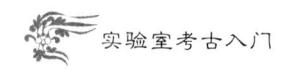

山东大学文化遗产研究院

京山 M88 实验室考古计划书

一、项目内容

（一）项目名称

京山苏家垄 M88 实验室考古。

（二）项目对象

本项目对象为湖北省京山县苏家垄遗址 M88 号春秋曾国大墓棺室，同时包括……。

苏家垄 M88 为春秋时期曾国国君"曾伯桼"之大人墓。（墓圹形制、尺度、深度、方向，棺椁，随葬品放置）随葬有大量青铜器，包括鼎 3、鬲 5、甗 1、簋 4、壶 2、盘 1、匜 1 及玉器，其中簋上有"陔大人毕克"等重要铭文。铜壶有铭文多达 160 字，记有"曾伯桼"名字，在春秋时期青铜器中极为罕见。其铭文释读为："唯王八月，初吉庚午，曾伯桼哲聖元武，孔武元屋，克逖淮夷，余溫恭且忌，余為民父母。惟此壺章，先民之尚。余是楙是則，允顯允異。用其鎬鏐，唯玄其良，自作尊壺，用孝用享于我皇祖，及我文考，用錫（賜）害（匄）眉壽，子孫永寶。"

（三）遗址概况

1966 年，当地修建水渠时京山县在苏家垄出土包括 9 鼎 7 簋在内的 97 件青铜器，鼎、壶等青铜器上有"曾侯仲子斿父"、"曾仲斿父"等铭文，这是考古首次发现文献记载的九件列鼎，时代属于两周之际，引起学术界高度关注。2008 年在发现 9 鼎 7 簋青铜器群地点以东 25 米处抢救发掘墓葬 1 座，出土青铜簋 4 件，青铜戈 2 件，车马器 1 件。2013 年苏家垄墓群被公布为第七批全国重点文物保护单位。2014 年开始，湖北省文物考古研究所等单位对墓地及其附近区域进行了调查、勘探和发掘，最终确认这是一处包括墓地、居址、冶炼作坊的曾国大型城邑。2017 年国家文物局发文命名该遗址为苏家垄遗址。

2016~2017 年，在该遗址发掘了一批曾国高等级墓葬，发现了大规模与墓地同期的遗址及冶铜遗存，其年代为两周之际至春秋早中期。截止目前已清理墓葬 106 座、车马坑 2 座，已发现青铜礼器 500 余件，其中有铭青铜器多达 50 余件，多篇铭文涉及重要史料。

图 5-1 实验室考古计划书举例

| 第六章 |

实验室考古前期基础研究

第一节 基础理论研究

一 基本理念认同

关于考古学的学科定位,应是文化遗产科学体系之组成部分,致力和服务于文化遗产的调查、发掘、整理、保护、研究、利用、传承。实验室考古作为一个学科分支,应在考古学的总体框架内寻求自身合适位置。

因此,作为考古学的分支,实验室考古要坚定秉持文化遗产保护的理念,自觉承担文化遗产保护的责任,永远坚持为人民服务的信念。

二 基本理论认知

考古学的基本理论和方法,在实验室考古中均有运用。如地层学、类型学、年代学、考古学文化理论、聚落形态理论、文化传播理论等,以及文化因素分析法、实验考古法等考古学方法,① 都是实验室考古的基本指导理论和方法。

同时,实验室考古也需遵循文物保护科学的基本理论和原则——如最小干预、可逆性等。

第二节 基础资料研究

一 背景研究

第一,遗址背景研究。

项目对象所在遗址的基本情况梳理。

实验室考古项目对象,无论是怎样的遗迹单位——一个窖藏、一

---

① 王巍总主编:《中国考古学大辞典》,上海辞书出版社2014年版,第4—9页。

个灰坑、一座墓葬、一座祭祀坑,只是整个遗址的局部内涵。甚至,实验室考古项目对象只是一个遗迹单位的一小部分。因此,我们必须对遗址的基本情况有所了解,即宏观观察在前,微观探究在后。

遗址概况应该包括:遗址地理位置、遗址年代和性质、遗址布局和内涵、遗址的发现与发掘,等等。(图6-1)

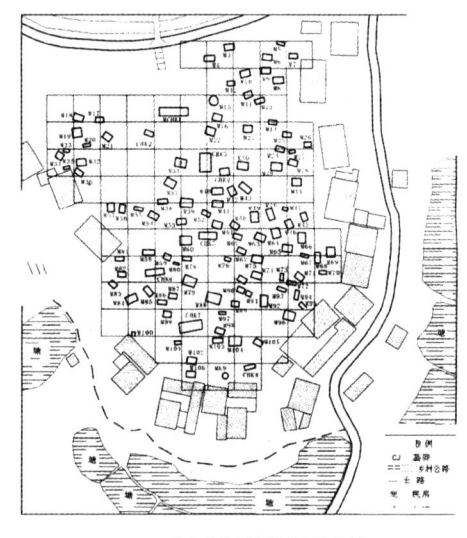

苏家垄南区墓葬分布示意图

图6-1 湖北京山苏家垄遗址南区墓葬①

第二,遗存背景研究。

项目对象本身有关情况梳理。包括实验室考古项目对象在遗址中的方位、层位、关联遗迹、大体年代、性质推判、形成、使用、传存原因和过程。

第三,科研背景研究。

项目对象的历史背景研究。要将其还原到当时的历史社会背景下

---

① 苏家垄M88木棺实验室考古项目,尽管只是一座墓葬的部分遗存,但是发掘工作启动前,必须对整个遗址的布局、年代、性质、内涵等,有全面了解。对遗址的发现历史、发掘现状、研究成果,有全面掌握。由此,才可对本项目的学术目标、科研任务、工作重点、技术难点有清晰认识。

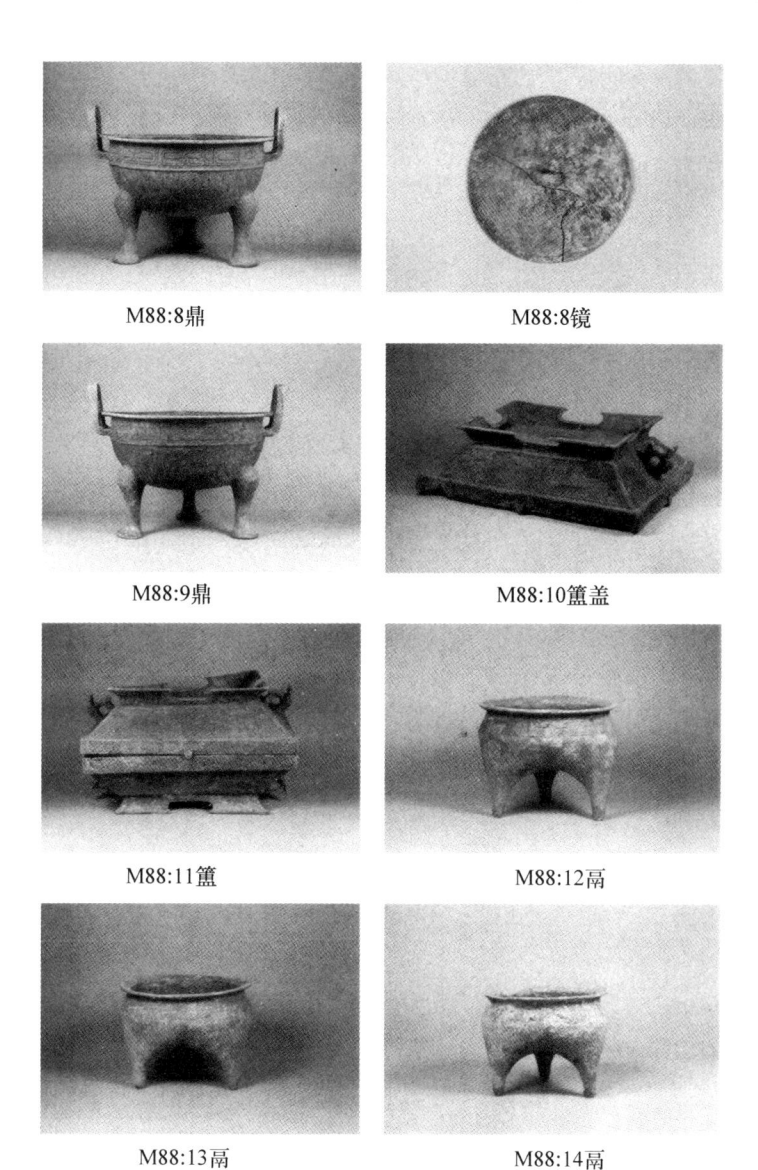

M88:8鼎	M88:8镜
M88:9鼎	M88:10簠盖
M88:11簠	M88:12鬲
M88:13鬲	M88:14鬲

图 6-2 苏家垄 M88 出土部分青铜器

（采自湖北省博物馆、湖北省文物考古研究所《湖北京山苏家垄春秋墓地 M50、M79、M88 出土青铜器文物实验室考古方案》132 页）①

---

① 苏家垄 M88 棺外随葬品，已经在田野发掘阶段提取，由北京大学考古文博学院负责进行实验室清理、分析、研究。因此，M88 实验室考古项目须对包括青铜器在内的随葬品以及该墓葬的其他考古资料悉数掌握。

去认识、探究该遗存。（图 6 - 2）

项目对象的已有学术研究成果梳理。包括类似考古发现与研究，本遗址的研究概况。从中发现问题，提炼经验，梳理思路。（图 6 - 3）

图 6 - 3　宋高宗皇后像

（隋炀帝萧后冠实验室考古报告引用）①

二　基础资料研究

第一，项目对象本体基础资料研究。

田野（水下）发掘等已有考古资料的收集、整理、分析、研究，这是进行实验室考古的必要前提。该项目对象在田野（水下）考古工作中，已经做了什么工作，有哪些发现，透露出什么信息，需要一一

---

① 隋炀帝萧后冠实验室考古项目组，在前期调研中，对历代礼冠文献资料进行了相当全面和深入的梳理，对中国古代女性冠的起源和发展、古代冠饰研究历史和成就，作了回顾和评述。指出，隋唐时期，中国女性礼服头饰体系的主体演变成礼冠，从此成为女性服章制度的主要组成部分。并根据学者研究成果，对古代冠饰结构、材料、工艺、技术等，做了分析。这就为本项目的发掘、研究，奠定了十分坚实的学术基础。

理清，从而为提炼实验室考古任务、目标，确定技术路线，奠定基础。

一般来说，实验室考古项目在确定立项前，在田野（或水下）已经有初步的考古勘察和清理工作，因此而确定要做实验室考古。已有的田野（水下）考古工作，是我们从事实验室考古的基础，对于已经做过的前期工作，应该仔细研究，烂熟心中。

譬如山西翼城大河口西周墓 M1 在田野发掘过程中，发现悬于墓壁上的 11 个壁龛中放置有漆器，根据现场文物保存状况观察和文物保护能力评估，决定对其实施实验室考古。由于壁龛文物与墓室其他遗迹遗物之间没有直接的空间关联，因此可以作为几个独立的文物遗存单元进行发掘。①（图 6-4）

图 6-4　大河口西周墓 M1 壁龛发掘中

---

① 中国社会科学院考古研究所文化遗产保护研究中心、山西省考古研究所翼城大河口考古队：《山西翼城大河口一号西周墓实验室考古简报》，《考古》2013 年第 8 期。

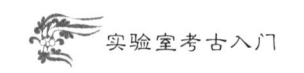

第二，项目对象关联体基础资料研究。

实验室考古项目对象经常会有关联文化遗存，有直接关联者——如夫妇异穴合葬墓、同批祭祀坑，等等。也有间接关联者，如性质相同的遗迹、遗存。了解清楚这些关联遗存的发掘和研究，可对本次发掘提供借鉴。

例如，在进行二里头遗址贵族墓葬的实验室考古之前，需要对关联遗存进行研究。首先是该墓葬所在区域的地层情况、该墓葬所在地的关联遗迹（建筑）情况，此前发掘的二里头遗址贵族墓葬资料，均需全面综理、认真研究。（图6-5）

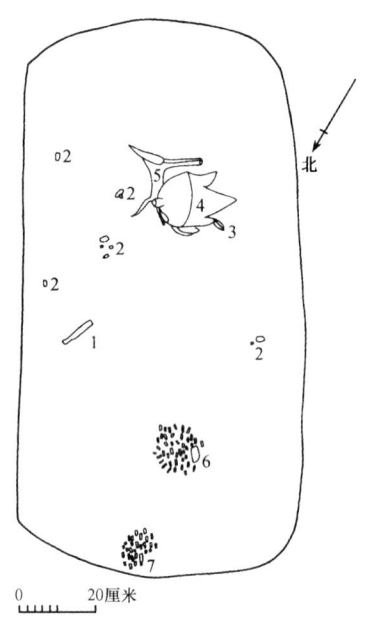

84YL6M6平面图
1.柄形玉器　2.绿松石块　3.圆陶片　4.陶盉
5.铜爵　6.绿松石串珠　7.绿松石

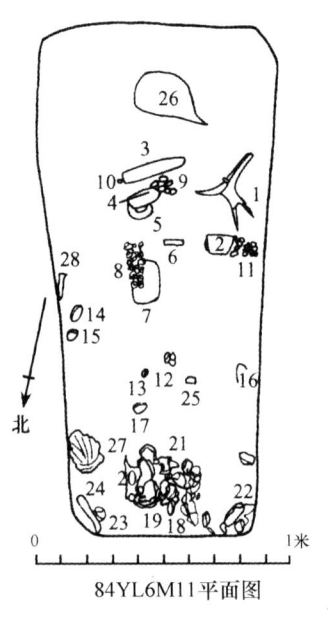

84YL6M11平面图
1.铜爵　2.铜铃　3.玉圭　4.玉刀　5.玉戚璧
6.玉管状器　7.铜牌饰　8、9.海贝　10—13.贝
14—18、23.圆陶片　19、24、28.玉柄形饰
20.陶爵　21、22.陶盉　25.绿松石

图6-5　二里头遗址贵族墓葬

在偃师二里头遗址发现的二里头文化中型墓葬，棺内往往会有朱砂铺陈，墓中随葬品一般包括青铜器（以酒具铜爵、乐器铜铃为主

体，其他有铜牌饰，甚至铜鼎、铜斝、铜盉等）、玉器（以玉柄形器为基本种类，更丰富的则有圭、璋、戈、刀等）、漆器（主要是酒器）、陶器（与铜爵等配套的酒器以及食器、炊具等）。装饰品则主要为绿松石管、珠构成的串饰。在发掘中，最难清理的文物遗迹遗物，主要是漆器和绿松石片镶嵌器。

有了上述前期调研，则对二里头遗址墓葬进行实验室考古发掘，便有了学术基础和心理准备。

我们发现，这两座于1984年在二里头遗址祭祀区F1祭坛内发现的贵族墓，随葬有青铜器、玉器、陶器、漆器以及数量可观的海贝和绿松石片等，[①] 从发表的线图、文字报告中，不能明确墓中随葬的绿松石片的组合情况、海贝的连缀情况等。由此，我们知道了这个等级的墓葬大概会有什么随葬品，还知道了应该为哪些复杂的遗迹遗物的处理做好预案。

三　环境资料研究

环境资料研究，主要目的是了解遗址地现有环境条件与文物遗存之间的利害关系，评估文物遗存是否已经适应原先的环境条件，并形成生存平衡。

第一，土壤。

应对项目对象所在遗址地的土壤情况，进行调研分析——包括现场踏勘和取样分析，确定其土壤特性，研究其对文物遗存的影响。

第二，地下水。

对项目对象所在地的地下水进行取样分析——尤其是当项目对象已经浸泡于地下水中时，应确定其水质特性，研究其对文物遗存的影响。

[①] 中国社会科学院考古研究所二里头工作队：《1984年秋河南偃师二里头遗址发现的几座墓葬》，《考古》1986年第4期。

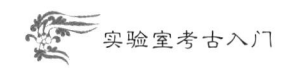

第三节 文物保存保护状况评估

项目对象从遗址现场进入实验室后,要对其保存状况进行全面、科学评估,以确定下一步工作。

第一,包装箱检查。

对包装箱外观进行认真观察,看有无破损,是否依然坚固。如果原先的包装箱已经发生变形、腐朽、破裂等损坏现象,应决定是重新加固还是更换包装箱。(图6-6)

图6-6 因风吹雨淋而变得脆弱不堪的车马坑钢骨木箱[①]

第二,可通过科学仪器检测(如进行X光检测),观察箱内文物遗存构成状况,了解大致文物内涵。(图6-7)

[①] 因长途运输、搬动不当或长时间露天放置,均可能对文物箱体、箱内文物遗存的安全形成威胁。因此,项目启动前务必对包装箱、箱内文物遗存保存状况进行仔细评估。

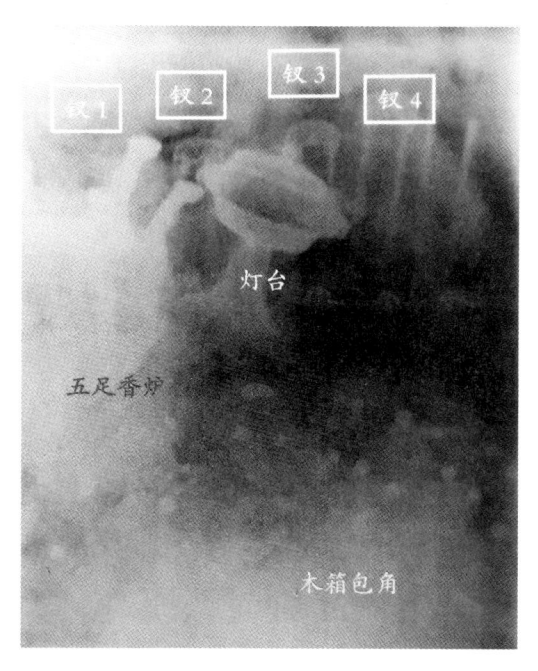

图 6-7　隋炀帝萧后冠包装箱 X 光检测显示的箱内文物分布情况

第三，开箱检查箱内填充物是否正常、原先土层有否开裂、文物遗存是否在运输过程中有扰动，等等。

| 第七章 |

实验室考古的田野（包括水下）工作

第一节　前期勘察和发掘

一　目的

实验室考古是田野考古和水下考古的延续，因此，实验室考古实际上是从田野考古或水下考古起始的。

实验室考古的前期勘察和发掘，是要了解遗址的历史与现实环境、遗址的布局和内涵、项目对象的性质和体量、文物遗存的保存状况等，为制定实验室考古方案，奠定坚实基础。

二　任务

（一）现场勘察

现场勘察工作，包括了解遗址的地理环境、范围和布局、内涵和年代、地层和文化层堆积、已经发掘的遗迹现象、项目对象的现场状况，等等。

比如，萧后冠现场勘察。

萧后冠实验室考古项目组人员到达田野发掘现场时，萧后墓发掘已经清理至墓底，萧后冠位于棺外一侧。从现场痕迹分析，萧后冠原应放置在一个小木匣中，木匣已完全腐朽无存。萧后冠呈不规则球形，被泥土包裹填充。经现场观察评估，萧后冠现有病害主要包括局部坍塌、变形、移位、腐蚀、残断、破碎、缺损、粉化等，整体看劣化十分严重，保存状况极差。[1]（图7-1）

---

[1] 陕西省文物保护研究院、扬州市文物考古研究所：《花树摇曳，钿钗生辉——隋炀帝萧后冠实验室考古报告》，文物出版社2019年版。

图 7-1　萧后冠在田野发掘现场情景

（二）初步清理

一般在套箱提取前，应对项目对象进行初步的清理。主要是：如果是独立、完整遗存，去除不必要的自然或人工遗存，如过厚的耕土和其他土层；移除有一定连带关系的其他遗迹遗物，譬如有打破或叠压关系的灰坑、墓葬等遗迹；清理项目对象本身比较简单的遗迹现象，如随葬品很少的墓葬椁室部分，减轻包装箱体量；如果项目对象只是整体遗存的局部，则须首先明确该部分在整体遗存中的位置、性质，并对周边其他遗存进行必要清理，给局部提取创造条件。同时注意将其与关联遗存进行合理拆分，详细记录其原始关系。

田野现场初步清理应该在保证不扰动遗存本体的前提下进行，保证项目对象的安全、完整；不对关联遗存的安全形成威胁。

田野现场清理必须遵守《田野考古工作规程》的工作流程和技术规范。

比如，甘肃张家川马家塬战国墓 M4 田野发掘。

甘肃张家川马家塬战国墓 M4 田野发掘时，已对墓室进行全面揭露，发现木棺和马车、殉马和铜器、漆器、陶器等随葬品。初步清理得知，墓主人随葬的用金银珠宝镶嵌、连缀的首饰、服饰、带饰等十分复杂而精美。于是，形成整棺提取、进行实验室考古发掘计划。①（图 7-2）

最近实施的湖北京山苏家垄西周墓 M88，则是在田野发掘现场清理完毕棺外、椁内随葬品之后，完整提取木棺，进行实验室考古。

图 7-2　甘肃张家川马家塬战国墓 M4

（三）样本提取

在遗址现场应注意提取必要的科研样本。包括项目对象所在地方

---

① 甘肃省文物考古研究所、山西省考古研究院：《甘肃张家川县马家塬战国墓地 M4 木棺实验室考古简报》，《考古》2013 年第 8 期。

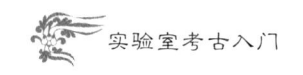

的土样、水样，关联遗迹的土样和水样；初步清理过程中出土的自然遗物和人类文化遗存（包括晚于项目对象本身年代的各种标本，如打破项目对象的遗迹单位中遗物、野生动物遗留的骨骸、墓葬盗洞中遗留的盗墓者物品等）。

样本提取必须保证无污染。取样工具应洁净，取样行动应迅速，使用专门容器盛装。贴好标签。

检测分析样本采集工作操作规范，需遵守国家文物局颁布的《田野考古工作规程》第十九条关于"发掘资料采集"的有关要求，可参阅国家文物局颁布的《田野考古出土动物标本采集及实验室操作规范》等专项技术标准规范。

（四）信息采集

现场勘察、初步清理、样本提取等，均应做好全面、仔细的记录，包括文字记录、图表记录和影像记录。

绘制相关的地形图、遗址平面图、遗存位置图等。留取遗址、遗存的田野影像资料，利用3D扫描等新数字信息技术，记录田野现场的环境、相关遗存关联关系、现场初步清理结果等。

相关的人和事也要记录在案。关注考古史料的采集。

现场信息采集需遵守国家文物局颁布的《田野考古工作规程》有关规范要求。

第二节　现场保护处理

一　保护

对于项目对象，在遗址现场要采取适当措施保障其环境不改变、本体不受损。

首先要做好保湿。土体过于干燥会形成干裂、酥解。因此需要适当喷水或以含水海绵、棉被、草苫等覆盖、包裹。

其次应做好保温。不使其发生结冰、冻融现象。

另外还要注意防霉。一旦有霉菌产生，将会对有机质文物形成严重危害。保持通风是最简单的防霉措施。

二 加固

在初步清理过程中和清理后，如果文物遗存有崩裂、坍塌、酥解等可能或现象，应及时采取加固措施。

加固措施应首选物理支撑法。包括填塞无害物质（无酸纸、脱脂棉花、聚氨酯发泡剂）。必要时可选用化学加固法，但应事先谨慎评估，并留取原始土样或文物样品供将来检测分析使用。

比如，偃师二里头遗址觚形漆器现场保护。

在田野发掘时清理出表面，这件漆觚的木胎已完全灰化，只保留了一些漆皮。现场采取了喷水保湿、覆膜压实、土体加固等保护措施，最终实施了套箱提取。（图7－3）

图7－3 偃师二里头遗址六区M58随葬觚形漆器

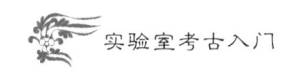

第三节　提取和运输

一　包装起取

针对不同的对象，可采取套箱法、石膏包法、插板法、托网法等传统方法，进行包装起取。必要时，可辅以化学加固后，再行提取。

第一，比较大型的项目对象，一般均采取套箱法进行包装起取。自从抗战前在殷墟的考古发掘中发明了这个方法，其技术操作规程流传了80多年。

其方法为：①先将拟提取文化遗存周围土层清空，形成一个操作竖井，清空范围以可容纳几个人进行后续操作为宜。竖井内壁应与拟取对象保持一定距离（一般30—50厘米为宜，可根据土层软硬、对象体量适当增减调节），深度与拟取遗存底部平齐即可。

②根据拟取文化遗存形状，在其周边掏空后，将其修整成长方形、方形或圆形（或随遗存外形），注意在从上向下掏挖过程中，随时观察存留土体的状态，防止坍塌、崩裂。可采取临时性防护措施进行加固，如用木板围挡、外加角铁固定。如果天气寒冷还应采取一定的防冻措施，天气干热则采取保湿措施。在掏挖竖井时，还要考虑是否会扰动其他文化遗存，应尽量避免造成邻近、叠压文化遗存的连带破坏。如果关联有文化层或文化遗存，可先行对周围进行考古发掘清理，从而取得套箱空间。

③在拟取对象周围，用预先量裁的木板围合成箱，保证提取对象的完整、稳固。

④顺着箱板外围继续下挖，深度应超过提取对象底部半米以上（以方便插放底板操作，并保持遗存底部坚固厚度为宜。可视土质和遗存体量适当调节，土质疏松、体量大，可增加深度；土质坚实、体量小，可减少深度。在水下或淤泥状态下，根据现场评估确定深度。一般情况下，竖井深一些，后期操作更方便些）。

⑤在距离拟取遗存底部30—50厘米（根据遗存体量、内涵、土

体等情况确定）划定一圈标线，截取角铁（角铁长度和规格根据遗存体量而定）箍围在标线下侧，四角焊接形成外框架，下面用千斤顶支撑好。

⑥利用特制"洛阳铲"或特制螺旋形钻头，在角铁上缘等距离水平打孔。穿透后，插入长短适宜的螺纹钢筋，架设、固定在角铁框架上。孔距原则上越密越好（体量过于重大者，也可纵横穿插钢筋，形成钢筋网格）。

⑦使用平铲，从侧面挖去螺纹钢下面土层（与螺纹钢方向垂直），每挖空15厘米宽（可视遗存体量调节宽度），便插入事先准备好的同宽木板（木板厚度也应根据遗存体量裁制）。然后继续掏挖，继续插板，直至全部托住拟取遗存底部。

⑧裁取长短适宜木板，围成土体外围箱体，用角铁固定。

⑨箱体与遗存之间若有空隙，可用潮湿细土填实（注意不要用流动性高的细沙），小的缝隙可用石膏水灌注，大的缝隙可灌注聚氨酯发泡剂。

⑩用木板制作箱盖，盖在箱体上面。注意填塞箱盖下面的空间，应有足够保护层。

⑪在包装箱外面增设加固角铁。（图7-4）

特制洛阳铲，铲头呈U字形，铲杆为可拆卸、套接型，以方便在狭窄空间使用。特制钻头，为螺旋头，钻杆也是可拆卸套接型。动力可以借用电钻，也可使用人力转柄。

制作包装箱应注意问题：要根据拟取文化遗存，事先绘制包装箱图纸，采购材料，预先裁制；木板与角铁框架的结合，最好采取螺丝结合法（事先在角铁上钻孔），不要使用钉子，以免将来拆解包装箱时对箱内遗存有震动影响。

包装箱打包完毕，应马上在箱体四个侧面和顶面上书写文物遗存编号，并标明在现场时箱体的方向。

对于特别重要、内涵文物特别脆弱的箱体，最好在其下面附加一个有减震作用的底座。

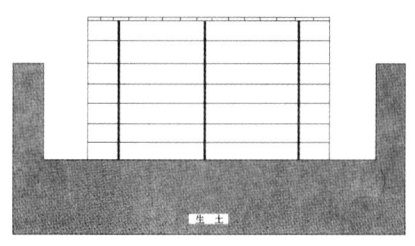

套箱提取：箱体侧面示意图之一

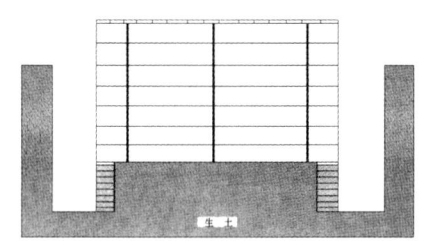

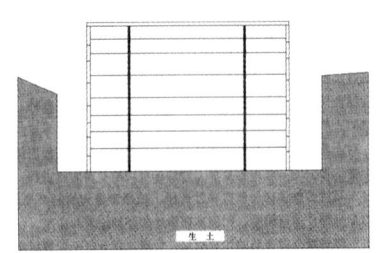

套箱提取：箱体端面示意图之一

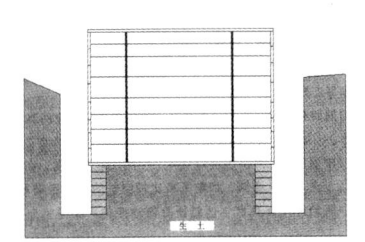

套箱提取：箱体侧面示意图之二

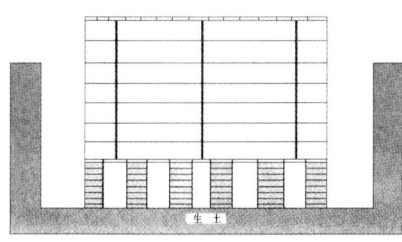

套箱提取：箱体端面示意图之二

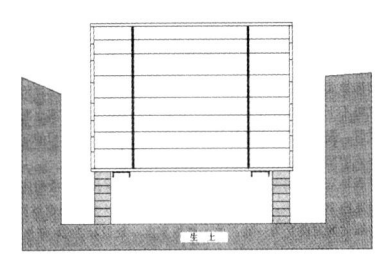

套箱提取：箱体侧面示意图之三

套箱提取：箱体端面示意图之三

图 7-4 田野现场套箱提取示意图①

比如，殷墟花园庄甲骨坑套箱提取。

使用工兵铲和普通铁锹挖土，用砖块支垫，铁钉钉木板，这种因陋就简的方法，说明我们的考古工作还有向科技化进步的很大空间。希望不久的将来，会有一种专业机械用于田野考古中的文物遗存提取。②（参见图 1-8）

又如，海昏侯墓园 M5 墓室内主棺套箱提取。

墎墩 M5 号墓位于刘贺墓北侧，一棺一椁，从其在陵园中所处

---

① 采自李存信《考古现场处置与文物保护技术》，中国社会科学出版社 2016 年版。
② 刘一曼：《殷墟考古与甲骨学研究》，彩图 33，云南出版集团、云南人民出版社 2019 年版。

位置看，墓主地位仅次于刘贺及其夫人。鉴于 M5 主棺的重要性及其保存的完整性，为了尽可能多地提取古代信息，更好地保存棺内文物以及满足未来展示、利用的需要，考古发掘领队决定把 M5 主棺整体提取开展实验室考古。通过现场观察，可以判断棺与椁底板之间是结构较为疏松的填土，应是长期淤积形成，现场分离极易坍塌开裂。椁板之下是生土，为当地质地坚硬、黏性非常强的红壤。（图 7 – 5）

图 7 – 5　海昏侯墓园 M5 墓室内主棺与随葬品状况

根据现场遗存堆积状况，决定采用套箱法整体提取。为了保障棺木完整、安全提取，决定把棺和其下面的椁板一起套取。根据当地黏性土壤抗坍塌、抗裂能力强的特点，把遗存底部保留生土的厚度控制在 10—15 厘米，在保证文物安全的情况下减少不必要的箱体重量。为减少震动、撞击等对文物可能造成的破坏，用吊车吊至墓坑外放置在卡车上，运至实验室进行考古清理。

本次木棺整体提取，积累了在南方地区实施田野整体套箱提取的经验（如掏挖工具的选择），同时也发现工作中存在的问题（如垫衬

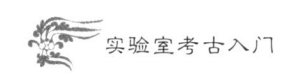

材料易糟朽），为后来在海昏侯墓的实验室考古田野工作，也为其他实验室考古工作提供了有用借鉴。①（图 7-6）

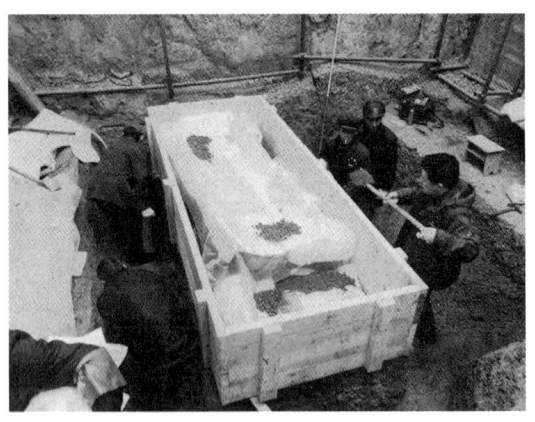

图 7-6　海昏侯墓园 M5 号墓主棺套箱提取中

（上图：掏挖工作坑；下图：套箱施工中）

---

① 王迪、李存信：《考古遗存的整体提取——以墉墩五号墓主棺的提取为例》，《南方文物》2019 年第 6 期。

第七章 实验室考古的田野（包括水下）工作

这种套箱法自发明至今，没有太大改进，实在遗憾。在此，笔者虽然提出一点方法改良，但是为了提高工作效率，保证文物安全，很有必要进行技术革新，发明一套更加科学、便捷的机械化、自动化设备，更加精准、快速地进行田野考古中的套箱提取。（图7-7）

2007年12月22日，南海Ⅰ号整体打捞出水。本次沉船打捞采用套箱法，使用了特制的钢制沉箱，这是我国考古学史上最为重大的套箱提取法应用案例，而且是水下套箱提取，富有创新性。这个拥有自主知识产权的创新项目，共获得"钢沉井底托梁穿引法""水下钢沉井定位和下沉法""钢沉箱"三项发明专利，"钢沉井底托梁""钢沉井底穿引架""钢沉箱""底托盘"等四项实用新型专利。为此后的水下考古转实验室考古，奠定了很好的基础。[①]

图7-7 南海Ⅰ号沉船沉箱打捞出水

---

① 国家文物局水下文化遗产保护中心、广东省文物考古研究所、中国文化遗产研究院、广东省博物馆、广东海上丝绸之路博物馆：《南海Ⅰ号沉船考古报告之二——2014—2015年发掘》（上下册），文物出版社2018年版。

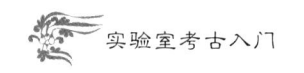

第二，小体量文化遗存的包装提取，套箱法依然适用，并且更加简单易行。

另外，小体量文化遗存的包装提取也常常采用"石膏包"法。（1）将拟提取的文化遗存周围清理干净，形成三面暴露状。如有可能，可以在四周向下挖深10厘米左右沟槽；（2）然后在四周和顶面先行敷设保护物，如用宣纸淋水层层包裹；（3）在拟提取文化遗存物上面涂抹石膏浆，使其完全包裹住。如果内容物较重，可在第一层石膏浆后包上麻布再涂抹一层石膏浆；（4）石膏浆凝固后，便可从地面入铲起取；（5）翻转，使其底面朝上，将底面附着物进行必要清理，然后敷设保护层，再涂抹石膏浆，使之封闭。也可不用涂抹石膏浆，改用木板封底。但需要将石膏包固定在木板上面；（6）放入定制的保护箱内，填塞加固。

在此过程中，注意保护周边文化层和遗迹遗物。

田野考古中使用石膏包提取小件文物由来已久。这种方法的好处是固形性能高，方便移动，但不适合大型遗存的提取。并且，完全封闭性石膏包进入实验室考古阶段，还要进行剖割，有可能影响文物安全。

比如，隋炀帝萧后冠打包提取。

萧后冠在田野发掘现场已经进行初步清理，因其放置于萧后棺外，故采取打包提取方式。提取时，用沙袋和其他无酸物品进行填充加固保护，确保在长途运输过程中，不会因震动、挤压、碰撞而造成文物损伤。在经历从扬州到西安的"长途旅行"后，文物箱内萧后冠安然无恙，表明套箱提取十分成功。[①]（图7-8）

[①] 陕西省文物保护研究院、扬州市文物考古研究所：《花树摇曳，钿钗生辉——隋炀帝萧后冠实验室考古报告》，文物出版社2019年版。

第七章 实验室考古的田野（包括水下）工作

图 7-8 隋炀帝萧后冠在田野发掘现场打包提取情景

比如，唐李倕墓冠石膏包提取。

因李倕头部冠饰非常复杂，不宜现场清理，因此采取石膏包包裹提取法，移至实验室内进行考古发掘，取得圆满成功。为后期的发

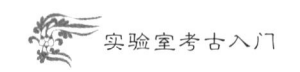

掘、复原，奠定了良好基础。① 根据发掘简报描述，进入实验室后，系依据 X 光片，决定从什么位置剖开石膏包，推知是完全封闭性石膏包。其实，这种体量的文物遗存，也可以采用半封闭方式，即其底部不必用石膏封闭，而是采用木板封闭即可。（图 7-9）

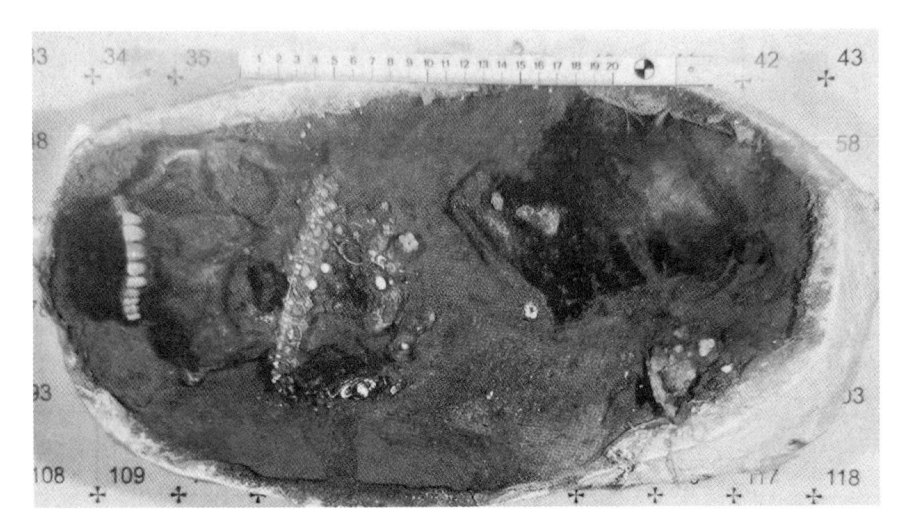

图 7-9　唐李倕墓头部遗存石膏包打开后初步清理景象

第三，插板法。

适用于文物已经暴露，且其下面并非土层（如木棺底板，砖石）的情况下，对部分有关联关系之文物的整体起取。如墓葬中的人体佩饰，车马坑中的马头装饰等。

先划定起取范围，然后对拟起取物进行适当加固（如用湿宣纸贴敷多层。注意，遇有纺织品等极脆弱文物，不可采用任何附加性加固）；裁取一块韧性和刚性适度的薄铁板，慢慢插入文物底下，将其完整托起（可与硬度适宜的木板结合使用）；放入预制的保护性箱子中，进行防震加固即可。如果是非常脆弱、易氧化文物，应提取后直接放入低氧文物保育箱（袋）保存。

---

① 陕西省考古研究院、德国美茵兹罗马—日耳曼中央博物馆：《西安市唐代李倕墓冠饰的室内清理与复原》，《考古》2013 年第 8 期。

比如，岩体墓葬随葬品提取。

河北满城汉墓系凿山为陵，墓室地面即岩石，发掘时随葬品直接摆放于地面上。在提取一些叠压关系复杂的文物时，分别采用了插板法、丝网法。如金缕玉衣的提取，便是采用丝网法结合套箱法：首先制作大小适合的木匣，匣底铺垫稻草，敷设石膏浆，然后铺衬麻纸，形成衬底。用铁丝从玉衣下穿过，轻轻提起玉衣放入匣内，再在玉衣上面铺垫麻纸，并用稻草填塞空隙，加盖封闭。①（图7-10）

图7-10 满城汉墓发掘现场

---

① 中国社会科学院考古研究所编：《考古工作手册》，文物出版社1982年版，第95页。

对于满城汉墓、南越王墓等墓室开凿在岩体上的古代墓葬,由于墓室底部为岩石,如果想要对一部分遗物分区提取至实验室内进行仔细清理,可以采用插板法、丝网法(单独或与套箱结合)予以提取。(图7-11)

图7-11 广州南越王墓随葬铜器、玉器状况

第四,托网法。

如果有的文物使用插板法提取会产生不当扰动,可采取更加细腻的托网法。即用若干根细铁丝,小心地从文物下面纵横穿过,形成一个铁丝网兜住文物,四面平衡用力抬起,然后放置在托板上,移动离

开现场。

某些文物遗存采用插板法、托网法提取的，也可与石膏包法结合使用。

二　吊装运输

第一，吊装。

大件包装箱的提取，应注意选用适当的方式和机械，尽量使用吊车进行吊装。

一般包装箱也可利用手工操作的简易起重设备吊装。

小件石膏包可人工提取。

第二，运输方式和工具。

无论使用人工、畜力车、机动车、舰船进行陆上和水上长短途运输，都要匀速慢行，保证运行中平稳、少颠簸。

第三，减震措施。

要采取有效措施，防止因碰撞、震动而造成文物遗存损伤。

第四，固定措施。

利用铁丝或绳索捆绑、螺丝固定、周围填塞等措施，使箱体不宜晃动，不致翻倒。

比如，"南海Ⅰ号"沉箱吊装运输。

"南海Ⅰ号"沉船打捞时动用了4000吨级起重船"华天龙号"（当时亚洲最大）、1600吨级半潜驳船"重任1601号"等大型船舶21艘，潜水员下水3016班次作业时间195000分钟。"南海Ⅰ号"沉船整体打捞，为世界上史无前例的考古活动，涉及众多学科、领域知识和人才。先后获得中国航海协会"科技进步一等奖"、文化部"创新奖"、国家文物局"文物保护科技一等奖"。[①]（图7-12）

---

① 国家文物局水下文化遗产保护中心、广东省文物考古研究所、中国文化遗产研究院、广东省博物馆、广东海上丝绸之路博物馆：《南海Ⅰ号沉船考古报告之二——2014—2015年发掘》（上下册），文物出版社2018年版。

图 7-12 "南海Ⅰ号"沉箱海上运输中

上述所有套箱打包、提取、运输,以及临时性文物加固保护措施,都要事先拟定方案,事中做好文字、线图、拍照、录像等资料记载。

在对文物遗存进行加固和临时性保护时,尽量采用物理方法,避免化学方法。一定要用化学方法时,应争取使用可逆材料,注意不给后期的检测分析造成误导和障碍。

| 第八章 |

实验室考古清理

第一节 工作原则

总体原则是贯彻执行"保护第一,抢救为主,合理利用,加强管理"之文物工作方针,严格遵守相关的文物保护法律法规和考古与文物保护技术规范。

一 坚持文物保护第一原则

在实验室内进行考古发掘清理,应始终坚持文物安全第一原则,保证文物遗迹的完整性、真实性,文物信息的全面性、准确性。

考古清理有方案,文物保护有预案。

二 坚持课题意识原则

要将课题意识贯穿于整个发掘过程中,带着明确的课题意识、具体的科研问题,从事发掘工作。并在发掘中,善于发现新的问题,从而及时修正研究方向,补充研究课题。

要坚决杜绝盲目性、撞大运式工作方式。

三 坚持文物活化利用原则

在考古发掘和文物保护处置中,要秉持为文物活化利用服务的理念,尽量争取文物完整性、可视性,为将来文物的展览展示奠定基础。

第二节 工作方法

一 预探测

预探测一般有以下方式:

第一种方式:做 X 光照射,或者工业 CT。根据所获影像,分析

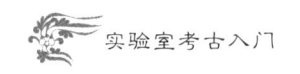

推测内涵物的种类、性质、体量、数量、分布等情况。

第二种方式：打开包装箱侧板，从剖面观察填土层、包含物有关情况。

第三种方式：利用特制金属探针，从顶面或侧面进行穿插探测，从而了解内涵物分布情况。

请注意：X 射线成像检测技术虽然具有无损文物、信息直观、实用、可靠，灵敏度高，重复性好等优点。但是，经过 X 射线照射的陶

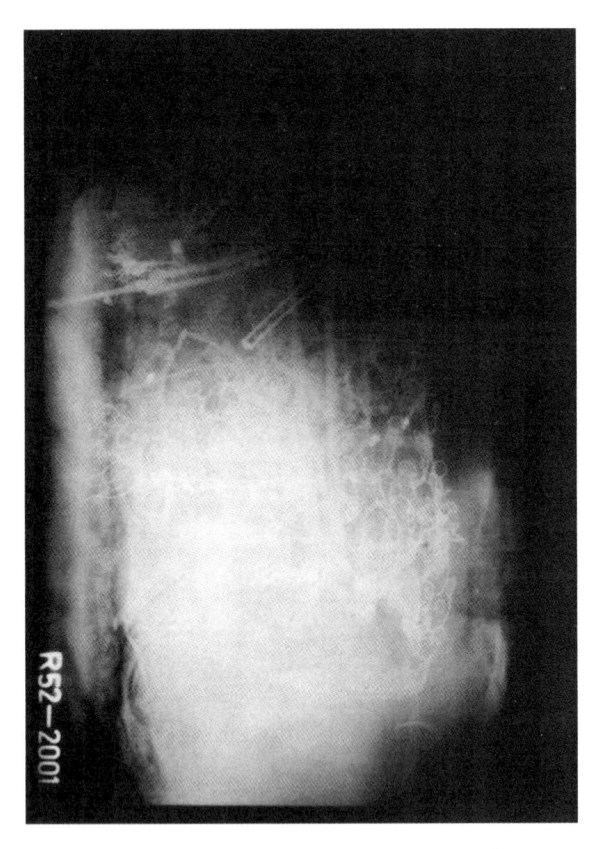

图 8-1 唐李倕冠饰石膏包 X 光片①

---

① 李倕冠饰石膏包 X 光片，显示出该冠饰的基本框架结构，甚至可以看到许多饰件的组合情况，为考古发掘清理提供了预判依据。

器、瓷器、青铜器范土等文物标本，将会影响测年数据的准确性，因此 X 射线应在热释光测试分析完成后或热释光样品采集完后再进行。① 金属探针探测，属于有损探测，可能对脆弱文物形成危害，应谨慎采用。（图 8-1）

文物遗存有空间可利用时，或制造探测孔洞（确有必要时），利用内窥镜进行内窥式探测。

二 发掘

（一）基本法则

考古发掘的基本法则，就是空间控制与时间控制方法。所谓空间控制，就是田野考古中的探方法；时间控制就是田野发掘中的层位法。

在实验室考古中，可借鉴采取探方法，只是探方尺寸小一些。可根据发掘对象的体量和性质，采用 5×5 厘米（体量小、精密度高的文物遗存，可以采用 1×1 厘米；体量大的文物遗存，则可采用 10×10 厘米）探方，用以控制遗迹遗物的平面空间关系。

这种探方布置，可以是实线设置，也可以是虚拟设置，用于定位遗迹遗物的空间位置，便于记录。一般会在包装箱（或换装后的工作箱）的四周边框上，标定探方点位。发掘清理时，探方线可撤除，测绘时再拉上线。

在实验室考古发掘中应用的层位法，主要用于掌握遗迹遗物之间在时间顺序方面的关系，同时也可用于掌控遗迹遗物的纵向空间关系。层位关系的划分，一是根据填土的土质土色，二是根据文物遗存的堆积层次。

实验室考古在层位观察、划分和记录方面，具有比田野和水下考古发掘更便利的条件。如，可以打开包装箱侧板，利用提取遗存的四个（周围）剖面进行观察，提前掌握层位关系。而在田野考古发掘中，若要提前获知层位关系，往往需要借助打破该遗存的其他遗迹现

---

① 胡东波：《文物的 X 射线成像》，科学出版社 2012 年版，第 6 页。

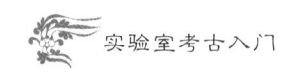

象（如灰坑、墓葬等）的剖面去观察，或者有意识地挖解剖沟去观察，但重要遗迹不允许我们随意解剖。（图8-2）

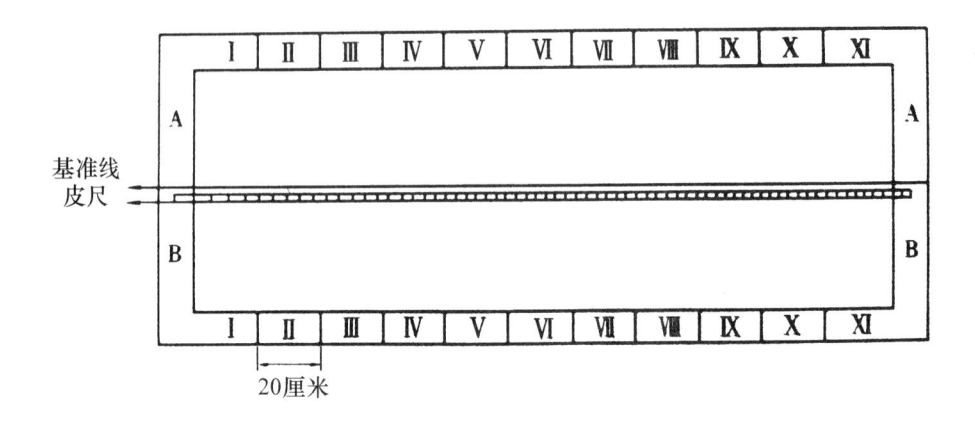

图8-2 马家塬M4实验室考古发掘分区示意图①

（二）特殊法则

除了借用田野考古发掘的基本方法，实验室考古还有自己独特的工作法则。

首先是立体发掘法，即可以抛开田野考古发掘中自上而下、逐层揭露的方法，根据实际需求，从提取遗存的上、下、左、右、前、后六个方向进行清理。只要做好已经清理面的回填保护，即可对提取遗存进行翻转，发掘清理其他面。（图8-3）

这种方法可以避开需要保护、保留的遗迹遗物——不必清除、移动，从而完好保持遗迹遗物的关联关系。在大河口西周墓葬壁龛的实验室考古发掘中，我们体验了这种方法的绝对优势。（图8-4）

---

① 因为提取的石膏包较大，为了发掘清理时清楚和准确地记录清理过程中的遗迹遗物的位置及层位，利于下一步的三维激光扫描，发掘者以文物包箱两短边的中心点确定了一条基准线，将清理区分为两个大的区域，分别是A区和B区，再将两侧长边分为11个小的区域，每个区域长度均为20厘米左右，按AI—AXI、BI—BXI依次编号。这样，实际上相当于把文物遗存划分为22个长方形探方，用于发掘时的空间控制。

图 8-3 文物箱翻转过程中①

---

① 这是中国社会科学院考古研究所与内蒙古呼伦贝尔民族博物馆合作进行的实验室考古项目中,对提取的古代墓葬实施发掘清理时,进行文物箱体翻转,以便从另外角度发掘、观察墓葬内部。对于从一个方向(侧面)进行发掘不能完全观察、记录文物遗存整体面貌时,对提取的文物遗存进行转体清理,充分发挥和体现了实验室考古的优势。

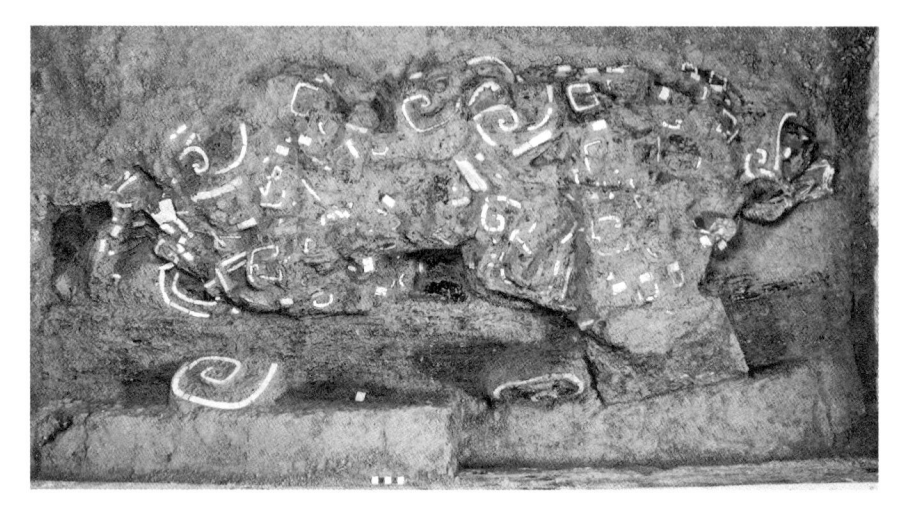

图 8-4　大河口西周墓随葬漆屏风的正面和背面①

另外，实验室考古特殊法则还有反复发掘法。在某个发掘时间段内，可能很难理解、处置某种遗迹现象，可以暂时回填保护封存，进行咨询、研究，等待时机成熟再打开回填层，再次进行发掘。有的遗迹现象需要进行临时保护处理，在此期间需要搁置发掘，等待保护处

---

① 该屏风通体用蚌壳片镶嵌成复杂的纹饰，在清理过程中，不仅需要掌握正面的镶嵌状况，还需知道背面是否有镶嵌物。于是，在做好正面发掘之后，采取恰当的回填加固保护措施，然后进行整体翻转，从背面清理发掘，从而获知该屏风的立体面貌。因此，这座"中国最早屏风"才得以安全、完整地展现在人们面前。

置结果。处置完毕,可继续发掘。总之,反复发掘法可以灵活运用,提高工作效率。

三 保护

在整个实验室考古过程中,应始终把文物保护放在第一位。我们的发掘清理,应尽量保持文物遗存的原真性、完整性、安全性。

对于脆弱文物遗存的剔剥清理,要十分小心谨慎。选用最合适的工具,采用最稳妥的方法。不急不躁,有序进行。有机质文物——如漆木器、丝麻织物、皮毛制品、纸制品等,可能已经十分脆弱,甚至灰化,务必追求完整出土。(图8-5)

图8-5 大河口西周墓漆屏风清理中①

考查以往考古报告,商周墓葬中往往出土有铜策柄,但至今尚未有完整马鞭资料的发表,原因就在于发掘时只注意了青铜制品,而未

---

① 发掘者使用自制竹签、毛笔等工具,借助放大镜进行仔细剔剥。完好清理出已经变形的屏风整体,蚌片镶嵌纹饰可基本复原。

能辨识、清理出皮革制品（鞭梢）。又，商周墓葬经常随葬货贝，关于货贝一朋为几枚贝壳的问题，长期争论未定，关键就在于发掘中未能清理出串联货贝的丝绳。如抗战前发掘的殷墟宫殿区墓葬 YM331 中，曾经出土两组货贝，一组为 30 枚，另一组约 40 枚，本来是辨明贝朋数量的极好机会，可惜，这些货贝是如何串联的，发掘中未能搞明白。① 因此，有机质文物的清理、保护、提取的水平，是体现实验室考古水平的标志性技术指标。（图 8-6）

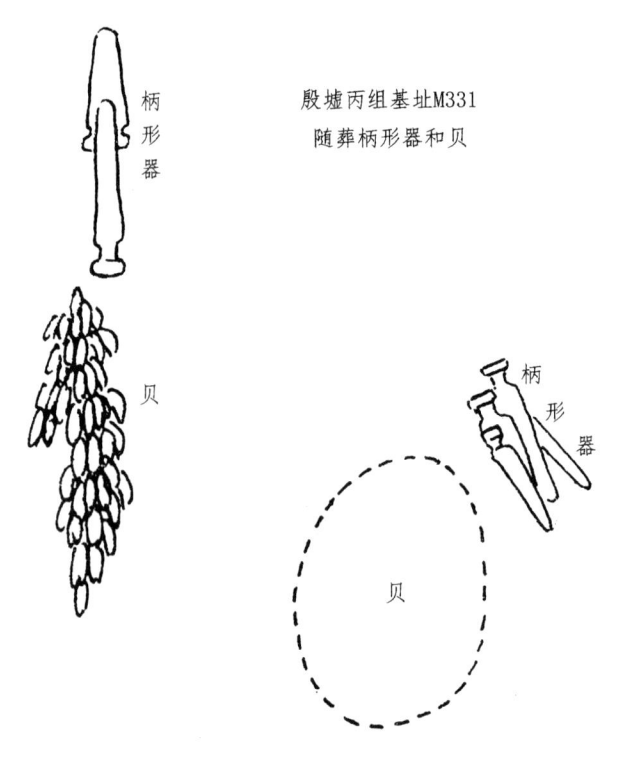

图 8-6　殷墟小屯 M331 出土货贝和玉柄形器②

---

① 石璋如：《小屯・第一本・殷墟墓葬之五・丙区墓葬（上）》，"中央研究院"历史语言研究所 1980 年版。

② 关于玉器的计量单位，从商代甲骨文、金文和古文献记载看，有珏、丰两种。但每珏、丰是几件玉器，学者迄无定论。笔者认为，两玉（一对）为一珏，五玉为一丰。小屯 M331 的发现，为上述意见提供一定支持。但，当初若能找到系连这些玉器、海贝的丝绳，弄清玉器、海贝各自的组合，则商周时期玉器、货贝计量单位问题，便会有可信结论。

还有,古代墓葬中往往随葬有小型甚至微型器物及其组合体,如死者佩戴的头饰、项饰、腰饰等,或串联或镶嵌,组合关系复杂但极易移位错乱。田野发掘中很难保证其完整性和原真性。实验室考古面对此类文物遗存,应查阅有关资料,做到心中有数,在清理过程中注意一边清理一边加固。在这方面,甘肃张家川马家塬战国墓地墓葬M4实验室考古项目为我们树立了工作典范。①(图8-7)

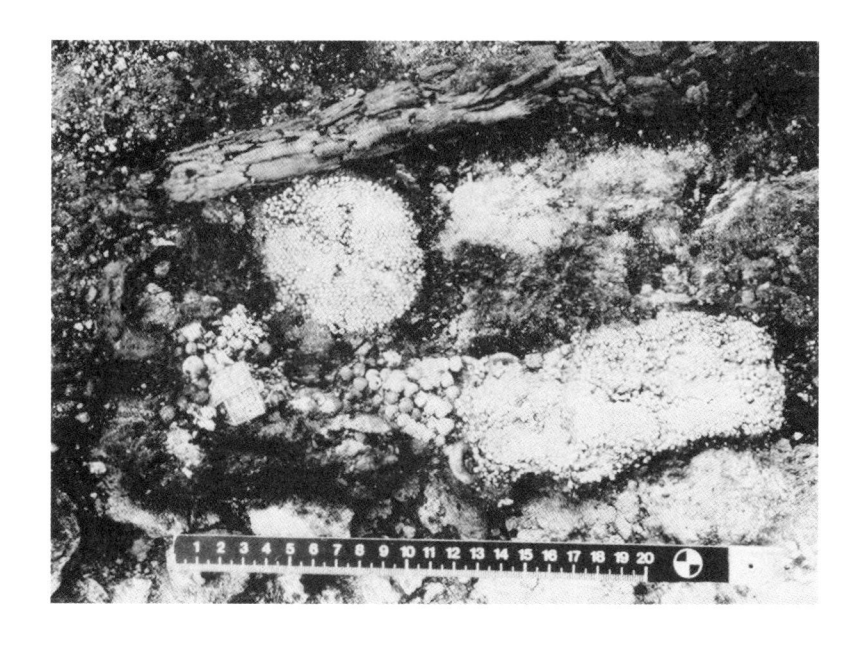

图8-7 马家塬战国墓M4出土珠饰②

对于发掘清理中文物遗存发生的病害、伤害情况的处置,应秉持提前预防、及时补救、妥善处置原则。

对于有机质文物的痕迹,更应非常仔细地辨认、清理、保护。如:对于铜戈、铜矛等兵器的木柄灰迹的清理,不宜使用金属铲进行

---

① 甘肃省文物考古研究所、陕西省考古研究院:《甘肃张家川县马家塬战国墓地M4木棺实验室考古简报》,《考古》2013年第8期。
② 图中珠饰悬挂在墓主人腰部右侧。其中圆形珠饰直径8厘米,长方形珠饰长14.5厘米,宽7厘米,均由汉紫珠、汉蓝珠、铅白珠组成。珠子直径仅约2毫米,大小均匀。这种精细而复杂的珠饰的完整出土,是本项实验室考古的成功表现之一。

图 8-8 马家塬战国墓 M4 墓主人头胸部饰品①

发掘，需用竹片仔细剔剥，弄清其直径、长度和纳秘方式。必要时可选用合适胶水进行固化；对于木胎已经完全腐朽的漆器表面漆皮的剔剥，务必保持湿度，防止漆皮起翘、脱落。必要时也可选用合适胶水，一边剔剥一边加固；对于纺织品文物痕迹，应力争保持其最大完整面积，弄清其经纬密度、织法、花纹等。（图 8-9 至图 8-12）

---

① 头部装饰系由直径约16毫米的绿松石珠、肉红石髓圆珠、管状汉蓝珠和绿松石管组成的发饰。面部至胸前有一副串饰，汉紫珠、汉蓝珠、铅白珠三种不同颜色的珠子组成规则的菱形二方连续图案，推测可能是覆面镶饰。死者颈部项饰由绿松石珠、金珠、肉红石髓珠、玛瑙珠构成。成功清理出如此复杂、脆弱的珠宝串饰，是田野考古发掘中很难做到的。

图8-9　对发掘中的文物遗存进行滴灌补水保湿①

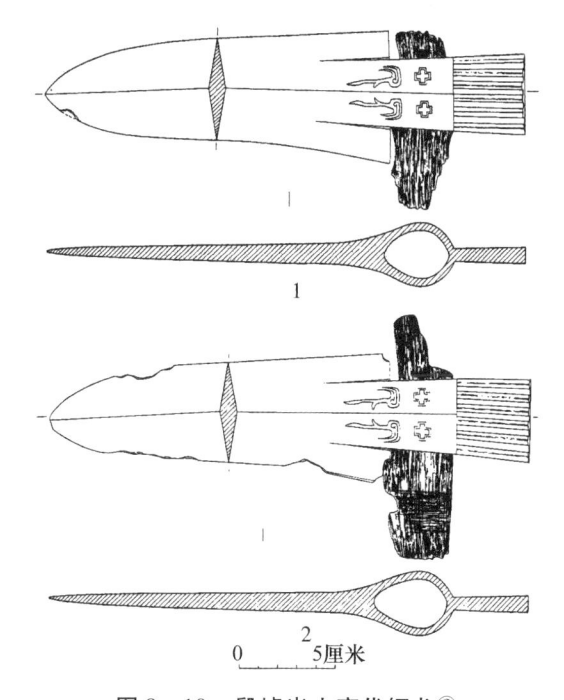

图8-10　殷墟出土商代铜戈②

---

① 土体太硬，影响对遗迹遗物的清理，同时也会对文物本体形成威胁——如因土体龟裂而造成文物开裂、解体等。
② 铜戈出土时，銎内尚存留有碳化木柲残段，稍有不慎便会将其弄碎，从而失去了铜戈纳柲的直接证据，尤其是失去了将来文物展陈时的良好效果。

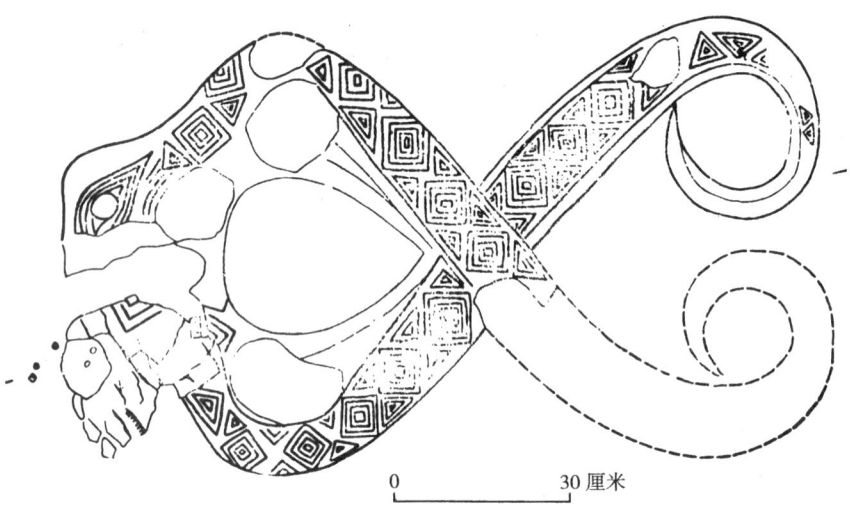

图 8-11　殷墟花园庄 M54 木棺花纹（上）和西北冈 M1001 号大墓木器花纹（下）①

---

① 先秦遗址和墓葬中，经常发现一些木器上的彩绘花纹，十分可贵。但因木材腐烂，只有一些漆皮贴附在土体上。对于这类遗迹，需要做好土体固化、漆皮加固等保护工作。

图 8-12　偃师二里头遗址出土绿松石龙纹铜牌①

对于发掘清理过程中可能出现的起翘、开裂、崩塌、断裂、风化等文物病害，应提前预防。已经发生上述病害的，需及时采取保护措施补救。保护措施应以物理方式为主，必须采用化学品时，应事先有可行性试验。任何保护措施，皆需追求可逆性。

在进行化学保护前，应根据需要留取检测分析标本。

每天发掘清理结束，都要及时对揭露的遗迹现象进行保护性遮盖，一般采取塑料薄膜覆盖，或浸水棉布苫盖，避免风干、污染。

四　研究

我们经常说，考古发掘的过程就是考古科研的过程，研究和发掘不能脱节。根据书本（发掘报告）进行考古研究，存在很大局限性。

---

① 这是笔者于 1987 年在二里头遗址祭祀区的一座贵族墓葬中发现的，系用极薄的绿松石片镶嵌在青铜框架上。它与此前发现的同类铜牌的不同之处，是其背面并无铜质背托，出土时绿松石片悬空镶嵌在青铜框架内。当笔者将它小心翼翼地捧出墓坑时，其尾部有几片绿松石脱落，笔者马上将其复位用修复胶水粘牢。至今，这件宝贵的文物没有发生镶嵌物脱落情况。

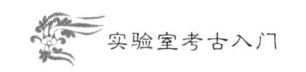

而现场研究，却有极大便利性。应该善于抓住现场发现的蛛丝马迹，顺藤摸瓜，找出关联遗迹，解决相关问题。

所谓研究，可分为学术研究和技术研究两类，都需要提前有方案，但在发掘过程中随时发现新的问题，补充新的研究。

学术研究，主要包括内涵、形制、性质、年代、结构、用途、组合、材质、工艺、相互关系等考古学问题；技术研究，主要包括发掘——方法、程序、工具；保护——方法、材料、器具；提取——方法、器具、包装；记录——方式方法、内容等。

此外，包括实验考古在内的复原研究，也需要在发掘过程中予以关注——观察结构、分析材料、研究工艺、设计效果。复原研究，可以是电脑虚拟复原、3D打印复原、实物复原等多种方式。（图8-13至图8-15）

图8-13 马家塬M4长方形珠饰复原图

图8-14 大河口M1漆豆复原图[①]

[①] 这些复原研究都是在发掘过程中及时观察、分析、记录，发掘后便很快做出复原设计。大河口M1实验室考古项目甚至生产出漆器实物复制品。

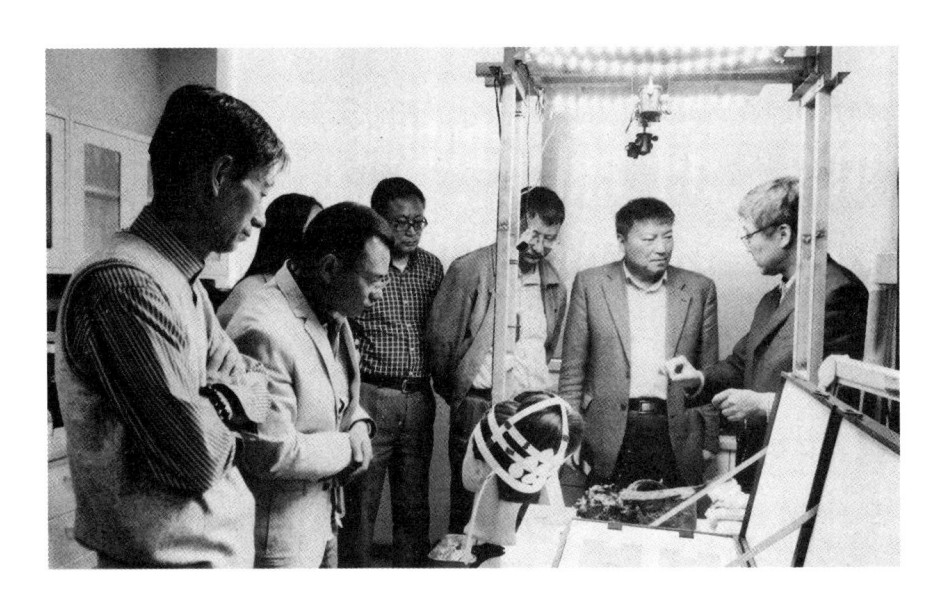

图 8-15　萧后冠实验室考古专家论证会①

第三节　工作程序

一　准备

实验室考古的准备工作，必须充分而精准。

第一，工作方案。

制定一个完善的工作方案，是整个考古发掘工作顺利开展的基础和保障。

第二，工作场地。

根据工作需要，落实场地数量、面积等。包括工作室、实验室、修复室、资料室、影像室、库房、办公室等。

第三，材料。

购置、准备包括发掘、保护、提取等工序所需材料。

第四，设备。

---

① 在项目进行过程中，遇到疑难问题可随时召开专家咨询会、研讨会、论证会进行研讨，指导下一步工作。

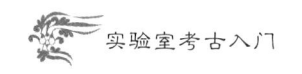

完善各个工作室、实验室、修复室、资料室、影像室、库房、办公室的必要设备。

第五，仪器。

主要包括发掘现场和实验室内必需的检测分析仪器。

第六，工具。

发掘、保护、提取所需工具。包括购置现成的通用性工具、自制的特殊用途工具。

第七，人员。

根据工作方案需要到达现场的发掘、保护、研究等工作人员，作为后备队的咨询、参谋等支持人员。

第八，经费。

可根据需要随时、足额支取。

二　程序

第一，预探测。

为了对提取文化遗存的内涵有所了解，可在开始发掘前进行预探测。

第二，编制发掘方案。

根据前期基础研究成果和预探测结果，编制发掘工作方案。

第三，观察。

打开包装，观察、评估保存现状。

第四，开展。

依照方案，开展发掘清理。

第五，发现。

发现文物遗存，进行保护处理。

第六，记录。

采用多种方式和手段，记录、提取文物遗存信息。

第七，现场研究。

对文物遗存进行现场观察、研究。

第八，制定保护处置方案。

根据文物遗存保存状况和科研、展示等方面需要，讨论决定对文物遗存的处置，并制定具体方案。

第九，发掘后遗存处理。

妥善处置发掘后文物遗存。包括文物移交、保护、修复、复制等事宜。

第十，发表。

整理发掘资料，编写发掘报告。

三　节点

实验室考古发掘，应有科学节奏。其工作节点，主要有：

每开始一个发掘面（理论上一般有六个工作面），就是一个新的工作节点；发现重要遗迹遗物，需要进行保护、研究，也是一个工作新节点；遇到需要破解的科学、技术难题，需要研究解决，亦属新工作节点；其他不可抗原因造成工作中断时，也可作为一个节点。

每个工作节点，都应该有工作小结。并适时组织专家咨询、研讨、论证。

第四节　工作要求

一　科学

实验室考古是严谨的科学研究工作，必须把科学性放在第一位。其理论、方法，都应是经过实践验证、学术界广泛认可的。必须摒弃任何"挖宝"思想，始终秉持学术优先、保护第一原则。

二　规范

与其他任何学科一样，实验室考古必须遵守必要的法律法规和科学、技术规范。

《中华人民共和国文物保护法》① 是实验室考古根本法则;《〈中华人民共和国文物保护法〉实施条例》② 和各省、自治区、直辖市颁布的《〈中华人民共和国文物保护法〉实施细则》等,为实验室考古的基本法规依据。

虽然目前尚无实验室考古的规范性文件,但是国家文物局已经发布了关于田野考古的技术规范文件《田野考古工作规程》、③ 水下考古的技术规范文件《水下考古工作规程》,④ 可在实验室考古中参照执行。

中国社会科学院考古研究所编著的《田野考古工作手册》⑤、于海广著《田野考古学》⑥、北京大学讲义《田野考古学概论》(未刊)等,均可参考。

此外,国家文物局还颁布一系列文物保护、修复的技术规范文件,可参照执行。此不一一列举。

期待国家文物局尽早制定实验室考古专用规范《实验室考古工作规程》,或先行出台《实验室考古工作指导意见》作为临时性规范文件。

三 交叉

首先是学科叠合。实验室考古具有多学科结合的自然优势,应该利用有限的文化资源,创造无限的文化产品。

其次为工作交叉。我们主张在实验室考古工作中,要边发掘、边检测监测、边分析研究、边保护处理,各类工作无缝衔接,减少甚至避免出土文物从发掘现场到实验室检测分析和保护处置之间的时间间隔。

---

① 1982 年 11 月 19 日第五届全国人民代表大会常务委员会第二十五次会议讨论通过,1982 年 11 月 19 日起施行。2017 年 11 月 4 日第五次修订。
② 国务院 2003 年 5 月 18 日发布,2003 年 7 月 1 日施行,2013 年 12 月 7 日修订。
③ 《田野考古工作规程》(2008 年版),国家文物局 2009 年颁布,文物出版社 2009 年版。
④ 《水下考古工作规程》(征求意见稿),国家文物局 2011 年 10 月 28 日发布。
⑤ 中国社会科学院考古研究所编:《田野考古工作手册》,文物出版社 1982 年版。
⑥ 于海广:《田野考古学》,山东大学出版社 1995 年版。

四 创新

遵守现行规范,不等于思想禁锢。应倡导在考古发掘中,充分解放思想,勇于创新,在实践中总结经验,在实践中检验新的理论和方法、技术。

| 第九章 |

发掘现场文物保护

第一节 监测与检测

一 全程监测

考古发掘现场,需对文物环境(文物依存体)的变化和文物本体变化,随时进行监测。监测内容主要包括:室内温度、湿度、空气质量、含氧量、文物环境和文物本体含水量、风化程度、氧化程度、酥解程度、霉菌生长情况,等等。

通过观察、测量,发现异常变化、有害迹象时,及时采取措施予以控制、纠正。

根据不同种类、不同时段的文物保护需要,控制和保持发掘现场的温度、湿度,必要时可创造低氧发掘环境。

二 检测分析

检测分析对象包括文物环境和文物本体。

文物环境主要指文物依存的水、土和其他包裹物,它们是文物保存的环境和条件,对文物保护具有重要影响。应通过检测分析,明确其性状、特点,对文物保护的影响。

文物本体检测,是要明确其材料、结构、保存状况、病害现状和成因等,为文物保护处置提供科学依据。

第二节 保护处置[①]

一 保护原则

实验室考古发掘中的文物保护原则,为安全、及时、可靠、适

[①] 田野考古现场文物保护专家李存信先生在其《考古现场处置与文物保护技术》第一章"考古现场出土遗物应急处置保护",对田野考古现场文物保护处置有专门论述,可参考。李存信:《考古现场处置与文物保护技术》,中国社会科学出版社2016年版。

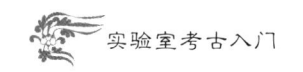

度、可逆。

安全原则，是指确保文物安全、工作人员安全。无论采取什么样的保护措施，都要首先保障安全。

及时原则，是指采取措施要及时，最好对发掘中可能发生的问题有预判，提前有预案，一旦出现预判现象，马上用预案解决。即便是不能预测到的问题，也需尽快找到问题原因，对症下药出手解决。不能拖到文物劣化严重、不可缓解，丧失有利时机。

可靠原则，是指应对措施要有科学性，即保护措施建立在既往科学研究和实践验证的基础之上，保证其有效性。杜绝因考虑不周，引发连带问题，即不能解决了一个问题而引发了另一个问题。

适度原则，即所谓"最少干预"原则。一切保护措施都应在保持文物真实性、完整性、可读性限度内，避免"过度保护"。

可逆原则，是指一切保护措施的实施，不能对文物的后期清理、检测、测绘、修复、研究，形成负面影响。同时，由于实验室考古具有的反复发掘之特性，发掘过程中的保护措施，还不能影响后续的清理发掘。

二 保护对象

考古发掘中一切需要采集和保存的遗迹遗物，都属于保护对象。

（一）文化遗物

文化遗物指人类加工制成品。一般分为有机质文物、无机质文物两大类：

无机质文物包括：金银器、青铜器、铁器、铅器、锡器、玉石器、宝石器（无机质宝石）、陶瓷器以及岩土类文物——岩画、夯土（如建筑基址、墓葬填土）、泥塑（如神像、神主）等。

有机质文物包括：人类和动物骨骼制品，动物角牙制品，人类或动物皮革、毛发制品，蚌贝制品，竹木和植物秸秆制品，丝棉麻制品，漆胶制品，纸制品，等等。

（二）文化遗迹

人类文化遗迹——包括建筑物壁画、墓葬壁画，建筑物地画、墓葬画幔、摆塑，其他刻画等。

还有一些文物遗迹，属于文物本体腐朽腐烂、氧化解体之后形成的灰烬、残留、痕迹等。如有机质文物痕迹——棺椁、画幔、帷帐、漆木器、纺织品、纸制品和其他器物遗迹；无机质文物痕迹——铅器、铁器完全氧化后残存、遗迹。

（三）自然遗迹遗物

考古出土的自然遗迹遗物，包括动物、植物、岩石（含玉石、宝石）、水土等类别遗存，以及动物活动、植物生死遗存和地震、洪水、火山、风沙现象等。它们对于研究古代自然环境、人类生态环境，具有重要意义。

三　保护原因

影响文物永续保存的因素，不外乎内因、外因两方面。

所谓内因，指文物本身因材料、结构等原因，随着时间的推移会发生变异、劣化、灭失。所谓外因，指文物依存环境对文物安全保存形成的负面影响，造成文物变异、劣化、病害。内因是变化的关键，外因是变化的条件，外因通过内因发生作用。这是实验室考古发掘现场需要应对的主要问题。

出土文物长期掩埋地下（水中），因为埋藏环境不同，而受到不同程度侵害。如因土壤酸碱度过高，对文物造成化学侵蚀；或因土壤中微生物活动，侵害文物；或因含有高度有害物质的地表水渗透、地下水浸泡，也会对文物造成危害；或因共存物的影响，产生一些病害现象——譬如朱砂对人类和动物骨骼的腐蚀、金属器锈蚀对玉石器的侵蚀、棺椁等木质文物腐烂对纺织品文物的侵害，等等。

而当这些文物遗存一旦被发掘出土，保存环境的突然改变，也可能对文物造成负面影响。如由于空气和光照原因造成纺织品文物的氧化酥脆；空气干燥造成有机质文物的风干变形、龟裂损伤；空气潮湿造成文物生菌发霉；空气污染使得一些已经在地下（水中）产生环境适应甚至形成表面保护膜的金属文物，重新回归不利环境……

凡此，都是我们在实验室考古发掘中将面临的文物保护问题。

所以，我们需要通过检测分析，找出文物病害产生的原因，有针对性地采取保护措施。

四　使用设备、工具和材料

（一）保护材料

用于加固、稀释的化学制剂、制品：

蒸馏水，乙醇，丙酮，丁酮，MH 系列、NS 系列、PS 系列土质遗存加固剂，丙烯酸非水分散体加固剂，环氧类合成树脂，聚醋酸乙烯酯乳液，丙烯酸类合成树脂，丙烯酸类三甲树脂，甲醛，AC33、B72、3A 胶，Araldite 胶等。

用于取样、包装的材料和物品：脱脂棉、宣纸、密封袋、胶带、线绳、保鲜膜、文物囊匣、弹力塑料膜盒、塑料样品盒、培养皿、玻璃瓶、量杯、干燥皿、玻璃器皿、沙袋、聚氨酯发泡剂、石膏等。

其他还有角铁、扁铁、槽钢、木板、木条、铁丝、螺丝钉等。

（二）设备工具

设备主要包括：电气泵、电焊机、蒸汽机、加湿器、低氧文物保育袋、保育箱、低温文物保存箱等。

工具主要包括：电钻、电锯、电刨、吹风机、千斤顶、手术刀、竹片刀、镊子、调刀、喷壶、针管、橡胶辊、软毛刷、箩筛等。

（三）劳保防护用品

专用服装、棉纱手套、橡胶手套、口罩、防护镜、太阳帽、胶鞋等。

五　任务和方法

（一）任务

发掘现场文物保护任务，主要包括：

缓释保护，为减缓文物锈蚀、腐蚀、分解、氧化、碳化等病害进程，采取的缓解措施。

消杀微生物，如杀除有机质文物上的霉菌、细菌、放射菌和害虫等。

祛除病害，如清除有机质文物上的污渍、霉斑，金属文物表面有害锈和其他锈结物。

加固保护，对有质地酥软、连接松弛、粘贴不牢、开裂崩解等现象的文物本体，以及文物所依存的土体或其他有机质物体有垮塌、分解现象，进行及时、积极干预，防止其病害、危情进一步发展。

封护保护，通过对文物表面进行物理或化学封护，使之与空气中的有害气体、有害微生物和酸、碱、盐等有害物质隔绝，从而达到保护文物、延缓文物劣化进程，为进一步采取保护措施争取时间之目的。（图9-1至图9-7）

图9-1 西安张家坡西周井叔墓出土铜方彝[①]

[①] 许多青铜器出土时锈蚀严重，有的还伴有开裂现象。在发掘现场应采取绝氧、保湿、固形措施，防止其进一步劣化。

图9-2 湖北江陵马山战国一号墓出土龙凤绣黄绢面衾①

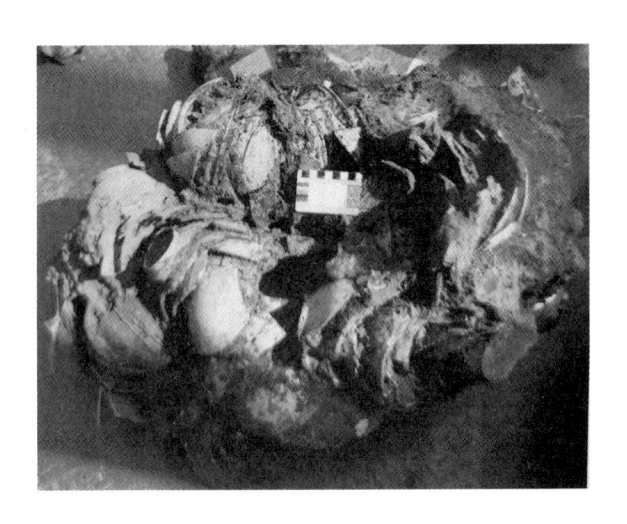

图9-3 南海Ⅰ号沉船铁锅凝结物体②

---

① 丝织品文物十分脆弱，易氧化、易霉变，因此发掘现场应注意避光、控湿、低温、通风。小件织物或碎片的提取，可使用玻璃板夹放保存。其保存环境以低氧、低温为宜，防止霉菌、虫害侵蚀。

② 许多文物出土出水时，表面凝结、附着有一些其他物质，给文物的清理、修复保护造成困难。虽然像南海Ⅰ号沉船出水文物表面的海生动物和微生物，长期凝结在文物表面，在现场不宜进行去取清理，但一些出土文物表面附着的料礓土、铁质文物表面凝结的铁锈与土的混合物，需及时清除，或者采取有效手段进行保湿处理，避免因干燥、开裂危及文物安全。

图 9-4 大河口漆器漆皮黏贴土体加固①

图 9-5 内蒙古赤峰市大甸子遗址出土彩绘陶器②

---

① 早期漆器出土时的保存状况一般都不好,胎体腐朽,漆皮起翘,所谓的"文物"不过只是一坨黄土而已。要有效保持器形的完整性、原真性,不使其开裂、崩塌,就需要对土体进行加固保形,同时对漆皮进行回贴、加固,必要时还需封护保护。

在发掘现场,往往会有文物或文物依附的土体因悬空或缺乏支撑而面临危情,此时便需要给予必要的支撑保护。在隋炀帝萧后冠实验室考古项目中,发掘人员采用沙袋填充加固保护方式,防止已经暴露的冠体破裂坍塌或移位,保护效果很好。

② 彩绘陶器是陶器烧成后,在陶器表面使用矿物或植物染料进行描绘,其特点是鲜艳夺目,但染料固着性很差,极易被摩擦掉。出土时,包裹陶器、粘附表的土体的去除,很容易造成彩绘花纹的破坏,且遇到强光、空气时彩绘花纹极易褪色。因此,彩绘陶器出土时,需及时进行封护保护。分别采取避光、保湿、密封等措施。如发掘现场可用湿纸、湿布覆盖,提取后可用塑料薄膜(或保鲜膜)包裹或塑料袋密封,有条件时可放置进文物保育袋、保育箱保护。

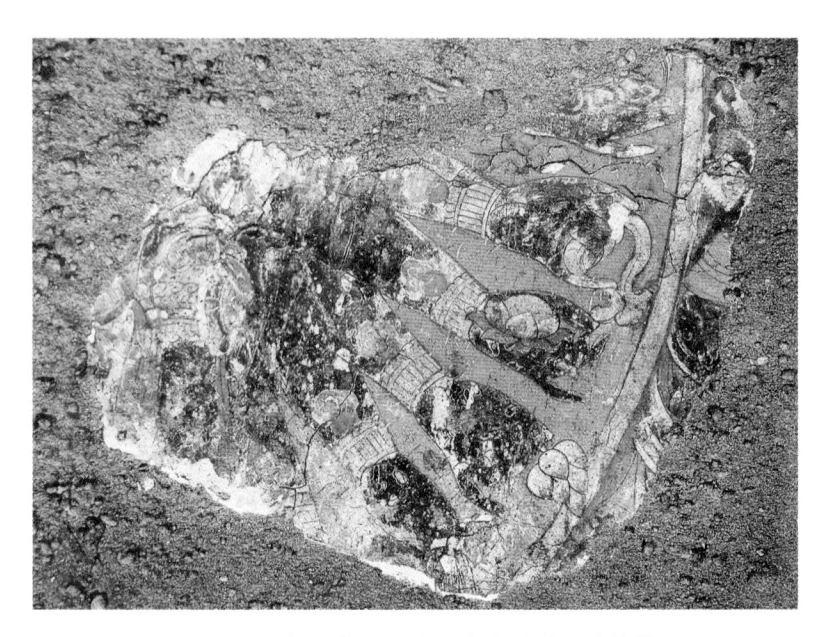

图 9-6　新疆高昌回鹘佛寺遗址壁画残块①

图 9-7　殷墟商代墓葬椁顶布幔彩绘图案②

---

① 建筑基址和墓葬中发现脱落的壁画，应仔细观察保存状态，如果泥质地仗有脱层、粉化现象，应及时加固保护，并采取避光措施保护彩绘。注意不要打破、改变壁画在干燥或潮湿环境里埋藏过程中已经形成的平衡机理。

② 需保持土体湿度、避光，勿使其干燥开裂、彩画褪色。在绘图、照相、提取影像资料后，尽可能揭取保存（整体揭取有困难时，可分片揭取）。

（二）实验室考古发掘现场文物保护方法

主要分为三种：

第一种，物理法。

即采用各种材料（包括沙土、木材、棉花、纸、石膏、蜡）进行支护、填充、镇压，对保护对象的病害、危情进行干预、解除；或通过人工利用工具，对文物本体或环境发生的病害现象予以舒缓、解除，从而达到保护文物作用。

物理法通常比较简单易行，可逆性好，只要方法、力度合适，一般不会产生负面影响。

第二种，化学法。

即采用各种化学材料，通过溶解、缓释、粘结、封护等方式，对文物及其依托体进行加固、修复、保护。

土质或有文物依附的土体（包括灰化木器、漆器、纺织物痕迹、腐朽的皮革器具、马车等）的现场保护，主要目的在于固化，避免其粉化、开裂、坍塌。可采用改性硅酸钾材料、丙烯酸类和有机硅类材料等化学试剂，进行加固保护。

使用化学方法，必须经过充分的提前试验，排除副作用，并且具有可逆性，方可使用。

第三种，生物法。

以生命科学为基础的生物技术，在文物保护方面具有良好的应用潜力和发展前途。[1] 目前，文保界利用生物技术进行文物保护修复工作的尝试，主要集中在纺织品文物、纸质品文物和石质文物、陶质文物方面。[2] 如使用药物熏蒸法祛除文物霉菌；利用木瓜蛋白酶清除纺织品文物污渍；使用蛋白酶、溶菌酶祛除文物霉斑；利用微生物填充

---

[1] 首都博物馆编：《文物养护工作手册》，文物出版社2008年版，第80—82页。
[2] 周旸：《江西德安南宋周氏墓丝绸文物的清洗与加固》，《南方文物》1997年第3期；王萍：《西夏丝织品文物损坏机理的研究及其保护》，《敦煌研究》2000年第1期；田金英、王春蕾、白志平：《古代文物丝织品霉斑清除的研究》，《文物保护与考古科学》2005年第4期；杨丽娟、唐天斗等：《秦兵马俑博物馆一号馆空气中微生物的分布》，《陕西环境》1997年第4期。

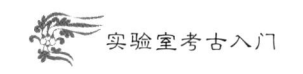

技术修复、加固纺织品文物，消除脆、腐现象；利用生物技术清洗、加固纸制品文物。

利用生物技术保护修复出土文物，必须经过周密的科学调研和充分的试验验证。

以上保护方式，根据发掘现场文物和文物环境的具体问题，可以单独使用一种方法，也可以多种方法交叠使用，以达到保护文物的目的。

第三节　环境控制

一　必要环境条件

实验室考古的工作环境，既要考虑文物保护需求，同时也要适当兼顾工作人员舒适要求。应达到恒温恒湿，通风良好，空气质量优良，避免日光直射。

二　环境控制和改善

第一，温湿度掌控。

购置恒温恒湿机组，保障实验室内恒温恒湿环境。

温度和湿度，应根据发掘对象的保护需求而设置、调整。

第二，空气净化。

安装空气置换装置和空气净化器，确保室内空气清新，少浮尘。

如有条件，尽量采用独立空气置换装置，避免使用中央空调。

第三，光照控制。

采用以人工照明为主，防止日光直接照射，避免紫外线对文物的影响。

第四，依存体保湿。

灰化文物、碳化文物和脆弱文物所依附的土体，可通过喷水、湿布覆盖等方法保持适当水分。

竹木类文物和漆器等，也应注意保湿。

第四节　安全保障

一　危险因素

在发掘现场，针对人员和文物的危险因素，包括自然因素和人为因素两类。

如地震、洪水、火灾、毒气、辐射、电击、抢劫、盗窃，以及其他工伤事故。

二　安全措施

针对以上危险因素，应采取有效措施，予以预防、避免。

防震措施：确保发掘对象放置稳固，文物柜、器具架安放牢固，脆弱文物有安全防护。

防洪措施：注意外部防洪，内部防水管崩裂、渗漏。

防火措施：科学、谨慎用火、用电。配备多种灭火设施、设备和工具，可有效扑灭各种原因的火灾。

防毒措施：有些文物（如封闭的棺椁内、器物内）会产生有毒气体，部分保护用品（如化学制剂）也会散发有害气体，应注意空气流通和人员防护，必要时应采取排气措施。

防疫措施：如有疫情，应合理安排工作时间、人员密度，做好场地消杀，做好个人防护，必要时应停止人员聚集性工作。

防辐射措施：尽量避免使用有辐射设备，远离辐射源。拍摄 X 光照片时，必须按照操作规范，进行安全防护。

安全用电：选用合格电器，经常进行安全检查，及时更换老化电器设备，不超负荷用电。

防盗措施：工作室有安全监控设备，门窗坚固，最好做到人防技防结合。

防止工伤事故措施：制定具体规章制度和安全操作规范，责任到人。

| 第十章 |

遗迹遗物和标本提取与管理

第一节　原则要求

一　原则

第一，安全。

出土遗迹遗物和其他科研标本的提取，必须安全可靠，尤其是脆弱文物的提取，更要谨慎小心。应采取合适方法，保证文物不受任何损失。同时，还要采取必要措施，确保工作人员安全。

第二，完整。

无论遗迹还是遗物，均需原状完整提取。确需分割提取的，应充分论证，做好预案。一些成组、成套文物，最好一起提取，勿使其分散。

第三，科学。

针对不同文物、不同保存状态、不同出土环境，科学制定起取方案，其提取和保存方式，应有利于后期检测、研究。

第四，可逆。

采取临时加固措施时，无论物理法还是化学法，都需具有良好的可逆性，即再处理可行性。

第五，规范。

遵照《田野考古工作规程》和《水下考古工作规程》有关规定，参照中国社会科学院考古研究所编著的《考古工作手册》技术规范，执行本单位相关要求。需要检测分析的样品，则要遵守相关的技术规范。

二　要求

第一，按单位、按层次采集。遇复杂、解体文物，应在分体起取时按出土状态摆放。

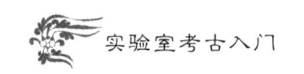

第二，年代学分析样品、环境样品应按照地层序列采集。

第三，发掘去除的填土，应根据不同层次、不同位置，分别留取分析样品。

第四，脆弱易损遗存的采集、遗痕翻模、壁画揭取、地层剖面揭取、重要遗迹的整体起取等工作，应请专业技术人员进行。

第五，任何提取物的内里、表面的附着物（如纺织品、金属锈、朱砂、料礓土、食物残渣），不能随意去除，更不能硬性刮、敲，造成文物损伤，丢失重要文物信息。

第六，采集遗迹遗物，均需详细记录采集方式、采集坐标、保存现状。

第七，不得在任何文物、标本上直接粘贴标签，更不得在上面书写文字。包装盒上除了粘贴标签，还应附上文物标本的照片。

第八，纺织品、漆木器、革制品等脆弱、易氧化文物，应采取特殊方式提取、保存。尽可能迅速置于低氧文物保育袋、保育箱中。

第九，不同学科的检测分析标本，应请各个学科的专业技术人员现场提取或具体指导提取。

第十，遗迹遗物提取应充分协调先后顺序，各个学科的标本、各个部位的标本，先取什么后取什么，要从遗存实际情况结合学科需要而确定。避免顾此失彼，互相影响。

第十一，所有采集品，均需妥善包装。大件文物应使用囊盒装盛，或者使用发泡剂制作的专用包装盒。小件器物可放置在弹簧盒里。

第十二，提取的文物遗存，应迅速送入保存环境适宜的文物库房。

第二节　提取对象

一　文化遗迹遗物

包括古代人类加工使用的各种文化遗迹和遗物。原则上，所有的文化遗迹遗物都应采集，包括一些器物、器具的遗痕，以及人的手印、脚印等，也需采集保存。

二 人类遗骸

一切古代人类的遗骸——包括骨骼、牙齿、毛发，应全部采集。如果人骨腐朽严重，无法完整提取，应在现场进行体质人类学方面的测量和观察，放置比例尺拍摄正投影照片。

三 动物标本

野生和人工饲养的动物遗存。包括其骨骼、牙角、皮毛、皮壳，应尽可能全部采集。应注意收集体积很小的禽鸟和水生物遗存。此外还有微生物遗存。

四 植物标本

野生和人工种植、养殖的植物遗存。主要包括农作物、树木、花草等各种植物的根茎干叶果实遗存，数量少时可全部采集；若数量太多，可分类采集一定数量的代表性个体。此外，包含在土壤中的植物孢粉，也要尽可能收集。

五 相关物

还有一些并非古代地层中包含的"原生物"，譬如后代动物的遗存、盗掘者遗物等等，也要有选择地采集。

第三节 提取方法

一 文物标本提取

第一，拣取法。

直接用手或镊子提取，是最常用的方法。很多器物都可以采用这种方法。

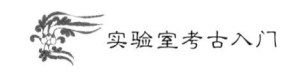

第二，插板法。

若文物底部硬实，可从其一侧稍微撬起，插入薄板托起文物。

第三，铲取法。

若文物底部不硬实，无法自我撑立，可用大小适宜的铁铲从下部连同部分土体铲起。

第四，丝网法。

对于想保持其原始状态的组合型文物，可用铜丝或钢丝从文物下面穿过，最好纵横交叉，编织成网状（密度根据文物体量而定），提取文物。

第五，筛选法。

为避免细微文物（如微小珠饰）或其他自然遗物遗漏，可对发掘所得土壤过筛选取。此法在田野发掘中经常使用。

第六，浮选法。

即水选法，对于粮食和其他植物种子果实等的提取，可采用水选。此法在田野考古中比较常用。

第七，显微镜法。

比较脆弱的文物遗存在筛选或水选中，会造成破裂分解等损害；一些细小的文物遗存或自然遗物上，可能粘附有用物质信息，若筛选或水选将会造成这些信息的丧失。因此，实验室考古提倡在显微镜下拣取微小遗物。

第八，粘取法。

某些薄皮状遗存如爆脱的漆皮（需原物回贴者除外）、贴附在棺椁表面的丝织品等，可采用湿度较高的纸张，均匀涂刷浆糊，平贴粘取。

第九，揭取法。

对于壁画、地画等，可以整体或分割揭取。有价值的地层现象（包括剖面和平面），也可揭取。

第十，石膏包法。

对于一些非常脆弱的遗迹、痕迹，依托于土体，起取后很容易坍塌、开裂、崩解，可采用石膏包提取，以保证其承托体的稳固。

第十一，内托法。

有的漆器、髹漆木柱的木质完全腐朽后，内腔空虚，可利用石膏浆在内壁涂抹、灌注的方式，固定其内型，再从外部清理表面，可完整保存其形状。

第十二，卷取法。

对于保存状况尚好的纺织品文物，不可直接提取、折叠，应使用粗细合适的竹筒、塑料筒、纸筒（文物含水量高者不宜）或木棍，裹上薄棉纸，从一端卷取。

第十三，夹取法。

纺织品文物碎片、纸质文物碎片，可提取后夹在两片玻璃板之间，根据纺织品和纸制品文物大小与形状，剪裁大小、厚薄合适的纸张作垫衬。周边用胶条密封，防止氧化。

第十四，串取法。

对于一些串珠和其他组合关系清楚的小件文物，可用丝线依照顺序串联起来。

第十五，捞取法。

对于漂浮在水中的纺织品（碎片），可用薄纱制成大小适宜的纱网捞取，晾干。

第十六，化学加固法。

对于非常脆弱甚至已经发生严重风化、酥解的文物，可以进行化学加固而后提取。目前在考古实践中采用的化学加固法，主要使用环十二烷、薄荷醇作为临时固型材料，用于脆弱文物或遗迹的加固提取，以及壁画揭取等。

在文物提取实践中，还会遇到一些特殊情况，应灵活机动，相机而行。

比如，山西襄汾陶寺遗址龙山文化墓葬彩绘木器起取。

由于埋藏地下日久，木器的木胎早已朽败无存，仅存留有原先涂饰在器表的颜料层。想要整"器"提取，绝非易事。中国社会科学院考古研究所的专家们，在现场进行了反复探讨，发明了"内托提取法"。他们发现,这种木器表面的颜料层,紧紧贴附在器物外面的土体上,而与木器木胎的木灰却结合松懈。如果从外面剔剥填土暴露器形,必然造成涂料剥落而"器"形损毁。于是,采取先找到器口、从器物内部将填土慢慢剔空,将颜料层保持在器外土体上,然后在器物内部用稀释丙烯酸乳液滴渗,使颜料层连接成膜,略干后再涂抹桃胶水,待其半干状态下,用石膏浆糊于木器内腔。木器的剔剥加固便告完成,起取即可。①(图10-1)

图 10-1 陶寺遗址龙山文化大墓木制鼍鼓提取物

(高 100.4 厘米)

再比如,内蒙古谢尔塔拉墓地 M11 号墓木椁盖提取。

有研究和实践证明,薄荷醇具有较好的渗透深度与提取能力,在

---

① 详情参见中国社会科学院考古研究所编《考古工作手册》,文物出版社 1982 年版,第 99—100 页。

其熔融状态下可以直接刷涂或喷涂在提取对象的贴布上，冷却后能够起到加固作用，薄荷醇在室温状态下经过一定时间能够完全自动挥发去除，没有残留，不会破坏文物的原始形貌和物理结构。薄荷醇作为临时加固材料，便宜易得、操作简单、施工方便、渗透性好、加固强度高，绿色无毒，对操作人员安全，具有很强的普适性和实用性。

因此，中国社会科学院考古研究所等单位，在"蒙古族源与元朝帝陵综合研究"项目框架内，对内蒙古谢尔塔拉墓地（属谢尔塔拉文化，是公元7—10世纪活动在呼伦贝尔草原的游牧民族文化遗存）M11号墓葬实施实验室考古，考古专家以薄荷醇作为提取材料，并配搭其他保护材料，在实验室中整体揭取谢尔塔拉墓地 M11 号墓葬椁盖，取得成功。发掘清理出的椁盖，木质糟朽碳化严重，若直接提取必然酥碎分解。经采用薄荷醇等进行固形，提取后的椁盖几乎完整保存了其整体形态和原始信息，为后续的考古研究和展示利用奠定了良好基础。详情参见刘勇等《出土脆弱木质遗存的整体提取与修复——以谢尔塔拉 M11 椁盖为例》。[①]（图 10 - 2 至图 10 - 3）

图 10 - 2　谢尔塔拉 M11 椁盖化学固化中

[①] 刘勇、陈坤龙、韩向娜、李存信：《出土脆弱木质遗存的整体提取与修复——以谢尔塔拉 M11 椁盖为例》，《江汉考古》2018 年第 4 期。

图 10-3 谢尔塔拉 M11 椁盖加固提取后状态

二 检测分析标本提取

在实验室考古发掘中，应注意提取与年代测定、DNA 研究、同位素分析、环境考古、人骨考古、动物考古、植物考古、冶金考古、陶瓷考古、玉石考古等相关的遗存。

第一，是土壤。不同层次、不同位置的土样，器物内灌注土样，均应采集。

第二，用于蛋白质、孢粉检测分析的土样，需严格遵守取样规范，严防标本污染。

第三，如果人骨保存状况适合进行 DNA 检测，应确保标本不受污染前提下，予以采集。

第四，其他相关食品、饮料、染料、锈蚀等物，只要有科研价值潜力，都需提取。

国家文物局已经陆续颁布考古发掘科研标本提取技术规范，可遵照执行。[1]

---

[1] 国家文物局编（吴小红、陈建立、潘岩、杨颖亮著）：《田野考古碳十四样品采集方法》，文物出版社 2012 年版；国家文物局主编（袁靖、黄蕴平、李志鹏、罗云章、吕鹏、杨梦菲著）：《田野考古出土动物标本采集及实验室操作规范》，科学出版社 2010 年版。

另外,现已出版的部分科技考古著作中,也有关于考古现场提取科研标本的技术阐述,可参考。①

三 标本标记方法

出土文物和其他标本提取后,均需进行详细标记,一般是填写专用标签,记明器物(标本)名称、数量、材质、重量、保存状况、采集单位(坐标)、采集时间、采集人员、记录人员等内容。最好附有多角度照片。

建议使用标签机制作标签。如有可能,提倡采用电子标签。

如果采用手书标签,务必使用防水纸、笔。

出于保护文物的需要,不得在出土文物和其他标本上面直接进行标记——如黏贴标签、直接书写等。(图10-4)

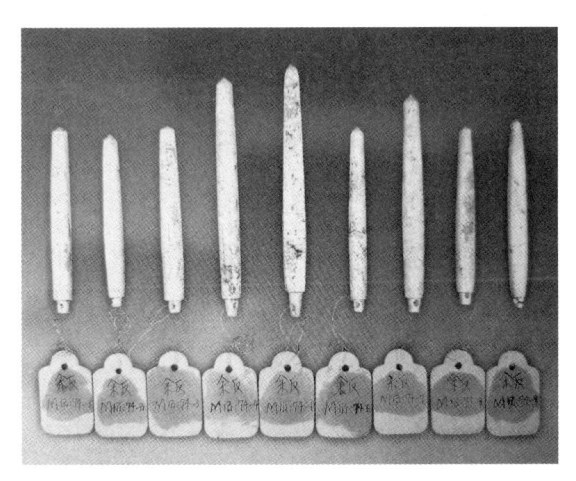

图10-4 出土玉器标记方法②

---

① 赵志军:《植物考古学:理论、方法和实践》,科学出版社2010年版;中国社会科学院考古研究所:《科技考古的方法与应用》,文物出版社2012年版;袁靖:《中国动物考古学》,文物出版社2015年版;袁靖:《中国科技考古导论》,复旦大学出版社2018年版。
② 左图:在玉器上面直接墨书,有损文物真实性,应该杜绝。
右图:利用玉器本来的小孔,穿系标签,对文物本身不构成任何影响,值得提倡。

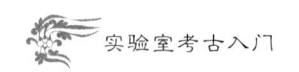

第四节　管理要求

一　依法依规

必须严格遵守、执行《中华人民共和国文物保护法》《〈中华人民共和国文物保护法〉实施条例》关于考古出土物的管理规定。

考古发掘的文物标本，均属国有资产，任何单位或者个人不得侵占。

二　科学规范

考古发掘出土的一切文物和标本，皆应登记造册，妥善保管。

文物标本的包装，需符合文物保护要求。

文物标本库房，应具备文物保护必要条件。

文物标本管理，应有具体规章制度，有专人负责。

| 第十一章 |

信息资料采集记录与管理

第一节　基本原则和要求

一　原则

遵守、执行国家文物局颁布的《田野考古工作规程》《水下考古工作规程》关于考古信息采集和管理的有关规定。

遵照我国考古界在长期实践中形成的行之有效的信息采集方法和管理办法。

根据实验室考古具体情况，创新有别于田野考古和水下考古的实验室考古信息采集方式方法。

二　要求

第一，全面。

一切在实验室考古发掘中出现的遗迹遗物之信息，都在提取之列，不得遗漏。一切与发掘清理有关的人与事，也都在记录范围内。一句话，所用与本项实验室考古发掘相关的人、事、物，均应记录在案。

第二，科学。

准确、可靠是科学性的主要体现。遗迹遗物完整形态、相互间空间和时间关系需记述清楚。

发掘记录包括文字记录、测绘记录和影像记录，三种记录在内容和形式上互为补充，构成统一的记录体系。发掘记录应以纸质和数字化形式分别登录、保存和管理，共同组成完整的数据库系统。

发掘记录应文字准确，图表完善，影像清晰。

第三，客观。

我们强调实验室考古应有"课题意识"，鼓励发掘者进行研究。但是，在信息资料采集记录方面，任何发掘者只是一个"发现者""记录者"，对于发掘过程中的所有考古发现，都必须如实地进行客观记录。

因此，发掘记录应该是客观描述发掘过程、发现的遗迹遗物、遇到的问题。不管发掘者是否认识、能否理解，只需如实记录。

在如实记录的前提下，可以附加发掘者的个人认识，但应注明为现时个人认知。并且，发掘者最好还应说明在发掘时的所思所想、心路历程，让读者能够理解发掘过程中发掘者是如何发掘、如何理解、如何处置、结果怎样等。便于从读者角度审视、研究发掘资料。

第四，规范。

信息资料的采集、记录、存储，均需遵守必要规范。文字记录的格式，图表记录的样式，影像记录的技术要求，都应符合规范。

记录中指代性符号必须符合相关规范、符合约定成俗的常规，遗迹遗物编号不得重复，给号后不得更改。

第五，及时。

发掘记录讲究即时性，发掘日记必须在发掘当日完成，有必要时甚至需随时记录。其他各项记录也都必须在本项工作完成后，马上整理记录。

第二节　记录方式

一　文字记录

文字记录包括总记录、分记录两类。

第一，总记录。

即项目日记，由项目负责人（发掘领队）或发掘现场总责任人负责记录，记录本实验室考古项目的总体工作情况。内容为本项目自始至终的所有经过、成果、问题，以及所有重大事项等，包括工作时间、工作人员组成、用工状况、工作进度、遗迹现象发现清理、遗迹遗物保护处置、文物保护风险评估、检测标本采集和实验室检测、文物标本采集情况、各类记录完成情况、记录者、记录时间等。

项目日记是将来撰写发掘报告的基础。

第二，分记录。

主要有以下三项：

①工作日记。实验室考古项目或大或小，有的采用探方发掘法，有的不采用探方发掘法。如果发掘体量较大，可划分发掘区，分区清理、分区记录、责任到人。这时应有探方（分区）发掘日记；如果发掘体量很小，没有分区开展，则只需由发掘者写个人工作日记。

工作日记用于记录考古发掘的工作过程。主要内容包括工作时间、发掘参与者、用工状况、发掘进度、层位关系、遗迹现象、文物保护处置、标本采集和检测、重要遗迹遗物关系系落图、信息采集记录、遇到的问题、记录者、记录时间等。

所有参与现场发掘者，均需撰写个人工作日记。

②单位遗迹记录。一般来说，实验室考古项目只限于田野考古上的一个遗迹单位（如墓葬、灰坑、祭祀坑、车马坑、殉葬坑、陶窑、水井等），但可出现若干个单位遗迹（如棺、椁、冠或头饰、服饰等），每个单位遗迹都应单独完整记录。

③文物保护处置记录。在发掘现场进行的遗迹遗物保护处置，均应有专项记录，记载保护对象、病害情况、检测分析、保护评估、保护措施、保护效果、工作时间、参加人员、记录者等。

文字记录应分别采用纸质记录方式和电子记录方式同时进行。若现场采用纸质记录，则应尽快转化为电子记录；如果现场为电子记录，则应尽快打印成纸质记录。即纸质记录与电子记录需相互转换、共存。

二 图表记录

第一，图。

①发掘对象遗址位置图。即本项目对象所在遗址的位置图。一般可在省级全域地图上标注遗址所在地。

②发掘对象位置图。即本项目对象在原遗址的位置图。可在遗址总平面图上标注，最好标明具体坐标点。

③发掘对象层位图。指项目对象在原遗址时的地层关系图，应结合前期田野工作绘制。

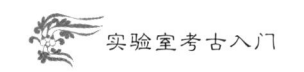

④发掘对象关联遗迹关系图。即本项目对象与有直接关联关系的遗迹之间的空间关系图（平面图、剖面图）。

⑤发掘对象总平面图、剖面图。无论发掘对象体量大小，均需绘制总平面图和剖面图。

⑥发掘对象分层平面图。如果是分层发掘，则必须有各层平面图。

⑦单位遗迹遗物分布图或平面图。单位遗迹和单位遗物（成组、成套），应分别绘制平面图或分布图。

⑧文物标本位置图。从现场采集提取所有文物标本，都应绘制文物标本位置图，标明采集点坐标。

⑨遗迹遗物病害图。记录发掘现场出现的遗迹遗物病害现象，主要是记录病害位置、类型、程度等。记录格式和使用的标记符号应符合通行规范。

各种图的绘制比例，应视图示对象的大小而定。原则是达到表现准确、清晰之目的。

图表记录也应分别采用纸质记录方式和电子记录方式同时进行。

第二，表。

①遗迹登记表。对发现的单位遗迹进行表格记录。主要内容包括：名称、编号、层位、体量、形象、年代（可细至分期）、保存状况、清理过程、清理者、记录人和记录时间。

②遗物登记表。对发掘出土的单位遗物（包括成组、成套）进行表格记录。类似田野考古的《小件登记表》。主要内容包括：名称、编号、材质、层位、坐标、尺寸、形制、年代（可细至分期）、清理提取过程、保存状况、清理、提取者、记录人和记录时间。

如果是成组、成套文物，应注意记明组件数量、组合关系等。

登记表上应粘贴该遗物不同角度照片。

③绘图登记表。记明图名、编号、测绘时间等。

④照相登记表。胶卷资料按拍照批次记录拍摄人、胶卷类型、拍摄对象、单帧编号、拍摄时间、登记时间。数码资料按批次、内容，

分别建立文件夹，记录文件夹名称、数量、拍摄人、拍摄时间、登记时间等。

⑤影像登记表。按批次、内容，分别建立文件夹，记录文件夹名称、数量、拍摄人、拍摄时间、登记时间等。

⑥标本登记表。记录从发掘现场采集提取的标本名称、材质、层位、数量、采集坐标、采集时间、采集人、登记时间。

⑦检测分析登记表，即检测分析报告书。记录从发掘现场采集标本的检测情况，包括标本名称、采集坐标、采集日期、采集人、送检人、检测人、检测时间、检测设备仪器、检测结果、检测结果责任人、填表时间等。

⑧文物、标本入库登记表。记录名称、材质、数量、重量、保存状况、交接人、交接时间等。同时，应附上文物、标本不同角度的照片。

⑨资料入库登记表。记录资料名称、数量、保存状况、交接人、交接时间等。

各种登记表均应采取纸质表格和电子表格两种方式录存。

三 影像记录

第一，摄影。

（1）拍摄内容

拍摄内容主要有以下几项：

①发掘过程

包括该项目对象所在遗址全景、项目对象在田野中状态、田野工作阶段和实验室工作阶段各个节点、工作人员合影和工作照、重要遗迹现象发掘过程、重要文物出土过程、重要样品采集过程以及其他重要工作场景等影像资料。

②文物保护

在发掘清理过程中，需要对有关的遗迹遗物进行保护处理。其过程和结果、参与人员等，应拍摄记录在案。

③遗迹遗物

主要包括各种遗迹发掘前后和发掘中的照片，应全面反映遗迹形状和结构特征，特殊部位要拍特写。

④研究讨论

在发掘清理和保护处理过程中，项目组会根据需要召开专家咨询会、研讨会、论证会，应拍摄记录会议场景、与会人员等。

（2）拍摄要求

对同一拍摄对象同时使用数码相机、胶片相机拍照，在同样拍摄条件下分别拍摄正片、数码片。

需要反复拍摄全景照片和特定局部照片时，为保证拍摄焦距、角度的一致性，可搭设专用照相设备固定架设相机。

发掘现场有些特殊的遗迹，如简牍上漫漶模糊的墨书文字，陶器或玉器上的几近消失的朱书文字或花纹等，需要用红外相机才能捕捉到有用信息。

摄影记录要求取景完整，角度适宜，图像清晰，色彩真实。

倡导采用和创新考古影像技术，不断提高影像质量和效果。（图11-1）

第二，摄像。

摄像内容，与摄影内容相同。

要求是采录设备先进，拍摄内容完整，存储安全。其作品达到电视媒体直接采用水平。

摄影摄像等影像记录，除了需重视对各种遗迹遗物的记录，还应重视发掘工作过程中人和事的记述。

如果条件允许，可以对发掘过程进行全程录像。

第三，扫描。

采用当下最先进设备、软件进行三维扫描，成果可虚拟复原、3D打印。

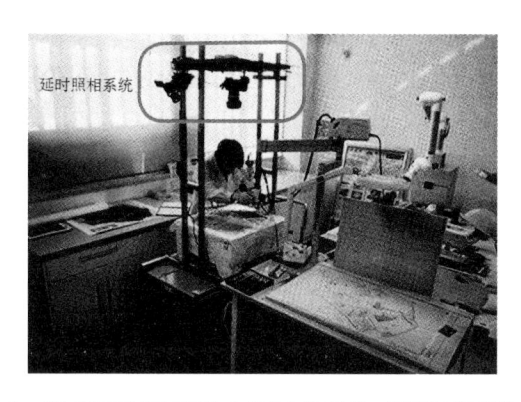

图 11 – 1　萧后冠实验室考古项目使用的"延时照相"系统①

四　其他记录

第一，素描记录。

对于没有及时绘图、照相的遗迹现象，发掘者可根据现场观察，采用素描方式回忆、补充记录。或者，为了达到某种特殊效果，可用素描作为补充记录。（图 11 – 2）

图 11 – 2　西安老牛坡遗址 1987 年发掘建筑基址远眺图②

---

①　基于考古发掘过程的不可逆性，及时、充分记录发掘过程，项目组设计制作了这个设备，每 5—20 分钟拍摄一张照片，记录发掘工作。据此，可随时回溯、复查发掘过程，并重新研究、解读记录的信息。

②　在发表的考古报告中，并无从这个角度拍摄的照片。这幅素描将该建筑基址的地理环境、地层情况、保存现状以及重要遗迹现象，都表现了出来。笔者在几年前撰写《西安老牛坡商代建筑基址研究》时，曾受益于此图。

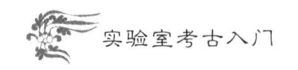

第二，拓片记录。

有时候，作为信息采集记录方式，还会用到拓印技术。如带有铭刻类文字或纹饰的文物等，画图不可能非常准确地表现，照相则很难清晰拍摄。（图11-3）

图11-3 偃师二里头遗址陶器刻划符号①

第三，翻模记录。

对于发掘中发现的某些特殊印记（如工具痕迹、人类或动物手足印、夯窝、其他重要痕迹），可采用翻模方式提取信息。翻模一般使用胶泥或石膏等材料。（图11-4）

第四，模型记录。

对于在发掘过程中，发生局部变异、部分丧失的遗迹现象，为表现其原来面貌，除了可用素描方式还原，还可采用塑造模型方式进行还原说明。

---

① 这些刻划在陶器上面的所谓"符号"，也许就包含了当时的文字在内，具有重要文物价值。无论绘图还是照相，反映的信息都不如拓片这样准确、清晰，而且简单可行，成本低廉。

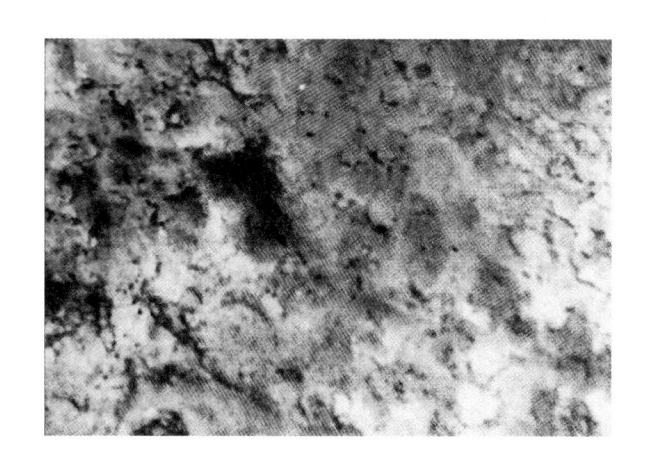

图 11-4　老牛坡遗址夯土建筑基址上的夯窝（左）和灰坑壁工具痕迹（右）①

第三节　信息资料管理

一　信息资料分类

按信息资料载体不同，可分为纸质信息资料、电子信息资料两大类。

所有纸质信息资料，都应转换成电子信息资料备份。

二　管理要求

第一，安全要求。

多种形式，同时记录。对于一种信息资料对象，应尽可能同时采用不同记录手段——包括信息资料管理档案在内。

一式多份，异地收存。无论纸质信息资料，还是电子信息资料，均应一式多份，且需保存在不同地方，防止信息资料的聚集性灭失。

制度到位，设备安全。应制定必要的管理制度，并明确责任人。

---

① 夯窝具有明显的时代特征和建筑技术特色，因此具有很高的历史、科学价值。基于文物保护原因，对于夯土建筑夯窝遗迹一般采取完整保留，所以，可通过浇灌石膏浆，翻制夯窝模型予以保存，将来可用作展览。

虽然我们没有发现当时挖掘土坑的工具，但从工具痕迹却可以推知挖土工具的类型和尺寸等。通过翻模也可以提取挖土工具留下的痕迹，用作展览展示。

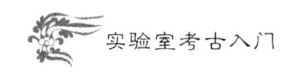

纸质信息资料应分门别类装入资料袋，做好标记、登记，落实防火、防盗、防潮、防霉、防虫等措施。电子信息储存器保存、使用环境安全可靠。

第二，规范要求。

建立档案，专人负责。所有需要收存的信息资料，均需建立档案，指定专人负责。

成果共享，分级使用。一切信息资料，均应实行共享。

制度明确，手续严格。转移、移交任何信息资料，都应依法依规履行相关手续，并记录在案。

第三，保密要求。

虽然提倡共享，但是在一定时间、一定范围内，还应对特定信息资料实行保密。没有项目负责人授权，不得对外公开展示、出借、复制（包括打印、复印、扫描、拍照、摄像等）任何信息资料。

三 知识产权保护

根据《中华人民共和国文物保护法》第三十四条、《〈中华人民共和国文物保护法〉实施条例》《考古发掘管理办法》等法律法规的有关规定，考古发掘所得文物，均属于国有资产。实验室考古所获一切信息资料，均为公有资产，包括发掘者在内的任何人不得侵占。所有发掘参与者的工作日记，在发掘结束后，均应上交发掘单位收存、使用。

信息资料的知识产权，应归属获得本项考古发掘权之法人单位。如何处置其各项权益，由发掘单位决定。

| 第十二章 |

资料整理和研究

第一节 发掘资料整理

一 基本要求

第一，全面。

整理范围涵盖本项目所有的发掘资料——实物资料和非实物资料。实物资料包括出土的文化遗迹、文化遗物、自然遗物，其他资料包括文字记录、图表记录、影像记录、拓片记录，等等。

第二，及时。

项目结束后，应根据相关法规的有关规定，及时整理发掘资料。一旦拖延，往往会造成发掘资料散失、损坏，甚至造成发掘成果的沉沦。

第三，科学。

需根据考古学之地层学、类型学等方法，对发掘资料进行科学整理和分析，确认各类文化遗存的相互关系。

第四，规范。

按照一定的技术要求对考古资料进行整理，并建立资料库。

二 技术路线

清查、复核、校勘原始记录材料——清点、查验出土遗迹遗物和其他标本——分析、核验各种遗迹遗物的空间和时间关系——初步修复保护文物遗存——建立信息资料库。

三 主要任务

第一，全面核校发掘资料。注意永远保持发掘记录的原真性。不得随意改动原始记录，如发现原始记录有误，需另外附加勘误说明。

第二，根据原始记录清点提取的遗迹、遗物和其他标本，并对它们分别进行整理、保护、缀合、修复。

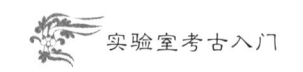

第三，对整理、保护、修复后的遗迹、遗物、标本，进行重新记录。记录方式包括文字记述、实测绘图（或临摹）、影像、拓片等形式。文物标本应制作器物卡片。（图 12-1）

第四，分析确认各种遗迹现象和文物之间的空间、时间关系。

第五，对发掘中取得的人类骨骼标本、动植物标本、文物标本、环境样品等，及时进行科学分析、检测和鉴定。

第六，对相关资料进行统计、分析后，撰写统计分析表。

第七，将在整理过程中发现的遗漏资料，根据影像资料回放、当事人回忆等，做出适当补记。

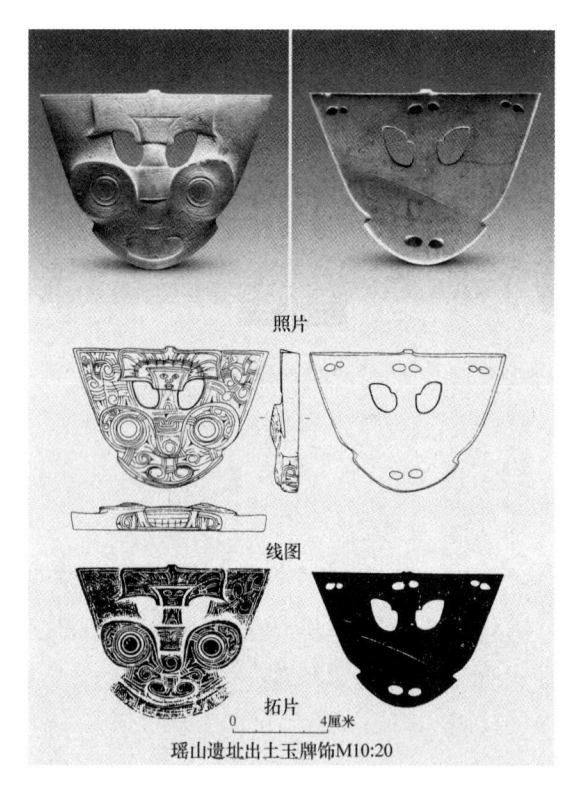

图 12-1　瑶山遗址出土玉器的多种记录方法同时使用[①]

---

① 通过这个案例，我们可以发现不同记录方式的优缺点，把它们结合使用，可以扬长避短，更全面、准确地记录文物信息。

第八，将发掘记录和整理记录进行汇总，建立统一的资料库，并形成电子数据库。

发掘资料整理过程，既是对发掘过程的温习，也是对发掘计划的检验、对发掘成果的检阅，同时还是科学研究的有机部分。因此，发掘资料的整理和汇总，应与将来撰写发掘报告紧密联系。

第二节　学术研究

一　基本理念

实验室考古研究需秉持如下学术理念：

第一，研究贯穿于整个项目过程。

在项目启动前制订的《项目计划书》中，已经有"研究预案"内容，大致确定了本项目的研究目标。而随着发掘的逐步开展，可能会发现新的学术课题，研究任务也会随之拓展。或者，在发掘中没有出现预期的遗迹遗物，原先为其量身定制的研究课题只能放弃。

总之，学术研究贯穿于整个项目进展过程中，而非发掘后的集中研究。发掘是研究的有机组成部分，研究必将促进现场的发掘工作。

第二，秉持考古学研究基本理论和方法。

虽然实验室考古的发掘规模远远小于田野发掘或水下发掘项目，但是就研究而言，实验室考古依然需要坚持运用考古学中地层学、类型学、年代学以及考古学文化理论等，以解剖麻雀的精神，以小见大，发微见著。

第三，自觉纳入文化遗产科学体系。

考古学应跳脱学科局限，从学术研究拓展到为文化遗产保护利用服务，从而融入到文化遗产科学体系中，担当文化遗产发掘、阐释和展示的重任。

第四，坚持创新理念。

实验室考古是新生的考古学分支，本身的理论方法均有待于完善和提高。因此，每项实验室考古都肩负着学科创新发展的任务。

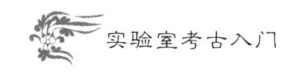

二　主要任务

第一，文化遗产基本内涵研究。

全面了解发掘对象的文化内涵，判明其文化性质。

第二，文化遗产主要特征研究。

总结提炼发掘对象的文化特征，以及与相关文化遗存的关系。

第三，文化遗产重要价值研究。

深入挖掘发掘对象的文化价值，科学阐释发掘对象的文物价值。

第四，文化遗产保护利用研究。

认真研究发掘对象在文化遗产保护和利用等方面的意义，提出保护和展示利用建议。

三　多学科综合研究

（一）学术特点

考古学是一门综合了人文社会科学、自然科学、哲学和美学在内的交叉学科，其研究者和研究课题必然是多学科的组合。

考古学是今人与古人、历史与现实、精神与物质、人类与鬼神的对话，可谓博大精深，无所不包。

实验室考古研究是一个可大尺度容纳的科研平台，必须坚持开放、合作态度。

（二）学科搭配

实验室考古研究的学科搭配，需根据具体的发掘对象、任务、成果而定，没有一成不变的模式结构。

实验室考古研究的学科构架，应以田野考古、水下考古、科技考古、文物保护为基本学科，也是核心学科；哲学、历史、宗教、民族、民俗、博物馆、医学、生物、物理、化学、天文、地质、美学、人类学、工艺美术等学科，可作为外围学科。但根据具体项目对象不同、任务不同，外围学科随时可调整进核心学科范围。（图12-2）

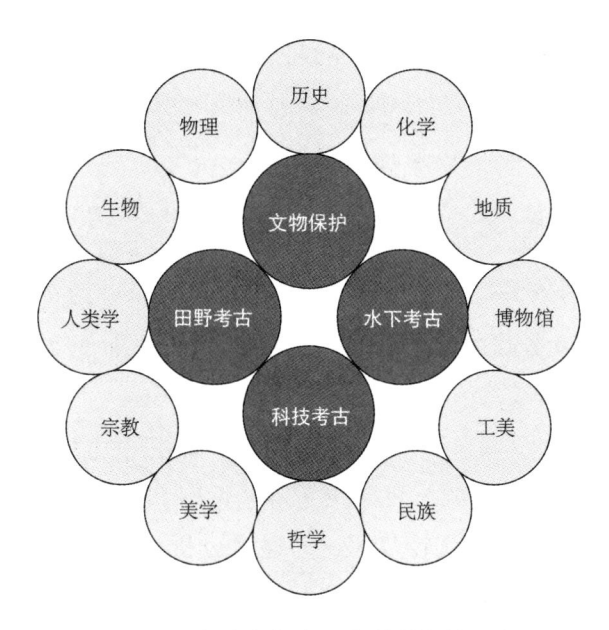

图 12 - 2　实验室考古研究学科架构示意图

（三）任务方向

实验室考古研究的任务方向一般包括：

历史背景，即研究对象所处时代、环境及其特点。

文化内涵，即研究对象的基本文化要素及其构成特点。

材料加工，即研究对象（遗迹遗物）所使用的材料及其特性，材料加工方法。

工艺技术，即研究对象采用的制造工艺和技术。

艺术成就，即研究对象所具备的主要艺术成就和特质。

价值意义，即研究对象所具有的普遍性文物价值和特殊性价值，在社会发展状况学术研究方面之意义。

（四）复原研究

复原研究包括修复性复原研究和复制性复原研究两大类。

修复性复原研究，指将破碎、解体的出土文物进行拼合、修补进而复原其原状；复制性复原研究，指根据出土文物实物及其发掘时所获有关信息，通过模拟制造进行复原。

实验室考古复原研究，是一种特殊的考古研究。

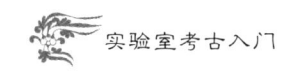

复原研究重在探讨文物遗存的材料、结构、工艺、技术、效果和功用。

复原研究的基础，包括：资料完整，即从发掘现场采集提取的各种信息资料完备，相关的文献资料搜集齐全、研究详细；结构清楚，即通过观察、解剖，弄清楚研究对象的形制、结构；材料明确，即通过检测分析确认研究对象的材质；发掘可靠，即发掘过程中没有弄错层位关系和其他关联关系；背景可知，即通过文献整理和分析，搞清楚研究对象产生和存在的历史背景。

复原研究方法包括：（1）虚拟复原，即通过电脑软件进行复原，其优点是节省时间和资源、见效快、可逆性好。但只适合于文物形制和结构的复原研究；（2）实物复原，即通过分析发掘现场有关遗迹现象，结合有关研究成果，对出土文物进行拼对、缀合、复原；（3）实验考古，尽量采用原材料或相似材料、相同工艺或相近工艺，按照原尺寸、原形制，对出土文物进行复制生产。可突出材料、工艺、技术方面研究优势。但真材实料投入大，且往往周期较长，甚至需要反复试验。

（五）复原研究案例

1. 李倕冠复原研究[①]

李倕冠发掘完毕，进行了组装和复原工作。

由于没有类似的唐代冠饰实物作参考，李倕冠饰的组装与复原工作，主要依据在清理过程中发现的构件原始位置，以及各构件之间的关系和相对位置等。

通过发掘清理，基本确定了李倕冠结构及相关尺寸，复原过程如下：

虽然李倕墓被水浸泡，器物都有不同程度的位移，但李倕冠构件均处于长约27厘米、宽约15厘米的范围内。虽然冠饰稍有位移，但仍戴在李倕头上，X光片已可对此证实。在清理冠饰上部时还发现有发髻的痕迹，其位置距离冠饰底部的额托大约18厘米。头骨的清理与发髻痕

[①] 陕西省考古研究院、德国美茵兹罗马—日耳曼中央博物馆：《西安市唐代李倕墓冠饰的室内清理与复原》，《考古》2013年第8期。

迹的发现均显示，李倕发式的高度与她本人脸的长度大致相同，由此推断，冠饰底部的"额托"恰好位于冠饰顶部与下颚的中间。

清理时发现冠饰的原始位置、范围和发髻的痕迹等，表明整个发饰主体应是一个椭圆形底面的物体，底部直径约 15×13 厘米，中部微鼓，高约 16.5 厘米。冠饰的底座做成圆柱体，其上部直径约 8 厘米。根据现场清理发现冠帽底部的金属丝环，其长度约为 22 厘米，被弯成圆形，由此确认冠的底面为圆形。进一步观察金质饰件在石膏包内的整体分布情况，测量估算冠帽高约 10 厘米，宽约 10.5 厘米。根据遗留痕迹推测整个冠的截面为不规则椭圆形，中空。

根据观察到的金花的种类和摆放情况，把冠饰顶部的冠帽设计成底面为椭圆形，"帽壁"分为八片，向外隆起。冠帽的材料用容易切割、无异味的聚氯乙烯（即 PVC）塑料，先设计出冠帽外形，然后剪裁成八片，把加热后的聚氯乙烯片弯成一定的弧度，用快干胶粘在一起。最后，把金花饰件按纹样走向用 B72 粘贴在其表面。

冠饰顶部的冠帽，推测是用金属丝弯制成直径约 10 厘米的圆圈作底座，再用金属丝编制成半球状，成为冠帽骨架。然后用织物包裹骨架，并将各种饰件固定在上面。

至此，李倕冠复原基本完成。

与冠关联之物，还有插在冠上的几枚不同材质的发簪、发钗。

2. 萧后冠复原研究[①]

萧后冠实验室考古项目也进行了复原研究。其工作内容主要包括萧后冠骨架结构和饰件组成研究、萧后冠仿制研究两项。

根据对 X 光照相的观察与分析，发掘者对萧后冠结构进行了初步复原，确认冠的框架由呈十字交叉的二道梁和与梁大约垂直连接的三道箍构成。其饰件包括花树 13 棵，以中梁为中心对称分布。其中，在中梁上有 3 棵花树——前额 2 棵、后脑 1 棵；其他 10 棵花树对称分布在

[①] 杨军昌、束家平、党小娟、柏柯、张煦、刘刚、薛柄宏：《江苏扬州市曹庄隋炀帝萧后冠实验室考古简报》，《考古》2017 年第 11 期；陕西省文物保护研究院、扬州市文物考古研究所：《花树摇曳，钿钗生辉——隋炀帝萧后冠实验室考古报告》，文物出版社 2019 年版。

冠的两侧。两枚博鬓固定在第三道箍后侧；在冠后的第三道箍装饰带之上，有三层共12个水滴型饰，从上到下按照3个、4个、5个排列。

在查阅大量文献资料以及检测分析、研究的基础上，发掘者通过与仿制工艺师通力合作，终于完成了萧后冠的仿制。其工作内容和流程大体是：

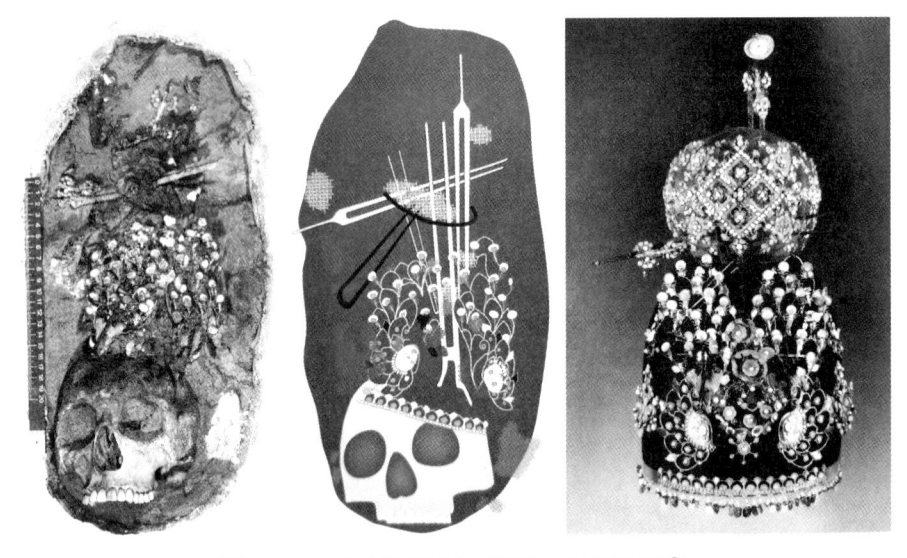

图 12-3　李倕冠发掘、研究、复原过程①

①对出土的萧后冠实物进行精确测量，通过各种科技手段取得相关数据，经充分讨论研究，确定萧后冠冠饰的材质、结构及部件的细节信息及基本位置。制定运用传统工艺与现代工艺相结合的方法仿制萧后冠之方案。

②通过所得数据，先进行萧后冠图纸绘制工作，然后进行冠架主

---

① 修复复原的李倕冠，总高约32厘米，宽约16.5厘米。该冠由4件鎏金铜发簪、1件铁质发钗、1件金质发钗、13件大型金质饰件、250余件小型金质饰件组成。镶嵌了410多颗珍珠、千余块绿松石等。制作该冠用到的材料包括金、银、铜、铁、珍珠、贝壳、玛瑙、绿松石、红宝石、琥珀、象牙、玻璃、羽毛及纺织品等。其制作技法有锤打、鎏金、贴金、掐丝、镶嵌及彩绘等。这是我国目前唯一复原了的唐代女士冠，代表了唐代最高艺术和工艺水平。

体、冠饰打纸样工作。

③通过对纸样反复推敲、装配,从而确定相对严谨的冠之框架结构和各部件的装配位置。

④依照图纸进行金属、石材的加工制作。

首先进行冠的主框架的制作、焊接工作;将金属原材料加工至冠饰所需的尺寸,如丝、片等;请工匠对细丝、薄片进行掐、焊等,制作出水滴形饰件等;通过对花枝原件的观察、分析,细丝进行捶打制作,缠绕上蚕丝,后面再缠绕上鎏金薄丝,用仿古工艺制作出花枝;由錾刻工匠依照图纸对薄金属片进行精雕细刻,制作出花饰;对已经加工完成的金属饰件进行细工打磨;给打磨过的金属饰件鎏金;对选用石材等进行雕刻,制作出玉人、花蕊等饰件;对鎏金的金属饰件加装玉人、花蕊等,进行花束的组装。

⑤最后进行总装、调整、整形,完成全部工作。

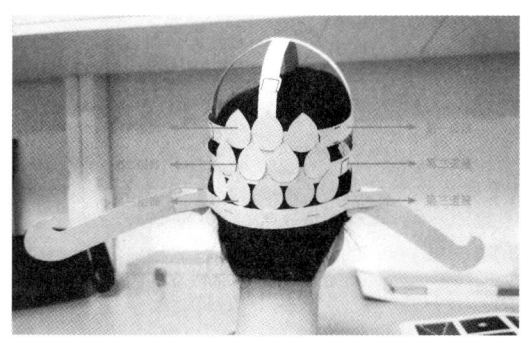

图 12-4　萧后冠框架结构纸样设计

图 12-5　萧后冠仿制品

　　由于萧后冠出土时锈蚀十分严重，保存状况不佳，不仅各种饰件已经无法复原使用，就连冠骨也严重腐蚀。因此，对它不能像李倕冠那样进行修复性复原，只能尝试仿制性复原。项目组采用实验室考古方法，比较成功地完成了复原任务，为我们提供了一件活生生的隋唐时期高级贵族女冠样品，成为博物馆展览展示的珍贵展品。

　　仿制复原的萧后冠，其框架由呈十字交叉的二道梁和与梁大约垂直连接的三道箍组成。其中纵贯前额、后脑中间的是"纵梁"，横贯两耳后部的是"横梁"，两道梁均弯成U形并在头顶部交接；三条箍中，上箍呈半圆形带状，箍于后脑位置；中、下箍均为圆形带状，围绕整个冠的中、下部。在冠的后面有12个水滴形饰，分三层装置。冠侧有两枚博鬓，固定在下道箍后面两侧。冠上装饰了13棵花树，每一棵花树发散出若干不同的花枝，花枝主要由花梗、花托、花蕊构成，有少数由花梗和钿花构成，个别花朵上有飘带饰件。花梗为螺旋状，花托有五种形状，内壁有鎏金，花蕊主要有桃形、圆锥形、圆锥柱形、圆形、石人形等形状。钿花最外圈有6个圆孔，孔内镶嵌物已完全锈蚀或脱落；中间层有6个U形花瓣，内有镶嵌物，镶嵌物下有贴金；最内层为1个圆形花蕊，内有镶嵌物，镶嵌物下有贴金。其余部位饰有镶嵌物，镶嵌物下有贴金。

从复原效果看，此冠虽然并不超级豪华，但也美轮美奂，工艺可赞。

3. 大河口西周漆器复原研究①

在大河口西周墓葬M1壁龛实验室考古发掘的基础上，项目组申请了国家文物局"指南针计划"项目，计划对出土漆木器中的四件（豆、禁、俎、单把杯）进行复原、仿制。

根据项目任务，项目组进行了重组。项目由中国社会科学院考古研究所文化遗产保护研究中心主持，邀请湖北荆州市文物保护中心、陕西西安生漆研究所科研人员参与。

作为发掘者，中国社会科学院考古研究所文化遗产保护研究中心负责四件漆木器基本资料的收集和整理，提供出土情况、保存状况、形制规格、颜色和纹饰以及漆皮保存情况等相关资料。并在充分讨论、研究基础上，制定四件漆木器的复原、仿制方案。

西安生漆研究所由张飞龙所长参与该项工作，主要负责该项目所涉及漆皮的分析检测、复制所用漆的筛选。使用现代漆膜模拟出土漆膜老化过程，再用红外光谱等研究手段，将出土漆膜与模拟老化的现代漆膜做对比研究，进而推测出土漆膜的组成成分，确定复制使用的植物漆。

荆州文物保护中心主任吴顺清先生负责该项目漆木器木胎和蚌饰的选取及制作。以考古遗存信息为依据，确定漆木器为木胎。因为木

---

① 中国社会科学院考古研究所文化遗产保护研究中心、山西省考古研究所翼城大河口考古队：《山西翼城大河口西周墓地M1实验室考古简报》，《考古》2013年第8期；李存信、蔺明林：《山西大河口出土西周漆木器制作工艺及复原研究》，中国社会科学院考古研究所文化遗产保护研究中心编：《文化遗产研究》第2辑，科学出版社2013年版，第126—138页。中国社会科学院考古研究所文化遗产保护研究中心：《〈山西大河口出土西周漆木器制作工艺及复原研究〉结项评审会纪要》，2013年10月27日。

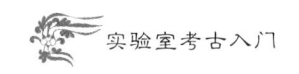

胎腐蚀严重，树种无法鉴定，考虑各种因素，选取樟木作为该项目漆木器的木胎材料。因出土蚌饰经过磨制，亦无法确定具体蚌饰材料来源，经对比研究、综合各种因素，选取三角蚌作为该项目镶嵌漆木器的蚌饰材料。

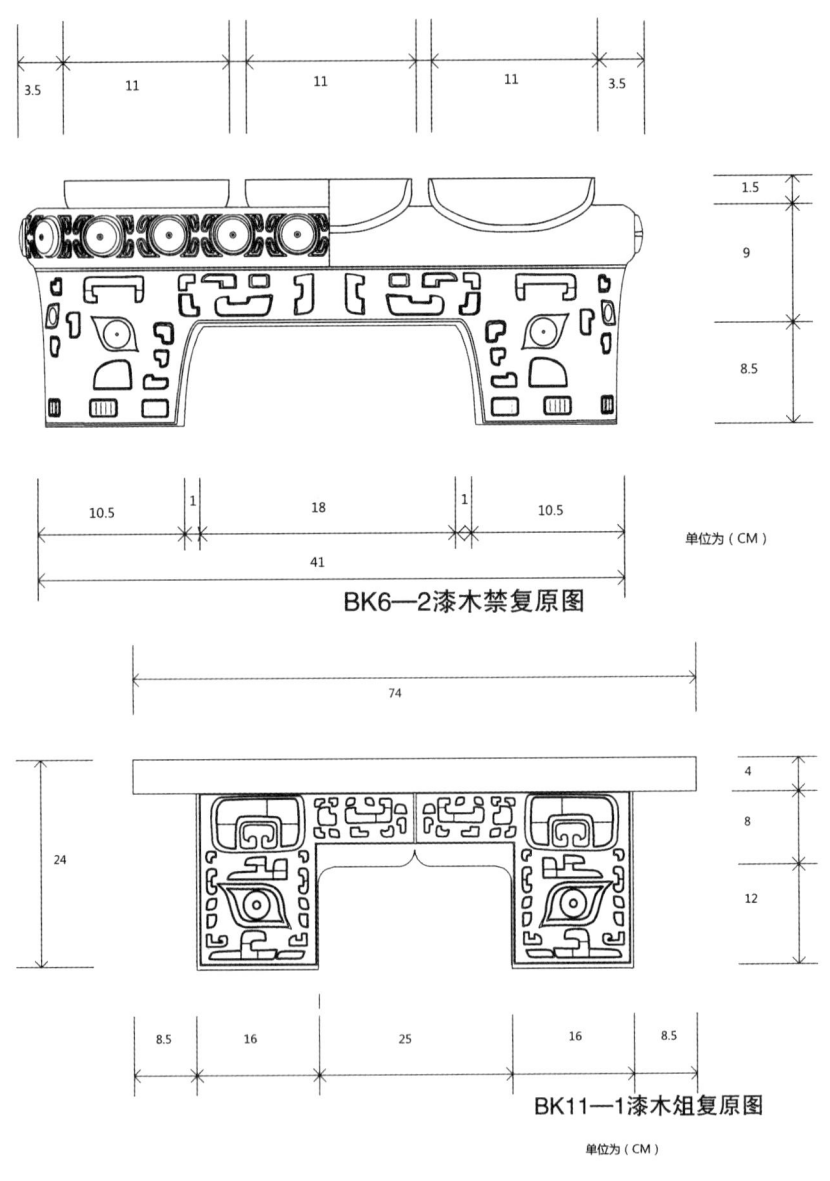

BK6—2漆木禁复原图

BK11—1漆木俎复原图

单位为（CM）

图12-6　大河口西周墓M1出土漆木禁、俎复原图

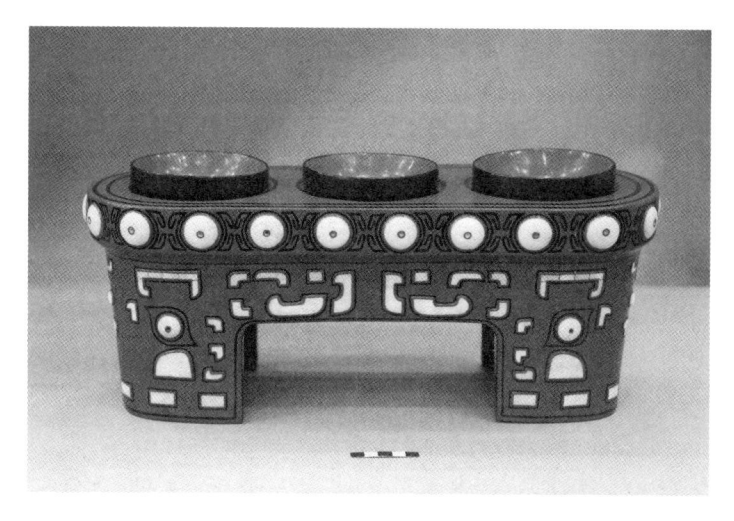

图 12-7 大河口西周墓 M1 出土漆木禁仿制品①

图 12-8 大河口西周墓 M1 出土漆木俎仿制品②

---

① 《仪礼·士冠礼》："尊于房户之间，两甒有禁。"《注》曰："名之为禁者，因为酒戒也。"禁为西周时期常见的陈放酒杯的酒具，考古发现有青铜禁。此禁上承三杯，朱漆通体，黑漆花纹，雪白蚌饰，高贵典雅，充分彰显了西周贵族生活之富裕、优雅。虽是仿制品，材料工艺却一丝不苟。

② 《诗·小雅·楚茨》："执爨踖踖，为俎孔硕，或燔或炙。"描述了祭祀祖先的礼仪场面，人们炊事繁忙，又是炖肉又是烤肉，俎上祭品非常丰盛。俎是先秦时期陈放和斩切肉食的厨具，此俎台面呈长方形，四足。黑漆为地，朱漆绘纹，用蚌片镶嵌为饕餮纹。造型稳重，风格典雅。从中可以窥见西周贵族酒肉生活之一斑。

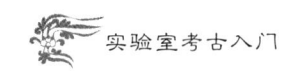

其技术路线为：首先根据考古发掘资料，确定四件器物的形制、结构、尺寸、色彩、嵌饰形状和尺寸等，绘制图样和电脑效果图。再根据发掘资料和其他检测分析结果、试验结果以及文献资料，选取合适的木材、漆料、蚌壳等材料，与漆器工匠充分协调，进行具体制作。

经过三方通力合作，反复试验，终于成功地仿制出四件西周漆木器。经专家鉴定，达到"指南针计划"项目要求。

4. 大云山马车复原研究①

作为实验室考古的重要内容，大云山汉墓实验室考古项目组对发掘出土的汉代皮甲胄和马车，在处置保护和妥善保存的基础上，就其形制、结构、工艺、材料、用途等进行了深入研究。根据遗物现存的基本形态和详细数据，绘制了比较准确的器物线图，然后在计算机中进行模拟复原，并依据模拟复原的图像效果，采用与出土实物相同或相似的材料，通过实验手段进行实物仿制，以期实现文化遗产的传承。

K7 号陪葬坑出土的冥器马车，保存比较完整，其大小大约只有实用车辆的三分之一左右，但在使用材料、制作工艺诸方面与当时的实用车辆并无二致，代表了西汉时期车辆制作最高工艺水平。该车陪葬时拆散后放入坑内，故各个构件的准确尺寸和重新组合，木材、漆、染料等材料的选用，工艺技术分析，都是复原研究的重点课题。

经对原物进行观察、测量、检测、分析，确定了车的构造、尺寸、配件，选定了金属、木材、漆和染料等材料，科研人员绘制出线图，并据此制作电脑复原效果图，再根据图纸由工人师傅制作车和马的木体，调制漆料，铸造了青铜构件，最后整合为一体，成功仿制出一辆西汉冥器马车。

大云山汉墓陪葬坑出土的实用马车和冥器车，均有其独特的外观形制，出土实物经过妥善处理保护之后，可以用于博物馆展陈利用，

---

① 中国社会科学院考古研究所、南京博物院考古研究所大云山考古队：《江苏盱眙县大云山汉墓七号陪葬坑实验室考古清理》，《考古》2017 年第 8 期；中国社会科学院考古研究所、南京博物院考古研究所：《江苏盱眙大云山汉墓实验室考古结项报告》，2016 年 12 月 18 日。

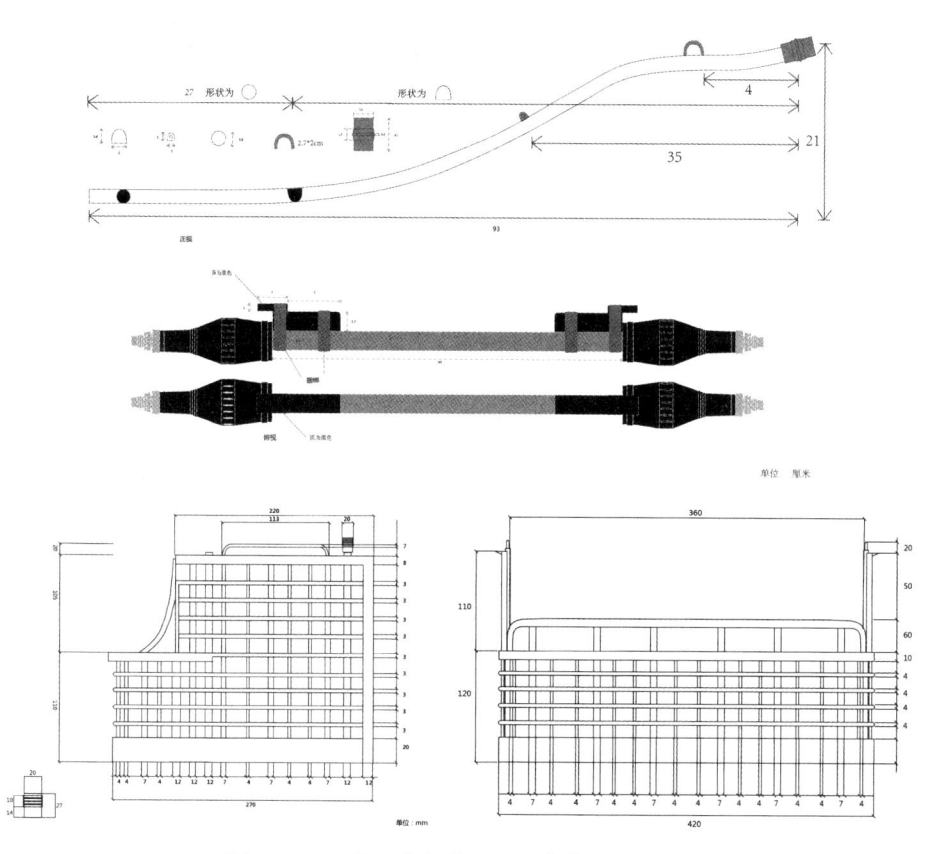

图 12-9　大云山汉墓 K7 马车复原局部图

（上：车辕和车轴；下左：车厢侧视；下右：车厢前视）

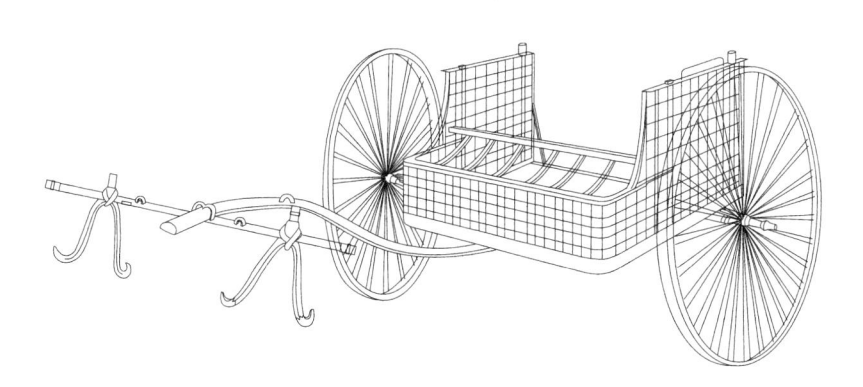

图 12-10　大云山汉墓 K7 马车复原全视图

图 12-11　大云山汉墓 K7 马车仿制品

让公众在观摩中领悟先民的技术水平与艺术成就。根据出土实物进行的复原仿制，再现了汉代马车本来面貌，进一步彰显其文物价值。将拆散的出土实物与仿制的完整马车一起陈列，可更加完美地呈现高超的汉代制车工艺技术。

《周礼·考工记》载：古代制车手工业，其工匠可分为轮人、舆人、辀人、车人四类，代表着四个工种，合称"攻木之工"。其实，制车业还要涉及"攻金之工""攻皮之工""设色之工""刮摩之工"等，几乎囊括了"百工"的十之八九。因此制车业可全面体现手工业水平。北宋沈括曾根据《考工记》和《诗·小雅》有关记载，研究、复原古代兵车法式，指导工匠仿制古兵车，参加熙宁八年（1075 年）国家阅兵。这是我们所知最早复原、仿制古代马车的研究案例。但毋庸置疑的是，只是根据文献记载进行的复原仿制，与今天根据出土实物进行的复原仿制，其准确度大不一样。

|第十三章|

实验室考古报告

第一节　目标要求

一　及时

《〈中华人民共和国文物保护法〉实施条例》第二十六条规定：从事考古发掘的单位应当在考古发掘完成之日起30个工作日内向省、自治区、直辖市人民政府文物行政主管部门和国务院文物行政主管部门提交结项报告，并于提交结项报告之日起三年内向省、自治区、直辖市人民政府文物行政主管部门和国务院文物行政主管部门提交考古发掘报告。

实践经验告诉我们，考古发掘项目结束后应及时进行资料整理和报告编撰工作，一旦拖延便会产生很多麻烦，严重阻碍发掘资料的整理和发掘报告的撰写。有的甚至产生"灾难性"后果，造成大量珍贵考古资料沉沦、散失。关于这一点，我们有着广泛而惨重的前车之鉴。

二　全面

考古报告应全面报道项目情况，不能只说结果毋论其他。尤其要阐述清楚发掘者之工作思路、技术路线、疑难问题解决等"过程性"情况，为读者全面而正确理解该考古发掘报告提供方便。

在许多发掘项目中，出土陶器、瓷器等数量很多，为节省篇幅，往往利用类型学方法予以归类，每个形式只发表少数器物作为代表。殊不知，我们对于器物类型的认识，往往有见仁见智之别，很容易遗漏重要资料信息。譬如"南海Ⅰ号"沉船实验室考古发掘所获瓷器数量甚丰，建议还应逐一发表。

还有很多器物碎片，看不出形状，以为没有多大学术价值，便省略不报。其实，没有任何文物遗存不具有自己的学术价值。

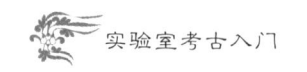

三　客观

在发掘中会遇到各种各样遗迹现象和遗物，无论发掘者是否能够正确认知，都需如实记录、如实报道，切忌回避自己不能解释的"奇异现象"和自认为无关紧要的"无用现象"，尽量保证考古资料的客观性。即便工作中出现的失误，也需诚实说明。

四　详细

考古资料务求详细，有时我们自以为可以通过归纳而省略一些看似繁杂的描述，却极有可能因认识不当而浪费资源、误导读者。不厌其烦，应是实验室考古报告的特点。萧后冠实验室考古报告可作范例：看似重复的照片，反复出现，但每次都说明不同问题。

五　准确

对于遗迹遗物的观察要细致入微，表述力求准确，充分利用文字、照片、图形、拓片、表格等进行综合阐述。

第二节　基本规范

一　知识产权处分

凡是合作项目，应根据合作协议书的有关规定，通过友好协商妥善处置知识产权问题，原协议书中规定如有欠缺，可通过签订补充协议予以弥补。

二　文物和资料处置

根据国家法律法规的有关规定和相关协议文书，做好出土文物及其他出土科研标本的处置（分配、移交）；做好发掘资料（包括影像资料、文字资料、图表资料等）的原始文档的整理、复制、管理、使用。

三　文物保护修复

发掘所获遗迹遗物，应及时进行保护修复。文物修复应本着考古报告（简报）基本需求、后续研究不受影响等原则去实施。

四　体例规范

遵守政治、学术规范，体现实验室考古报告特点，符合有关出版社和刊物的稿件要求。

第三节　考古简报

实验室考古简报，是对项目成果的简要报道。

实验室考古简报是对项目工作的基本梳理、研究成果的初步总结。通过撰写考古简报，总结工作，听取意见，发现问题，以利于后期整理研究的深入开展和考古报告的顺利编撰。考古简报是考古报告的前奏和基础。

一　时间节点

实验室考古简报可以是整个项目主要成果的简要介绍，也可以是项目阶段性成果的简要介绍。其时间节点可以是项目完成后第一时间之主要成果报道，也可以是项目有重大进展时的随时报道。因此，一个项目可以有一个简报，也可以有多个简报。

实验室考古简报讲求时效性，即应及时报道项目进展情况和重要收获。一般建议应在重要发掘节点完成后及时撰写考古简报，或发掘工作结束半年内完成简报撰写。

二　体例规范

实验室考古简报体例有别于田野考古发掘简报，重点内容应包括项目设计、技术路线、检测分析、文物保护、重要成果、学术价值、存在问题等。要突出重点，简明扼要。

实验室考古简报体量需适宜，建议将文字控制在 1 万字内，插图也要适量。

三　内容要求

（一）遗址概况介绍

主要包括两方面内容：

遗址整体情况，包括地理位置、遗存年代和性质、发现与发掘、重要收获、重大学术意义等。

实验室考古工作对象基本情况，包括遗存性质、保存现状、已有发现、学术潜力、可行性评估等。

（二）田野工作介绍

主要包括以下四方面内容：

对工作对象的现场发掘清理——理由与措施，清理过程和程度。

应急保护处置——内容、方法、手段等。

打包提取——打包方法和过程、包装效果等。

运输——文物包装箱从田野到实验室的运输方式和效果等。

（三）发掘预案

根据田野发现和室内预探测情况，结合现有工作条件，制定实验室考古预案，明确文物内涵、文物价值、保存现状、任务目标、技术路线、人员组织、措施对策等。

（四）室内发掘清理

主要包括以下内容：实验室基本条件介绍，即场地、设备、仪器等；发掘清理过程；主要考古发现。

（五）遗迹遗物介绍

发掘出土的重要遗迹现象；主要出土文物；其他科研标本。

（六）文物保护处置

对出土遗迹遗物的相关检测分析研究、保护处置对策、保护措施和效果。

（七）学术收获

本项目的主要学术成果，包括考古、历史、科学、艺术研究新认识，实验室考古理论方法、技术创新等。

（八）问题

主要指本项目尚未解决的预设问题、工作预案中没有涉及的新问题。

参考案例：

中国社会科学院考古研究所文化遗产保护研究中心、山西省考古研究所翼城大河口考古队：《山西翼城大河口西周墓地 M1 实验室考古简报》，《考古》2013 年第 8 期。

甘肃省文物考古研究所、陕西省考古研究院：《甘肃张家川马家塬战国墓地 M4 木棺实验室考古简报》，《考古》2013 年第 8 期。

陕西省考古研究院、德国美茵兹罗马—日耳曼中央博物馆：《西安市唐代李倕墓冠饰的室内清理与复原》，《考古》2013 年第 8 期。

中国社会科学院考古研究所文化遗产保护研究中心、南京博物院考古研究所大云山考古队：《江苏盱眙县大云山汉墓七号陪葬坑实验室考古清理》，《考古》2017 年第 8 期。

杨军昌、束家平、党小娟、柏柯、张煦、刘刚、薛柄宏：《江苏扬州市曹庄隋炀帝萧后冠实验室考古简报》，《考古》2017 年第 11 期。

第四节 考古报告

实验室考古报告应在实验室考古项目结束后马上启动考古报告撰写工作，尽快（最好 2—3 年内）完成报告撰写，全面公布本项目成果。

一 内容

实验室考古发掘报告主要内容应包括：

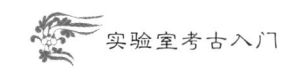

指导思想、学术目标、理念方法、项目缘起、实验室建设、项目计划、工作方案、文保预案、组织保障、方案实施、发掘成果、文物保护、科研收获、项目意义、结项验收，等等。

二　要求

1. 资料全面，翔实。尽可能避免因简单归类而忽略大量重要信息。

2. 文字准确简洁。文字表达准确，行文简洁。学术术语正确，慎重使用自创术语，且需解释清楚。

3. 影像图表完备。影像图表是文字表述的科学说明和补充，互为表里，相互支撑。照片、线描图、拓片、复原图、统计表、分析图表等，应恰当使用。

4. 文图规范合理。正确使用地图、国名、地名等；引文以及数字、计量单位的使用合乎规范要求；插图应图像清晰、表达准确；避免知识产权纠纷。

三　体例

实验室考古报告应根据不同工作对象，有针对性地进行体例设计。笔者建议一般体例为：

第一章　项目概况

第一节　遗产概况

工作对象所在遗址的基本情况。

第二节　项目缘起

项目设立之理由、条件。

第三节　指导思想和理念方法

指导项目的学术思想，落实项目的理念方法。

第四节　任务目标

主要的工作任务，主要的学术目标。

第五节　立项和结项

项目立项和结项情况的介绍。

第六节　发掘方案

立项后拟定的发掘方案之主要内容。

第七节　文物保护预案

发掘前制定的文物保护预案之主要内容。

第八节　科研队伍组织建设

包括学科搭配、人员构成、组织协调等。

第九节　实验室建设

主要指必要的场地设施、仪器设备等硬件建设介绍。

第十节　结项验收

包括中期检查、结项评审和验收。

第二章　前期工作

第一节　田野发掘

田野考古人员在遗址现场对工作对象所进行的前期发掘清理工作；实验室考古工作人员在遗址现场对工作对象所进行的补充清理。

第二节　遗存搬迁

对工作对象的现场加固保护、包装、提取、搬运情况。

第三节　基础研究

对工作对象所在遗址的基础性了解，对工作对象的预探测和内涵与状态之判断，对同类考古项目的整理借鉴、相关历史背景的梳理研究。

第三章　发掘清理

第一节　方法和技术

主要包括理论方法、技术手段、程序步骤等方面。

第二节　发掘过程

包括过程概况、主要发掘节点、疑难问题解决等。

第三节　主要收获

考古发现概况，与发掘有关的方法、技术启迪等。

第四章　遗迹遗物

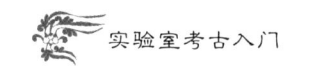

第一节　文化遗迹

人类文化遗迹的种类、形态、结构、数量等方面的介绍。

第二节　文化遗物

人类文化遗物的种类、材质、形态、结构、数量等方面的介绍。

第三节　自然遗迹遗物

非人类行为而形成的遗迹遗物的种类、状态、数量等方面的描述。

第五章　文物保护

第一节　发掘现场遗迹遗物保护

就在发掘现场如何保护出土遗迹遗物，做出完整、详细阐述。

第二节　遗迹遗物提取

就如何提取清理发现的遗迹遗物，做出完整、详细阐述。

第三节　发掘现场文化遗存保护处置

就发掘现场文化遗存的保护，提供完整的操作记录。

第四节　出土文物保护修复

就出土文物的保护和修复，做出全面介绍。

第五节　文物保存管理和展示利用建议

对即将留作科研标本或是移交其他文物收藏单位的出土文物，就其此后的保存、保护、展示、研究，提出必要条件和注意事项。

第六章　综合研究（各个专题研究也可独立成章）

第一节　遗迹遗物检测分析

包括各种科学检测分析、微观观测等方面信息数据获取。

第二节　多学科综合研究

包括根据预设方案和发掘中考古新发现所设立的不同学科领域研究。这些研究，可以是各自独立的，但最好是有统一的学术目标，体现较强的综合研究体系。

第三节　遗迹遗物复原研究和复制仿制

根据发掘者在发掘过程中对有关遗迹遗物原始状况和出土状况的观察分析，进行虚拟复原研究。对出土文物的实物进行复制或仿制研究。

第七章　收获和意义

第一节　主要考古收获

主要指发掘工作中的重要考古发现。

第二节　重要学术意义

主要指对于学科建设和重大、重要学术问题研究，或方法、技术革新，所具有的推动价值。

第八章　存在的问题

第一节　发掘工作存在的问题

客观原因造成的问题。如工作环境、工作时间、设施设备和不可预知、预控之因素造成的问题。

主观原因造成的问题。如学术理念、方法技术、认知水平、组织协调、经费支持等方面原因造成的问题。

第二节　研究工作存在的问题

预判不到位。对于发掘对象的重要性、复杂性估计不足，对其内涵预判不准，以至于产生工作被动。

学科组织不全面。在搭建科研团队的时候，多学科结合不够健全，以至于发现的重要遗迹信息不能准确认知、及时记录、妥善采集、有效保护。

学术认知欠缺。尽管事先有非常充分的准备，但在考古发掘实践中，往往会有我们的学术认知不能到达的学术边缘甚至学术死角。

第九章　结语

可归纳主要发掘收获和认识。

参考案例：目前，正式出版的我国实验室考古报告，主要有基于田野考古的隋炀帝萧后冠实验室考古项目，基于水下考古的南海Ⅰ号沉船实验室考古项目。这两个项目的性质不同，体量相差甚大，却也正好作为两个类型与风格的考古报告，供我们参考。

图 13-1　隋炀帝萧后冠实验室考古报告①

该书介绍了萧后墓考古概况、萧后冠的现场保护与搬迁、前期研究和准备、实验室考古清理、出土文物概况等，涵盖了田野发掘、实验室建设、实验室清理、文献梳理、出土文物研究复原等。内容丰富，信息详细，尤其是大量彩色照片，给读者以极大便利。从她富有诗意的书名，也可窥见作者之精工与诗心。该书作为我国第一本基于田野考古的实验室考古报告，具有创新性。当然，新生事物往往难免有不完善处（若增加"文物保护处置"内容，并适当调整章节结构，将更佳），而项目的特殊性，也决定了其发掘报告不会是实验室考古报告的通行范例。

---

① 陕西省文物保护研究院、扬州市文物考古研究所：《花树摇曳，钿钗生辉——隋炀帝萧后冠实验室考古报告》，文物出版社 2019 年版。

图 13-2　南海 I 号沉船考古报告①

该报告首先对项目背景、沉船海况、埋藏环境、沉积层位、沉箱打捞、水下试掘做了全面介绍。然后依次阐述船体与载货、船体凝结物、沉积层包含海洋生物、出水文物等内容。体例新颖，内容丰富，文物介绍采用文字、照片、线图三位一体法，清晰方便。

本项考古发掘工作中，十分注重文物保护尤其是船体的保护，开展了很多文物保护研究，成就可观。只是，该报告中并未涉及文物保护内容，似乎有所缺憾。但李乃胜等著有《南海 1 号沉船发掘现场保

---

① 国家文物局水下文化遗产保护中心、广东省文物考古研究所、中国文化遗产研究院、广东省博物馆、广东海上丝绸之路博物馆：《南海 I 号沉船考古报告之二——2014—2015 年发掘》（上下册）。

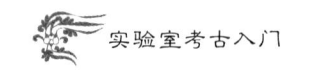

护研究》一书，或可作为弥补。

南海Ⅰ号沉船的考古试掘，延续了水下考古思路，采取了水下考古发掘模式，实践证明其弊大于利。而2013年开始的正式发掘，其发掘方法可归入实验室考古行列，且为迄今最大实验室考古项目。

宋新潮先生评价说："南海Ⅰ号"沉船考古已经成为我国在国际上享有盛誉的重要考古工作之一，其"整体打捞、整体发掘、整体保护、整体展示"的理念和实践，是我国对国家水下文化遗产保护事业的重要启示和独特贡献，不仅体现了我国在方法论上的进步，也体现了我国水下文化遗产保护事业在综合实力、实施能力、多学科协同能力等方面的进一步成熟。这部报告凝聚了参与发掘"南海Ⅰ号"考古工作者的心血，秉持了科学、客观的考古报告编纂态度，体现了我国考古工作的较高水平——《南海Ⅰ号沉船考古报告之二——2014—2015年发掘·前言》。

| 第十四章 |

实验室考古教学和培训

第一节　教学目的

一　意义

实验室考古作为考古学新兴分支，具有强大的生命力和无限的发展潜力。但是，它面临的一个严重问题，便是缺乏正规和系统的教育教学，缺乏合格的专业从业人员。这便制约了实验室考古的快速、健康发展。

因此，从实验室考古创立之始，考古界便认识到人才问题的严重性和紧迫性。2014年，在中国考古学会文化遗产保护专业委员会成立暨实验室考古研讨会（呼伦贝尔会议）上，大家已经呼吁有关高校积极行动，推动实验室考古教学工作，尽快培养一批合格的实验室考古人才。

目前，山东大学文化遗产研究院、西北工业大学文化遗产研究院等，均已结合实验室考古项目，开展实验室考古教学。相信开展实验室考古教学的高校会越来越多。

二　目标

在大学考古专业本科，普及实验室考古基础理论、方法教学。

在研究生中培养实验室考古专门人才，使之能够承担实验室考古项目中的发掘、保护、研究任务。

从研究生中选拔优秀人才培养成为实验室考古方向博士研究生，将来可作为实验室考古项目主持人。

第二节　教学内容

一　理念和理论

首先应进行实验室考古基本理念和基础理论教学，使学生知道为

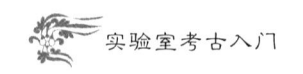

什么要进行实验室考古；相较于田野考古和水下考古，实验室考古的优势和特点是什么；实验室考古在考古学中的地位和意义是什么，等等。

二 方法和技术

实验室考古脱胎于田野考古，是田野考古和水下考古的延伸，因此，除了田野考古、水下考古的一般方法和技术，还有自己的一套方法和技术。包括发掘清理、文物保护、文物修复、文物复原研究等方面内容。

第三节 教学方式

一 课堂教学

执教老师应编写讲义，阐述实验室考古的基本理论方法、特点、学科意义，讲授实验室考古的基本操作方法和技术，介绍实验室考古成功例子。据此开展课堂教学。

二 现场教学

在实验室考古项目现场进行学术理念讲授和发掘、保护方法与技术的教学，效果更好。

三 远程教学

如果不具备每天进入实验室考古现场的条件，可请现场教师或技术人员，通过视频向学生展示现场情况，演示发掘、保护方法和技术。远程教学可即时视频教学，也可延时播放录像。

第四节 专业培训

一 教师培训

从事实验室考古教学的老师，最好事先参加专业培训，譬如参与有关的实验室考古项目，积累一些亲身体验，掌握一些实操技术。

二　专业技师培训

实验室考古需要从事具体操作的技术人员即实验室考古技师的参与。因此，专业技师的培训非常必要。实验室考古技师至少应具有大学考古学本科学历，可先从田野考古实操培养起步，积累实际经验。同时，也要向其传授实验室考古基本理念，提高其理论认识水平。

| 第十五章 |

实验室考古公众传播

第一节　基本原则

一　传播正确考古知识、文物保护知识

无论从事实验室考古公众传播的媒体是什么性质，必须保证所传播的考古学理念、知识和文物保护理念、知识，是正确的。坚决反对脱离科学、背离真实的虚假宣传。

二　有利于文物保护

实验室考古公众传播应有利于促进文物保护，即在信息传播中积极倡导文物保护理念，介绍文物保护成果。

无论考古人还是媒体人，都应以实际行动向公众展现文物保护理念。坚决杜绝不利于文物保护的言行举止。

三　信息准确、规范、权威

实验室考古公众传播应做到信息准确、权威。捕风捉影、小道消息、不实信息，甚至臆造、编造消息，均需禁止。

考古人员如何向媒体、公众提供信息，内部应有规范性制度。

重要的实验室考古项目，应建立发言人制度，保证信息源权威性、可信度。

四　统筹管理

考古团队内没有授权发布正式信息者，接受媒体采访应报告考古领队（项目主持人），且主要是访谈个人工作感受与认识。

第二节　传播方式

一　自主传播

考古是人民的事业，考古要为人民服务。

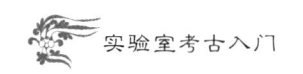

实验室考古是公众关注的文化大事，应该主动向公众开放。其方式包括：

1. 走进校园、社区，进行实验室考古成果的宣传、介绍。
2. 尽量创造条件，实现实验室考古现场开放。
3. 创建项目公众号，及时向社会推送项目进展情况。
4. 专门知识读物，组织考古人员编写知识读物，介绍考古发掘和研究成果。

二 客体传播

1. 通过电视新闻、专题片等，向公众传播相关的发掘、保护、研究信息。
2. 通过传统纸媒，进行消息报道；通过专题宣传，进行更全面、详细的成果介绍。
3. 为面向更加广泛的受众，新媒体传播也是重要选项。

第三节 保护措施

一 文物保护

各种媒体对于实验室考古的报道、介绍，有利于公众对实验室考古的理解、支持，有利于满足公众对包括考古知识在内的文化生活的需求。

在媒体采访中，必须高度重视文物保护，把文化遗产保护放在首位。

应采取必要的采访限制——时间限制、人员限制、手段器材限制（设备、灯光）、场景限制（知识产权和考古伦理原因）。

二 知识产权保护

考古资料（考古现场照片、录像、三维扫描资料，出土遗迹遗物，发掘记录等）是国有文化资源，考古发掘单位拥有考古发掘资料的知识产权。

在实验室考古公众传播中，考古资料提供者和考古资料使用者之间，应该达成必要的知识产权保护协议，最好形成法律文书（合作协议书），明确规定考古资料的使用方式和使用权限、传媒成果的知识产权归属等。

三 考古伦理

考古学是一门科学，有自己的学术规范。

考古学是人文社会科学与自然科学的交叉学科，其学术规范除了科学方面的规范，还应有人文规范，包括尊重民族习惯和习俗，尊重宗教信仰，尊重生命，敬重祖先和死者。我们把它们归之为考古伦理。

考古学家应该对祖先满怀敬仰，时刻维护死者尊严，照顾宗教禁忌——杜绝一切有损死者尊严的言行，杜绝一切可能冒犯公众信仰和习俗的言行。

在实验室考古公众传播过程中，必须严守考古伦理。应注意保护死者尊严，不可过多暴露死者遗骸——尤其是面部，在语言传述中注意表述用词。这是考古工作者和新闻媒体工作者，需要共同遵守的。

| 第十六章 |

实验室考古工作室建设

第一节 建筑空间场所①

从事实验室考古需要一些条件各异的建筑空间，因其功能不同，建设要求亦有不同。

实验室考古需要包括发掘清理工作室、检测分析实验室、文物保

图16-1 考古技术与文物保护研究部原驻地②

---

① 2011年，笔者曾主持起草了一份上报中国社会科学院和国家文物局的《"实验室考古国家中心"创建报告书》，内容包括有实验室建设，可参考。参见附录一。

② 在位于北京市王府井大街北端的中国社会科学院考古研究所原驻地后院中的这座老房子，是该所文化遗产保护研究中心所属"考古技术与文物保护研究部"工作室，房前矗立的漂亮的太湖石，宣示着这个院子的辉煌历史。它们，也是中国社会科学院考古研究所实验室考古工作室创建历史的见证者。山西翼城大河口西周墓实验室考古项目，就是从这里开始的。这座曾经做过考古研究所文物陈列室和会议室的房子，成为实验室考古第一个专用工作室。

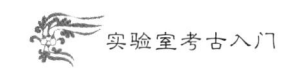

护保育室、文物修复室、文物库房、文物影像图像室、器材耗材库房、办公室等建筑空间。所有上述建筑空间应具备防火防盗能力，且除材料工具库房外，还需满足恒温恒湿、通风等要求。

中国社会科学院考古研究所的现有实验室考古工作室，分为两大空间。一个是大型对象发掘工作室，一个是小型对象发掘工作室。小型对象发掘清理工作室，系由一间会议室改建而成，室内高度4米。大型对象发掘工作室系根据工作需要而搭建，室内高度超过6米。

图16-2　实验室考古大型对象工作室①

海昏侯墓考古工作站是我国第一个根据实验室考古要求建设的遗址现场考古工作站，可参照。

---

① 这个位于中国社会科学院考古研究所院子里的临时建筑物，是实验室考古大型对象工作室，是以取消全所职工自行车存放处为代价而建造的临时轻体建筑物。因属"违章建筑"只得给它披上一件银色外套，变身"帐篷"而使用多年，存留至今。扬州隋炀帝萧后墓、遵义土司杨价墓之实验室考古等重要项目，均在此完成。

第十六章　实验室考古工作室建设

图 16-3　海昏侯墓实验室考古工作室①

图 16-4　山东大学青岛校区博物馆②

---

① 它是我国第一个在大型考古工地现场专门建造的文物保护工作站之组成部分。它的出现，标志着中国考古学在文化遗产科学体系建设中有了巨大进步！
② 设置在此的实验室考古体系，不仅在我国高校中、即便是我国现有考古科研机构中，也是目前最完善的实验室考古体系。

· 269 ·

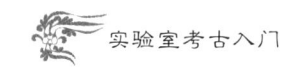

山东大学青岛校区博物馆，则是根据实验室考古需求进行了特殊设计的考古综合研究体系与文物展示体系一体化功能大型建筑物，除了具备300平方米的室内考古发掘工作室之外，还有文物修复室、冶金考古实验室、陶瓷考古实验室、玉石器考古实验室、动物考古实验室、植物考古实验室、分子考古实验室、体质人类学实验室、人类演化实验室、同位素考古实验室、古地磁测年实验室等十余个专门实验室和工作室，能够满足实验室考古绝大部分学术需求。此前，山东大学已在济南兴隆山校区创立了小型实验室考古工作室，并在此完成一项实验室考古项目。

此外，西北工业大学也已开始建立实验室考古体系，创建了实验室考古工作室并配备了必要的检测分析仪器设备，具备开展实验室考古条件。

一　发掘工作室

根据发掘对象体量，发掘清理工作室分为大、小工作室两种。工作室总面积，视项目对象体量和工作量大小而定。

大型工作室用于大体量主体发掘，面积一般在200—500平方米之间，空间高度约5—6米为宜。面积太小无法施展拳脚，尤其是一些大型设备难以使用；面积太大则不利于温湿度控制，造成资源浪费。

小型工作室用于小体量发掘清理，单间面积30—50平方米即可，空间高度3—4米。数量视工作需要而定。

遇有特殊需要——譬如密封尚好的棺椁，或发现保存尚好的纺织品文物，还可搭建低氧工作舱，进行低氧环境清理。在江西南昌海昏侯墓发掘时，笔者曾经建请专业公司搭建过一座这样的考古工作舱（参见附录二：《应用低氧气调链对汉代棺椁的保护方案》），但因海昏侯主棺出土后空气已经进入棺内，该设备便无用武之地。

图 16 - 5　海昏侯墓实验室考古工作室①

---

① 海昏侯棺实验室考古清理便在这里完成。这是我国第一个在建设中预先架设航吊等设施的实验室考古工作室。它由一个大型工作间和多个小型工作间构成，能同时满足多个发掘小组工作所需。

图16-6　海昏侯低氧工作仓①

图16-7　山东大学青岛校区实验室考古工作室一隅②

二　文物保护室

在发掘清理过程中出土（出水）的文物，有一些需要立刻采取有效保护措施，确保其在进入正式的保护修复阶段前，避免和减少病害产生或加剧现象——如氧化、干裂、起翘、生霉等。其建筑面积可根据实际需求而定。

需保障供电供水、排污、恒温恒湿等条件。

---

①　这个由天津森罗科技公司专门为海昏侯墓考古而设计打造的设施，可在人工创造的低氧环境下用于易氧化文物的清理发掘，代表着当代中国考古发掘中最新文保理念和科技利用水平。虽然它最终未能大显身手，但是其前景必然光明。

②　它配备了专用电梯、航吊等运输和起重设备，可以满足大型实验室考古项目需求。

三 文物修复室

文物修复室需根据文物类别和修复环境及技术要求,分隔为不同空间。一般应分为金属文物、陶瓷文物、玉石文物、漆木质文物、纺织品和纸制品文物等几个类别工作室。

要求具有良好自然光照条件,良好安保条件,具备安装排污、排毒和空气置换设备条件。确保供电、供水和温湿度调控。

可参照国家标准《可移动文物修复室规范化建设与仪器装备基本要求(B/T 30238—2013)》执行。

图 16-8 中国社会科学院考古研究所文化遗产保护研究中心文物修复室[1]

四 文物库房

用于出土文物的临时保管。应配备必要的文物架、保险柜、脆弱

---

[1] 这座曾经包括了绘图、照相、文物修复等专业的"考古技术室"的建筑,后来成为文化遗产保护研究中心文物修复室。十几年来,在这里完成了一系列高难度出土文物修复、复制工作。尤其是在实验室考古项目中,发挥了重要作用。如与实验室考古发掘部门相配合,南昌海昏侯墓园车马坑出土文物、遵义宋代土司墓出土的文物保护修复任务。由于发掘清理室和保护修复室同处一院,避免了文物的长途运输,实现了文物在发掘清理与保护修复两个环节间的无缝衔接,保证了相关出土文物得到及时、有效的保护和修复。

文物保育设备等。建筑面积根据预估项目中所获出土文物数量而定。应确保安全,可参照博物馆文物库房建设标准执行。

五　检测分析室

对出土文物进行科学分析检测。包括普通理化实验室一间,精密仪器实验室若干间(根据仪器设备种类和数量而定)。应保障环境静谧,无震动、无污染。

图 16-9　山东大学文化遗产研究院文物科学检测分析实验室和文物修复室门牌

合格的文物检测分析工作室,不只是有空间、有仪器设备,还应有能够熟练操控仪器的科研人员。

六　影像资料室

对获取的遗迹遗物进行高清照相、三维扫描等影像资料提取。

七　绘图室

用于发掘清理所获遗迹遗物之图像绘制。要求光线和通风条件良好。

八　办公室

需达到一般办公室条件要求——保障人员安全、健康、舒适、便利。

九　资料室

存储项目资料。包括发掘清理之文字记录资料、影像图像资料、文件档案。需具备防火、防盗、防水、防霉条件。配备档案架、文件柜、保险箱等。

十　工具材料库

用于存储发掘清理和保护修复所用器材、工具、材料。应具备防火防盗条件，配备储物架、储物箱等设备。

第二节　设施设备

一　田野和室内发掘清理设施设备

主要包括固定或移动式专用龙门吊车、铲车、翻转工作台、高倍放大镜、显微镜工作台、文物保护专用工作台、真空冷冻箱、等离子清洗机、激光焊接机、清洗机、干燥器、加湿器、净化除尘机、超声波洁牙机、超声波清洗器、空气洁净屏、超纯水制备系统、精细打磨机、热风枪、鼓风干燥箱、吸尘器、真空烘干箱、工业用清洗槽、环氧乙烷低温消毒柜、发电机、蓄电池、便携式气泵、抽水泵、真空泵、空气压缩机、电钻、切割机、电锯、电动木刨、千斤顶、电焊

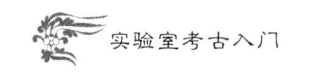

机、落地式万能支架、工具集成包、钻孔采样机、电锯等。

二　供电照明设备

包括动力电源、照明电源，固定或移动式无影灯和普通照明灯。

三　供水排污设备

主要指工作用水供应（自来水、水净化系统）和排污（包括废水、废气处理）设备。

四　环境保障设施设备

保障工作环境处于恒温、恒湿、低菌状态。主要包括调温、调湿、换气通风、灭菌等设备。

五　安全防护设备

主要包括监控设备、防护设备、消防设备、排放设备等，达到防盗、防震、防火、防毒、防水等效果。

六　文物复制仿制设备

主要包括文物修复复原成型机、数字化雕刻设计系统等。

七　影像资料设备

主要包括高清数字摄像机、数码照像机、胶片照相机、特殊（如红外相机）摄影设备、激光高精度三维数据化仪、激光三维扫描仪、电脑绘画仪、图像分析仪、投影仪、多基线数字摄影测量系统、屏幕色彩校正器、小型摄影棚等。

八　文物保护设备

主要有恒温恒湿控制仪、恒温恒湿柜、恒温恒湿包装箱、带制冷剂的保温箱或冷藏柜、中水活化设施等。

第三节 仪器和机械、装置

一 探测仪器

主要包括高精度磁法探测仪、高密度电法探测仪、多频电磁探测仪、放射性伽马探测仪、X光透视仪、浅表层地震探测仪、浅表层瞬变电磁仪、探地雷达、超声波探伤仪等。

二 观测检测分析试验

主要包括X光探伤机、数字成像系统、X荧光能谱仪、X射线衍射仪、红外光谱仪、拉曼光谱仪、离子色谱仪、气相色谱质谱联用仪、扫描电镜、电子探针、电子天平、万能材料试验机、拉拔仪、钻进强度测定仪、三维视频显微镜、万能材料显微镜、数字式透反偏光显微镜、生物显微镜、便携式读数放大镜、织物密度镜、长臂修复显微镜、工业内窥镜、白度仪、精密色差仪、光泽度仪、智能化农业环境监测仪、PH测量计、盐分测定计、便携式环境监测仪、温湿光三参数自动记录仪、快速水分测定仪、精密感应式水分仪、数显回弹仪、显微硬度仪、各式硬度计、纸张厚度测定仪、多功能红外温度计、超声波检测仪、渗透性测试仪、土壤紧密度仪、土壤硬度计、数显式坯料抗折仪+模具、标准筛+振筛机、多参数水质检测仪、泥浆粘度计、泥浆含沙量计、土壤比重计、漆膜多用检测仪、比重计、温度计、气体测定仪、表面张力仪、热膨胀分析仪、手持式辐射监测仪、粒度分析仪、电感耦合等离子激光剥蚀选样系统、硅酸盐成分快速测定仪、电子秤、手动式液压制样机、氙灯老化试验机、霉菌培养箱、盐雾腐蚀箱等。

三 保护处理

超声波清洗器、蒸汽清洗机、超声波牙科治疗仪、无刷打磨机、磁性震动抛光机、微型熔融炉、宝石切割机、宝石打磨机、鼓风干燥箱、真空吸尘器、切割机、小型车床等。

第四节　工具和材料

一　发掘清理工具

手术刀、竹片刀、调刀、镊子、弹力塑料膜盒、塑料样品盒、培养皿、玻璃瓶、箩筛、喷壶、针管、量杯、防护眼镜、口罩、橡胶手套、橡胶辊、纸胶带、软毛刷、干燥皿、玻璃器皿、加湿箱、保鲜膜、脱脂棉、宣纸等。

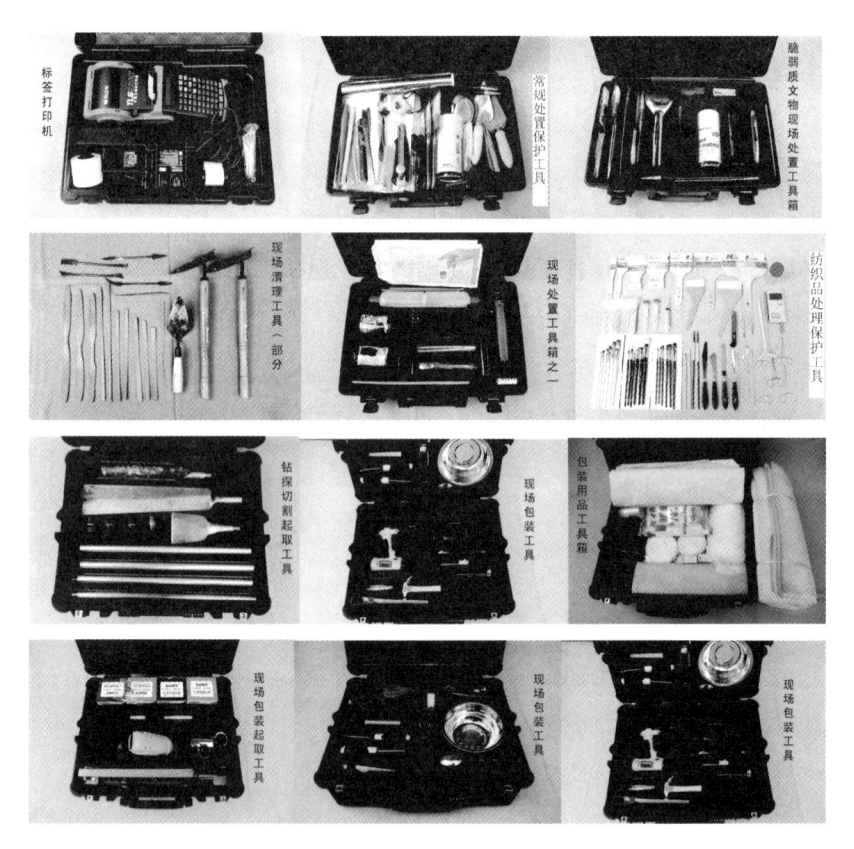

图 16-10　实验室考古工具系列[①]

[①] 这是中国社会科学院考古研究所文化遗产保护研究中心参加科技部组织的国家重大科技创新项目"考古移动实验室"项目中，关于考古工具研发之成果（由课题承担人李存信先生提供）。基本上也适用于实验室考古，可以借鉴。

三 材料和试剂

主要指文物保护材料与试剂，如蒸馏水、乙醇、丙酮、AC33、B72、3A胶、Araldite胶等。

二 其他通用工具

主要包括发掘清理和现场保护过程中需要使用的一些木工、钳工、电工和水暖工工具等，如台钳、斧、锤、锯、钳、钻、螺丝刀、裁纸刀，等等。

| 第十七章 |

实验室考古项目管理

第一节　合法依规

一　法规依据

遵守《中华人民共和国文物保护法》，执行《〈中华人民共和国文物保护法〉实施条例》《中华人民共和国考古涉外工作管理办法》以及国家文物局《考古发掘管理办法》有关规定。同时，还要执行所在地的相关法规，如北京市、河北省、山西省、江苏省、安徽省、湖北省、重庆市、四川省、宁夏自治区、新疆自治区等制定有《中华人民共和国文物保护法》实施办法，以及甘肃、陕西、西藏、贵州、湖南、江西、浙江、江苏、内蒙古、吉林、天津等省市自治区，制订有各自的文物保护条例，其中有关考古发掘和文物保护的规定，皆需执行。

实验室考古项目需获得考古发掘批准文件（可以是单独批准项目，也可包含在田野考古发掘项目批准文件中）。

涉外项目，应履行审批手续，取得国家文物主管部门批准。

二　立项审批

具有考古发掘团体领队资格的考古科研、教学机构可正式立项。

立项程序应包括：相关专家向所在单位提出立项申请（提交《实验室考古项目立项申请书》），立项单位组织专家评审通过后，批复立项。立项单位责成项目主持人编制《项目计划书》，并组织专家评审，定稿后作为项目指南。

立项批文应对项目的工作对象、工作时间、工作任务、人员组织、学术目标、预期成果，做出明确规定。

《项目计划书》是立项单位有效文件，立项单位和项目组应共同确保其执行。

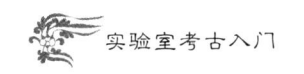

三　合作协议

两家或两家以上单位合作，需签订合作协议，明确各方责权利。

第二节　学术统筹

一　学术目标

促进实验室考古理论方法进一步完善，推动考古学可持续发展，健全考古与文物保护教学。

二　学术任务

促进本遗址考古研究；促进本遗址文化遗产保护和展示利用；解决与项目对象密切相关的学术问题。

三　科研机制

为了形成多学科融合的良好科研平台，应该立足本单位本部门科研力量，同时有效组织、整合相关单位的科研力量，这就需要建立一个科学高效的科研机制。在此机制下，分工合作，互利共赢。

科研机制的建立，主要是解决学科搭配、资源共享、统一步调、协调进程、利益分配、成果分享等问题。

第三节　人员统筹

一　学科搭配

实验室考古是以多学科结合为重要特点，因此在人员统筹方面首先是做好相关学科专家的搭配。

专家搭配要坚持以考古学科专家为核心的原则，根据项目具体的学术任务和技术路线，邀请、组织相关学科专家进入项目组。田野考古专家、科技考古专家、文物保护专家，应该是每个实验室考古项目组的中坚力量。

考古发掘和文物保护修复的技术人员，摄影摄像、测绘画图等技术人员，也应该是项目组常备力量。

二　分工合作

多学科、跨部门的协作，必须分工明确，通力合作。

分工合作需有科学、明确的学科配置、任务分配、合作机制、工作程序，多而不乱。

发掘清理专家主导项目工作流程，其他专家相机适时参与工作。同时，其他专业专家也可根据发掘清理中的考古发现和自身科研需要，提出发掘清理的方向、速度、时机建议，参与科研任务的提出和调整。

三　管理机制

项目管理应实行责任制。

项目主持人负责制：项目主持人对整个项目负责。负责制订项目计划、执行项目方案、组建工作队伍、掌控项目进程、管理财务支出、掌握对外宣传，决定其他重大事项。

专题主持人负责制：项目每个专题设有主持人，负责本专题在项目中的任务落实、工作安排，通过项目主持人与其他学科的协调，包括跨部门协调。

第四节　咨询和论证

一　项目前

项目开始前，应就制定的项目方案，召开专家咨询会、论证会，听取意见，及时改进，确保项目方案科学、完善。

二　项目中

项目开展过程的重要节点，或遇有疑难问题，应及时召开专家咨

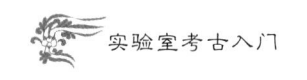

询会、研讨会，进行专题讨论，总结经验，明确方向。

三　项目后

项目结束后，及时召开结项评审会，出具结项评审意见书。

项目组内部从各个方面进行工作总结。

第五节　后勤服务

一　供应保障

项目后勤服务首先要做好供应保障。

兵马未动粮草先行。项目启动前，需筹备好项目所需物资、经费，清理好工作场地空间，调试好设施设备，打理好食宿条件，等等。

项目进展中，及时补充提供所需物质材料，做好设施设备维护，确保经费供给。

供应保障的原则是：及时有效、科学合理、勤俭节约。

二　运行保障

在项目开展过程中，做好项目组成员的餐食、住宿、交通、医疗和专家联络、接待工作。

第六节　财务管理

一　规章制度

应建立项目财务管理制度，进行科学化、规范化管理。专款专用，严格审批，节约俭省，规范报销（符合财务制度，通过财务审计）。

二　管理保障

从事财务管理的人员，必须责任心强，有专业知识。其他工作人员兼职财务管理时，应进行上岗培训。

第七节　安全保障

安全保障工作的基本原则是安全第一、预防为主。要有一套行之有效的管理制度和措施。

一　建立健全规章制度

主要包括：

1. 发掘清理现场安全保障制度。制定《考古现场安全守则》。

首先要保障人员安全，避免工伤事故。做好安全防护，禁止非工作人员进入现场。

同时要保障文物遗迹遗物安全，防止意外损害、损失。做好遗迹遗物的谨慎处置、安全提取、现场保护、妥善保管。

2. 文物库房安全保障制度。制定《文物库房管理规定》。

主要是严格文物入、出库手续，做好审批、审查、交接、登记工作；按时安全巡查；定期盘库。

3. 文物保护修复工作室安全保障制度。制定《文物保护修复工作室安全守则》，安全用电、用火、用水、用汽，安全使用各种设备工具，使用有毒化学品应做好防毒措施。对每一件文物，都要来去有登记，修复有记录。各种材料的领取、使用，要规范管理。禁止非相关人员进入工作室。

4. 文物摄影摄像绘图工作室安全保障制度。制定《文物摄影摄像绘图工作室安全守则》，确保本工作流程中的文物安全。

5. 文物检测分析实验室安全保障制度。制定《文物检测分析实验室安全守则》，确保本工作流程中的人员和文物安全。

对X射线等放射源，要采取严格防护措施进行隔离。使用有毒化学品，要做好防护、排毒消解措施。使用对人体有害仪器，要做出限制措施。

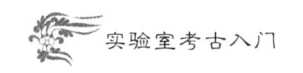

二　人防、物防、技防结合到位

1. 专人管理负责。项目主持人为安全责任人，对安全工作全面负责。设置项目安全管理员，对项目安全进行全面协调、管理，向项目主持人负责。设置部门安全责任人，管理本部门安全工作，服从项目安全管理员管理，向项目主持人负责。

2. 门禁。建立门禁制度，安装智能门禁设施。

3. 保险柜。购置必要的保险柜，存放重要文物和资料。

4. 监控。安装必要的监控设备，对发掘现场、绘图照相、文物修复、文物库房等文物出现场所，进行严格监控。

| 第十八章 |

实验室考古善后工作

第一节　项目结项

一　依法依规履行结项[①]

根据《中华人民共和国文物保护法》《〈中华人民共和国文物保护法〉实施条例》《中华人民共和国考古涉外工作管理办法》和国家文物局《考古发掘管理办法》有关规定，在项目结束后，按规定时限完成结项评审工作，向主管部门提交结项报告。

二　按照立项计划书结项

根据《田野考古工作规程》技术规范要求，按照立项计划书相关内容，逐一核查，如实陈述，全面总结，客观评价。

结项书内容包括任务目标、技术路线、发掘经过、主要发现、科研收获、发掘现场文物保护情况、后期文物保护建议、经费使用情况、存在问题、考古发掘报告的编写计划等需要。

项目结项书应附有结项专家评审意见书。

[①] 《中华人民共和国文物保护法》第三十四条：考古调查、勘探、发掘的结果，应当报告国务院文物行政部门和省、自治区、直辖市人民政府文物行政部门。

《〈中华人民共和国文物保护法〉实施条例》第二十六条：从事考古发掘的单位应当在考古发掘完成之日起30个工作日内向省、自治区、直辖市人民政府文物行政主管部门和国务院文物行政主管部门提交结项报告，并于提交结项报告之日起三年内向省、自治区、直辖市人民政府文物行政主管部门和国务院文物行政主管部门提交考古发掘报告。

《考古发掘管理办法》第二十一条：考古发掘项目完成后，考古发掘单位应向国家文物局提交结项报告，内容包括发掘经过、主要收获、经费的来源和使用情况、发掘现场及拟保留的遗迹现象处理保护情况、对遗址的保护建议、田野考古发掘报告的编写计划等需要说明的情况。

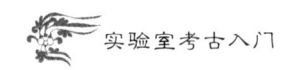

第二节 文物处置

一 依法依规处置①

考古发掘所获一切文物（包括遗迹）和科研标本，均为国家所有，需按照法律法规的有关规定，保全、移交。

需要留作科研标本者，由发掘单位依法向主管部门提出书面申请。

二 依照合同合理安排

合作项目所获文物、标本，应按照依法订立的《合作协议书》有关规定处置。

第三节 资料处置

一 原则

依照安全第一、使用便利原则进行处置。

---

① 《中华人民共和国文物保护法》第三十四条：考古发掘的文物，应当登记造册，妥善保管，按照国家有关规定移交给由省、自治区、直辖市人民政府文物行政部门或者国务院文物行政部门指定的国有博物馆、图书馆或者其他国有收藏文物的单位收藏。经省、自治区、直辖市人民政府文物行政部门批准，从事考古发掘的单位可以保留少量出土文物作为科研标本。考古发掘的文物，任何单位或者个人不得侵占。

《〈中华人民共和国文物保护法〉实施条例》第二十七条：从事考古发掘的单位提交考古发掘报告后，经省、自治区、直辖市人民政府文物行政主管部门或者国务院文物行政主管部门依据各自职权批准，可以保留少量出土文物作为科研标本，并应当于提交发掘报告之日起六个月内将其他出土文物移交给由省、自治区、直辖市人民政府文物行政主管部门或者国务院文物行政主管部门指定的国有博物馆、图书馆或者其他国有文物收藏单位收藏。

《中华人民共和国考古涉外工作管理办法》第十一条：合作考古调查、勘探、发掘的文物或者自然标本需要送到中国境外进行分析化验或者技术鉴定的，应当报经国家文物局批准。化验、鉴定完毕后，除测试损耗外，原标本应当全部运回中国境内。

《考古发掘管理办法》第二十三条：考古发掘所获得的出土文物和各种资料归国家所有。考古发掘领队人员在考古发掘项目结束后应将有关资料（包括文字记录、各种登记表格、照片、图纸）及时交本单位资料室保管，出土文物和各类标本按出土时的登记表向库房移交。考古资料移交时要有专人负责核实、接收，文物移交时要填写入库登记表。

二 保存方式

所有发掘资料均需按照一式多份、异地保存方式落实保存。

按照本单位有关规定，向发掘资料保存部门移交资料正本。

第四节 财务结算

一 结算

进行项目经费总决算。对项目经费的来源、使用情况，进行全面、详细整理。

二 审计

对项目结算情况进行内部审计。

妥善保存账册、票据等，为上级审计工作做好准备。

第五节 知识产权

依照相关法规的有关规定，根据合作协议有关条款，做好知识产权保护，依法落实项目参与者合法权益。

| 附录一 |

"实验室考古国家中心"创建报告书

一　创建背景与意义

1. 概念

实验室考古，是指考古专家与文物保护专家相互协作，运用多种科技手段在室内开展古代文化遗存发掘清理，随时根据相关检测分析结果及时实施文物保护，通过对相关遗迹遗物的现场观察、分析、实验，探索古代人类活动及科学技术等问题的考古活动。发掘清理、分析检测、保护处理、复原研究为其基本工作要素。

在实验室内通过成分分析和年代测定研究文物制造技术、产地、时代的"分析考古学"，通过模拟实验研究古代人类活动和科学技术的"实验考古学"，亦属实验室考古范畴。

2. 背景

自 1928 年发掘安阳殷墟以来，中国人主持的中国考古学已经走过了 80 多个年头。此间，中国考古学经历了初创、发展、辉煌、转型等阶段。

至 20 世纪八九十年代，中国考古学取得了骄人成就。中央、省（区）、市（地）三级考古科研网络的普遍建立，大专院校考古（文博）教学机构的广泛建立，约 35 万处古代遗址、墓葬的发现，各地古代文化体系（区系类型）的建立完善，标志着中国考古学的基本成熟。因此有学者欢呼"中国考古学黄金时代"的到来。

随着经济社会的快速发展，国人对于文化遗产保护的认识有了很大提升。在考古界，也出现了对于考古学的反思以及未来发展方向的思考，要求考古学者珍视考古资源、关注文化遗产保护和展示，产生了推行"文化遗产保护类"考古模式的呼声。改变粗犷工作方式，推进精细化考古发掘，把文物保护工作前置于考古发掘现场，成为考古

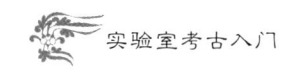

界新风尚。于是，注重以最少资源消耗获取最大信息量，把考古发掘和文物保护之科学技术手段运用至极致，融发掘、检测、保护、修复、研究、复制于一体的"实验室考古"应运而生。毋庸置疑，实验室考古必将成为中国考古学新的学科生长点。

但是，实验室考古毕竟是新生事物，理论方法、学科构架尚不完善，能够从事这项工作的考古机构和人员尚属少数。实验室考古在中国考古学这棵大树上只是一杆新枝。因此，积极探索和推广实验室考古，迫在眉睫。

3. 基础

实际上，实验室考古在我国已有较长的萌发阶段，可以说是伴随着田野考古而生、而行的。全国不少考古科研机构，都有以文物保护为主要工作的部门，所从事的工作中就包括实验室考古工作。中国文化遗产研究院、陕西省考古研究院等科研机构，都在实验室考古方面进行了积极探索，并取得可喜成果。

中国社会科学院考古研究所文化遗产保护研究中心自2007年正式创建以来，先后承担了国家科技部"考古出土现场文物保护移动实验室研发"、山西翼城大河口西周墓发掘清理项目等，在从事田野考古发掘与现场保护—室内考古清理与文物保护的过程中，提出了"实验室考古"概念并试图在理论与实践方面进行系统探讨。目前，上述有关项目已经完成，取得了一些可贵经验和良好效果。在项目成果汇报会上，来自国内各个科研院所和院校的考古与文保的20多位专家，给予了高度评价，希望能总结、推广。国家文物局局长单霁翔、副局长童明康、宋新潮和文物保护与考古司、博物馆司负责人，专门到该中心考察调研。国家文物局领导认为，这项工作体现了当前我国考古学最新理念方法和最高发掘水平，代表了中国考古学的发展方向。

在此基础上，可以巩固已有的成果，把实验室考古推向更加科学、规范、普及，使中国考古学走向高度关注文化遗产保护、关注资源节约之可持续发展的道路。

4. 意义

创建"实验室考古国家中心",事关中国考古学转型与创新、中国现代考古学学科建设;事关我国文物遗产保护、传承的科学化;事关我国文化遗产事业的可持续发展。

二 指导思想

以科学发展观为指导思想,以高度重视文化遗产保护传承为基本理念,把文物保护工作前置于考古第一现场,融考古发掘、文物保护于一体,推动中国考古学向着更加注重资源节约、更加注重科技投入、更加注重信息全面提取、更加注重文物保护的方向前进,走科学化、精细化的可持续发展道路,探索新型考古模式,创建具有中国特色的现代考古学。

三 任务目标

1. 建设目标

建设我国实验室考古的科研、教学之国家级核心基地,推动全国的实验室考古学科发展。

建设国际一流的实验室考古基地,把中国考古学推向世界。

2. 主要任务

承担全国各地价值高、难度大的考古发掘项目中的实验室考古工作。

帮助各地建立健全实验室考古机构,带动各地实验室考古工作。

承担实验室考古的教学、培训任务。

承担实验室考古的公众传播任务。

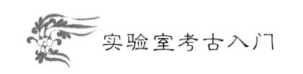

四　机构建设

"实验室考古国家中心",由中国社会科学院、国家文物局共同组建,为中国社会科学院考古研究所、中国文化遗产研究院、中国社会科学院研究生院的科研与教学联合体,隶属于中国社会科学院考古研究所。

"实验室考古国家中心",建立在中国社会科学院考古研究所文化遗产保护研究中心"实验室考古部"的基础上,由中国社会科学院考古研究所文化遗产保护研究中心主持日常工作。

五　工作机制

实验室考古国家中心科研工作,由中国社会科学院考古研究所与中国文化遗产研究院联合进行,充分发挥各自的考古与文物保护科研优势。

以实验室考古国家中心为平台,合作各方在中国社会科学院研究生院创设"文化遗产系",进行实验室考古和文物保护方面的教学、培训工作。

依托实验室考古国家中心和中国社会科学院研究生院文化遗产系,承担我国文物系统的文物保护专业人员培训、进修工作。

依托实验室考古国家中心,促进我国的考古与文物保护之国际交流工作。

六　人员配置

管理人员:主任1名,副主任2名。

科技人员:考古发掘5人,理化检测化验2人,文物保护材料技术2人,计算机制图2人,照相摄影1人,制造(机械、木工)1人,美术（绘画、雕塑）1人，辅助工作2人。

研究人员：实验室考古研究2人，文物保护技术与材料研究2人。

合计23人。采专职与兼职相结合方式组建。以中国社会科学院考古研究所、中国文化遗产研究院科研人员为主，吸收其他考古、文博科研教学机构人员参加。

七 土地与设施设备

1. 土地

经现场考察并与有关方面协商，"实验室考古国家中心"拟选址于中国社会科学院研究生院良乡新校区内。占地20亩。

2. 基础设施

①建筑

工作室、实验室等各种用房合计建筑面积约2000平方米。（详见附件一）

②电力

满足科研设备需要的动力电、照明电。作为辅助性电力的太阳能电源。

③供水

自来水供水系统。

太阳能供电（为防止断电造成文物损失，需有太阳能供电备用）。

太阳能热水系统。

④排污

具备污水处理能力。实现排水排气无毒化。

⑤道路

园区内道路（柏油路、砖路）约500米，约合1500平方米。

⑥绿化

在园区内栽种景观树，种植草坪，合计绿化面积10亩。

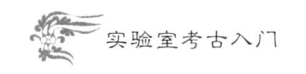

⑦围墙

为安全起见，本园区与研究生院其他区域相隔离，形成单独园区，需要建设围墙约500米。

3. 科研设备

包括田野作业、发掘清理、无损探测、理化检测、文物保护、照相摄像、测量绘图、文物保管、安全保障、资料处理、交通运输等专业设备。（详见附件二）

八 经费估算

各项投资总计约需人民币6156万元。（参见附件三）

九 创建时间

2011年立项，2013年建成并投入使用。

附件一 建筑物

名称	间数	总面积	用途
大型发掘工作室	1间	500平方米	用于大体量发掘清理、整体分解工作
小型发掘工作室	3间	150平方米	用于一般体量的发掘清理工作
分析化验检测室	3间	200平方米	用于安置各种遗迹遗物的分析、化验、监测设备
材料实验室	1间	50平方米	用于文物保护材料的实验、研发
手工坊	1间	80平方米	钳工木工制作
文物监测监护室	1间	20平方米	用于脆弱文物观察、保护
测绘室	1间	30平方米	用于遗迹遗物的绘图
影像室	1间	50平方米	用于遗迹遗物的照相、摄像
研究室	4间	80平方米	用作研究员办公室

续表

名称	间数	总面积	用途
办公室	10 间	150 平方米	管理人员办公室
档案室	1 间	20 平方米	存储科研档案
图书室	1 间	20 平方米	存储有关图书资料
材料库	2 间	100 平方米	存储各种材料
消毒室	1 间	10 平方米	用于器皿器材消毒
文物保管库	1 间	20 平方米	用于文物临时保存
会议室	1 间	150 平方米	用于学术交流活动
车库	3 间	60 平方米	用于设备车、工作车的停放
生活保障用房	10 间	250 平方米	学术交流人员与技工宿舍
厨房	1 间	30 平方米	
餐厅	1 间	30 平方米	
合计面积		47 个建筑单元，2000 平方米	
造价估算		按 4000 元/平方米计（含装修），800 万元	

附件二 科研设备

表一　　　　　　　　田野考古现场工作装备　　　　　　单位：万元

名称	型号/规格	用途	数量	价格
发电机	BOSCH	给各种用电仪器、工具供电	1 台	4
蓄电池	BOSCH	临时供电	5 块	5
便携式气泵	BOSCH	用于充气	1 台	0.1
抽水泵	SWB 不锈钢卧式单级离心泵	用于抽取液体	1 台	0.3
真空泵	BOSCH C11	用于抽取空气	1 台	1.5
空气压缩机	凤暴牌 CEBM CE50BM CEFL B	压缩空气	1 台	2
电钻	BOSCH GBM 500 RE	文物套箱、包装时使用	2 台	0.2
切割机	BOSCH GCO 2000	文物套箱、包装时使用	2 台	0.3
电锯		文物套箱、包装时使用	2 台	0.2
电动木刨		文物套箱、包装时使用	2 台	1.2

续表

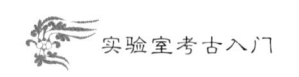

名称	型号/规格	用途	数量	价格
电动分离式千斤顶	DYG，负荷2吨	用于遗迹遗物套箱起取时升降处置	8台	4
电焊机	凯尔达KE-350（KPCE410-350）	文物套箱、包装使用	1套	1.3
落地式万能支架		文物起取、存放使用、拍照使用	1套	1
工具集成包	"派力肯"1490型、1520型、1440型、1620型等	工具组合集成，适于工地现场对遗迹遗物的技术处理	12个	6
手动工具		用于各种现场工作	1套	0.5
钻孔采样机		用于环境样品的野外采集	1台	0.8
移动照明系统		用于文物出土现场照明	1台	0.6
电锯		木材、土壤切割	1台	0.4
合计				29.4

表二　　　　　　　　　　　理化检测设备　　　　　　　　　　　单位：万元

名称	型号/规格	用途	数量	价格
X-光探伤机及数字成像系统	SMART300HP	考古发掘现场文物探查及文物内部结构分析；修复保护中文物结构稳定性、物理损伤、病害及劣化程度、制造工艺等检测与分析评估基础实验设备	1套	380
X荧光能谱仪	美国热电，XL3t 800	用于考古现场对土壤、矿物、颜料、金属器、壁画、陶瓷等文物成分的无损快速检测	1台	40
X射线衍射仪	荷兰X Pert Pro，MPD	文物所含物相成分的定性定量分析，文物材料结构分析，实验室基础设备	1台	200
傅里叶变换红外光谱仪+制样系统	日本岛津，IRPrestige-21	出土纺织品、皮毛革、漆木器等有机质文物，以及附着物等成分定性分析、劣化机理分析检测与评估基础实验设备	1套	60
拉曼光谱仪	法国，JY LabRAM HR	从定性到高度定量的化学分析和测定分子结构	1台	350
离子色谱仪	便携式，配超滤机去除有机物	定性、定量分析文物中可溶盐有害物，为文物保护提供依据	1台	23
气相色谱质谱联用仪	日本，SHIMADZU，QP 2010	有机质文物及有机类文物保护材料的分析鉴定	1台	80
扫描电镜	日本，S-3700N	金属陶瓷、丝织品、颜料字画等各类文物腐蚀产物的形貌观察、局部成分扫描	1台	250

续表

名称	型号/规格	用途	数量	价格
电子探针	日本,EPMA-1600	对各类文物材料和腐蚀产物的样品进行微米领域高灵敏度元素分析	1台	480
万能材料试验机+制样系统	美国,intron 3369	对各类文物保护材料、保护效果进行物理性能测试与评估等基础实验设备	1台	35
拉拔仪	LGZ-1	检测遗址加固效果，测定石质文物和土遗址保护前后强度的变化	1台	7
钻进强度测定仪	Sy033	检测遗址加固效果，测定石质文物和土遗址保护前后强度的变化	1台	17
三维视频显微镜	日本,Hirox KH-7700	字画、壁画、纺织品、石器、木器、陶瓷、青铜器、贵重金属等多种文物的立体形貌观察、记录及研究	1套	100
万能材料显微镜	德国,DM4000	用于青铜器、铁器等金属文物的金相结构分析。研究文物铸造工艺及腐蚀状况	1台	46
数字式透、反偏光显微镜	德国,Leica DM4500P	观察陶瓷、石质文物等的岩相结构，用以了解文物的材料和制作工艺，是研究此类文物的必备工具	1台	55
生物显微镜	XZS-8D	文物显微形貌透光状态下的观察与测量	1台	6
便携式读数放大镜	PEAK,2044 可调式	文物显微形貌快速观察与测量。带有标尺，测量织物密度（经线根数*纬线根数，每厘米），使用时放置于被测织物上方，调节放大倍数，数出织物密度	1台	0.15
织物密度镜	ZX7M-Y511B	测定各种织物的经纱、纬纱，密度之用	1台	0.1
长臂显微镜		用于文物在显微镜下的精细修复	1台	2
工业内窥镜	360度旋弯转内窥镜	物体内部状况各角度探测	1套	0.3
白度仪		测试材料老化前后白度变化		0.5
精密色差仪	HP-200	文物颜色变化规律分析、保护处理前后颜色变化观察	1台	1.5
光泽度仪	JFL-BZ206085	测试文物出土前后光泽变化	1台	0.5
智能化农业环境监测仪	武汉天联,TFW-VIII	对文物出土环境中的土壤、水、空气进行现场检测。可测土壤的氮、磷、钾有机质的含量，PH值、盐分（电导）、地层温度、含水量。可测水中的溶解氧、水的浊度、温度、PH值和水的电导率。可测空气的温度、湿度。另外具有gps定位、数据存储与打印功能	1台	3
PH测量计	PhTestr30	酸碱度测定	1个	1.58
盐分测定计	SaltTestr11	含盐总量测定	1个	1.5
便携式环境监测仪	952—8709KT	检测文物环境中空气的温度、湿度、光照、紫外线等条件	1台	1.1

续表

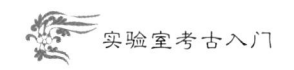

名称	型号/规格	用途	数量	价格
温湿光三参数自动记录仪	DJL-18	自动记录检测环境的温度、湿度、光照度	4台	2
快速水分测定仪	奥豪斯 Ohaus, MB45	考古现场微量样品中含水率的快速分析	1台	3
精密感应式水分仪	Testo616	木材、纸张、纺织品、土壤等文物的无损快速测量	1台	0.5
数显回弹仪	瑞士，Digi-Schmidt LD 型	测试土质文物、砖、岩石、红烧土等强度	1台	3.1
显微硬度仪	MHBV-2000	用于测量金属、陶瓷、石材、玉器、玻璃等文物表面显微硬度，研究文物腐蚀状况	1台	5.5
韦氏硬度计	美国 Webster B 型	用于金属文物硬度的现场无损测试	1台	1.4
涂膜硬度计	PPH-1	有机体表面膜、保护修复材料表面硬度测试	1台	0.1
橡胶硬度计	WR-102NA	文物硬度测量	1台	3.4
纸张厚度测定仪	三泉中石，BMH-J3	纸张、纺织品、皮革等片状材料厚度测定	1台	0.1
多功能红外温度计	TD400	测量空气、液体、固体温度	1台	0.1
超声波检测仪	瑞士，Pundit Lab	检测混凝土、岩石、石墨、陶瓷、木材等材料内部缺陷	1台	5
渗透性测试仪	瑞士，Torrent	针对遗址保护层的耐久性和质量进行快速、无损检测	1台	5
土壤紧密度仪	TJSD-750-II	测定文物埋藏环境土壤紧实密度性能	1台	1.1
土壤硬度计	TYD-1	测试土壤表面硬度	1台	0.3
数显式坯料抗折仪+模具	DPK	测量文物埋藏环境土壤的干燥抗折强度	1套	0.8
标准筛一套+振筛机		测量土壤等粉状物质颗粒度，及用于分样	1套	0.4
多参数水质检测仪	PHT-027	检测水质	1台	0.2
泥浆粘度计	1006	测量泥浆粘度	1台	0.02
泥浆含沙量计	NA-1	测量泥浆含沙量	1台	0.02
土壤比重计	TM-85	测试土壤比重	1台	0.05
漆膜多用检测仪	QDX	用于测定漆膜附着力、厚度、硬度	1台	0.4

续表

名称	型号/规格	用途	数量	价格
涂料比重杯	QBB型	测定加固剂密度	1台	0.03
便携式涂料粘度计	QND-4D	测定加固剂粘度	1台	0.03
比重计		测定液体比重、密度	5件	0.01
温度计	0—100度	温度迅速测量	5根	0.01
PH值试纸	精密试纸,广泛试纸	快速测试ph值	各10盒	0.02
气体测定仪	MX2100	检测LEL、O_2、CO、CO_2、H_2S、SO_2、CL_2、NO_2、NO、HCL、HCN、NH_3、PH_3、ASH_3、SiH_4、$COCL_2$、O_3、ETO、HF、F_2等二十多种气体	1台	3.1
表面张力仪	美国,Thermo Cahn,DCA315	检测保护材料性质	1台	42
热膨胀分析仪	德国耐驰,DIL402PC	无机质文物烧制温度及制作工艺分析研究	1台	43
手持式辐射监测仪	美国,BNC公司,904		1台	2
粒度分析仪		用于遗址及环境样品的粒度组成和粒径分析	1台	4
电感耦合等离子激光剥蚀进样系统		对固体样品直接气化取样,可进行微区、原位分析,近于无损检测	1台	120
硅酸盐成分快速测定仪	GKF	适用于土壤、陶瓷、石质文物中硅酸盐化学成分的系统分析	1台	3.5
电子天平	德国,SARTORIUS,BSA6202S	文物保护与分析基本设备(最大称量:6200g;显示精度:0.01g)	1台	2
电子秤	YP60K-1	文物保护与分析基本设备(最大称量:60kg;显示精度:1g)	1台	0.5
制样设备	美国,Buehler	各种材质文物及实验样品分析检测前期样品制备,包括样品切片、切割、镶嵌,全自动磨抛和耗材	1套	55
手动式液压制样机	SDJ	分析文物埋藏环境土壤各种物化性能时,用于实验样品制备	1台	0.26
氙灯老化试验机	香港天祥,AT-LAS Alpha	环境模拟条件下文物保护材料与保护效果耐老化性能测试分析与评估等基础实验设备	1台	46
霉菌培养箱	重庆万达,SHH-250JW	有机质文物防霉实验研究	1台	2.7
盐雾腐蚀箱	香港,ATLAS BCX	环境模拟条件下,对各类文物保护材料进行耐腐蚀性能测试分析与评估	1套	26
合计				2524.15

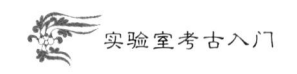

表三　　　　　　　　　　　文物保护室内固定设备　　　　　　　　　　单位：万元

名称	规格	用途	数量	价格
移动式龙门吊车		吊装大型整体遗物套箱	1台	8
移动式翻转工作台		使出土遗物能够从不同角度实施清理处置和保护程序	2台	7
超纯水制备系统		用于文物清洗、保护	1套	12
专用文物保护工作台		文保基础设施（包括吸尘设施1套）	1台	35
真空桌	德国，KORNS，VH-5	丝织品、纸张保护修复	1台	38
真空冷冻箱	德国，ALPHA1-4 LD plus	脆弱质文物脱水、干燥	1台	16
等离子清洗机	日本，V-1000x	有机、无机质文物清洗	1台	130
激光焊接/清洗机	KJG-1YAG-Z200A	文物焊接清洗	1台	25
真空干燥器	YZG-1400A	用于脆弱质文物脱水与保存	1台	7
空气洁净屏	cps	保持文物实验室环境清洁	1套	3
通风橱	定制	有刺激性、有毒性文物保护化学药品或试剂调试和使用等基础实验设备	1套	10
排气机		有刺激性、有毒性文物保护化学药品或试剂调试和使用等基础实验设备	1套	0.2
通风过滤系统		保持文物实验室环境清洁	1套	10
热风枪	BOSCH GBL550	部分出土遗迹由于处于潮湿或饱水状态，进行应急处置加固时，需要对此实施不同程度的加热干燥	2台	0.2
超声波洁牙机	瑞士，EMS，SUPRASSON/tm	珍贵文物精细化清理保护基础实验设备	1台	1.5
精细打磨机	韩国，FORTE100	珍贵文物精细化清理保护基础实验设备	1台	0.6
磨碎、搅拌机	VFM15型	用于保护修复材料的处理	1台	0.2
超声波清洗器	KH700DV	文物清洗	1台	2.5
五槽式超声波清洗器	KQ-T3600VSY.A	文物智能化清洗、消毒和干燥	1台	255
工业用清洗槽（Kennedy）		文物清洗	1台	0.2
普通加湿器	805—7007	加湿，文物保护，控制文物保存环境	1台	0.3
壁画加湿器	805—0004	壁画、大型文物等的保护，控制文物保存环境	1台	1

续表

名称	规格	用途	数量	价格
移动式净化除尘机	TKFA3	文物保护操作中微尘、烟雾、化学溶剂和有害气体过滤，文物和人员人身安全保护基础设备	2台	16
手持式小吸尘器	NH130CH	纺织品文物清理	1台	0.5
鼓风干燥箱		实验室基础设备	1台	1
真空烘干箱		用于脆弱质文物干燥	1台	5
环氧乙烷低温消毒柜		用于纺织品、纸张等有机文物的灭菌、消毒	1台	55
医用观片灯		用于观测x光片，修复字画等	1台	0.5
拷贝桌		修复字画等	1台	0.5
显微镊		显微镜下操作，精细修复必备	2把	0.1
电磁炉		文物保护材料加工处理	1个	0.2
旋转盘		文物保护、修复使用	4个	0.1
工作室专用照明灯		吸顶式无影灯	3台	约3
手持式放大镜		便于现场局部放大仔细观察	4个	0.1
佩戴式放大镜	873—7744	便于现场操作	6个	0.3
高温炉	德国，HT40/16	特殊文物材料试验和选型	1台	30
合　计				约595

表四　　　　　　　　　　**实验室常规用品**　　　　　　　　单位：万元

名　称	规格	用　途	数量	价格
实验室常用玻璃器皿	不同规格	盛装样品、保护修复材料	各若干套	4.6
合　　计				4.6

表五　　　　　　　　　　**照相摄像设备**　　　　　　　　单位：万元

名　称	型号/规格	用　途	数量	价格
数码照相机	尼康，D700	用于出土现场、文物信息记录	4台	12
胶片照相机	尼康，F100	用于出土现场、文物信息记录	4台	8
红外、紫外、荧光摄影设备	日本富士，S3 Pro UVIR	文物的分析检测、保护材料使用情况的分析检测	1套	38

续表

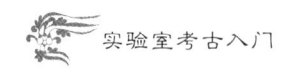

名称	型号/规格	用途	数量	价格
数字摄像机	索尼，8010i	用于出土现场、文物信息记录	2台	7
光学及数字摄影系统	瑞典哈苏，H3D-392	各类文物的光学和数字摄影记录	1台	36
三角架		辅助照相	4台	2
便携式摄影棚		辅助照相	1套	1
拍摄附件				6
合计				110

表六　　　　　测量、绘图、记录设备　　　　　单位：万元

名称	型号/规格	用途	数量	价格
电脑绘画仪、投影仪		文物信息测量、记录	1套	2
手持式激光三维扫描仪系统	加拿大creaform公司，viuscan彩色成像系统	考古发掘现场文物保护信息高精细数字化快速采集与记录（建立数字模型）	1套	45
激光高精度三维数据化仪	日本柯尼卡美能达公司，Range7	文物精密复原信息采集（建立数字模型，与数字化雕刻设计系统和文物修复或复原成型机配套使用）	1套	70
平板扫描仪	Colortrac Flatbed24120 A1	图纸扫描	1台	20
图像分析仪	美国，OMNIMET®		1套	18
数字化雕刻设计系统	美国，Freeform Modeling Plus V9.0	文物精密修复塑形（与激光三维扫描仪和文物修复或复原成型机配套使用）	1套	30
文物修复或复原成型机	以色列OBJET公司，EDEN350	文物精密修复成型或复制塑形（与激光三维扫描仪配套使用）	1套	120
三维建模软件	美国，RapidformXOR	从三维扫描数据生成完全参数化的CAD模型的软件	1套	15
ARC GIS		地理信息系统软件，用于GIS的建设、空间分析、三维建模、图形转换与输出等	1套	21
绘图软件CorelDRAW 12		将数字图像绘制成考古研究需要的正投影线图	1套	10
PowerSHAPE + ArtCAM 配套软件	DELCAM	用于文物复原及地理信息系统的基础软件，可混合建模，做出浮雕立体效果，扫描文件及预算	1套	18

多基线数字摄影测量系统		对拍摄的连续图像对进行测量,建立文物和遗址的三维模型	1套	30
屏幕色彩校正器	美国爱色丽,Color-munki	文物复原时用于准确校色和取色	3台	1.5
台式电脑	thinkcentre M800t	用于文物保护、修复记录、数据储存、资料查询等	12台	11
笔记本电脑	联想,K43V	用于文物保护、修复记录、数据储存、资料查询等	12台	12
打印机		文件资料打印	10台	5
惠普顶级A3彩色激光打印机	HP Color laserJet 6015	彩图打印	2台	13
扫描仪		扫描文字、遗物图片	12台	8
录音笔		会议内容记录	2个	0.1
移动硬盘		资料信息储存	20个	2
U盘		资料信息拷贝	30个	0.6
标签打印机	TLS2200	打印文物标签、地层编号等	2台	2
合计				454.2

表七　　　　　　　　　　文物保存保管设备　　　　　　　　单位:万元

名称	用途	数量	价格
恒温恒湿控制仪	控制文物保存环境温湿度	1台	3
加湿机	增加操作间和实验室的湿度	10台	20
保险柜	文物保存	2台	6
恒温恒湿柜	保存文物	4台	5
带制冷剂的保温或冷藏柜	用于脆弱质文物脱水与保存	1台	3
恒温恒湿包装箱	用于脆弱质文物的储存、运输	1个	2
木质箱体	用于文物存放	4个	1
金属质箱体	用于文物存放	10个	3
塑料箱/盒	用于文物存放	300个	5
文物标本柜	用于存放常规文物	100个	20
多层金属存放柜	用于存放脆弱质文物	200个	40
不锈钢或搪瓷托盘	用于存放脆弱质文物	5套	1
合计			109

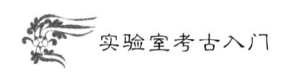

表八　　　　　　　　　　　　**探测设备**　　　　　　　　　　　　单位：万元

名称	型号	用途	数量	价格
高精度光泵磁力仪	GSMP-35G（加拿大）	用于遗址中遗迹现象的调查探测	1	30
三维高密度电法探测仪	RESECS Ⅱ（美国）	用于确定遗迹的范围和埋藏深度的探测	1	50
数字探地雷达	RIS K2+3D 软件（意大利）	用于地下石质结构和空洞的探测	1	90
多频电磁探测仪	GEM-2（美国）	用于埋藏较深的金属器物的探测	1	26
放射性伽马探测仪	SIM-MAX G1110（美国）	用于地下放射性物质的探测	1	14
浅表层地震探测仪	WZG-24A、48A、96A（国产）	用于夯土建筑基础的探测	1	30
浅表层瞬变电磁仪	PROTEM47（加拿大）	用于探寻埋藏较深的金属埋藏物	1	30
超声波成像仪	AcoustoCam I500 超声波成像仪（美国）	用于实验室考古未知物品的探测	1	15
X光安检仪	100080 通道式安检仪（国产）	用于实验室文物修复复原的探测	1	50
红外照相机	F30（美国）	用于拍摄发掘中特殊遗迹遗物	1	20
三维探地雷达	MIRA 系统（瑞典）	用于探测地下的遗迹现象	1	300
合计				655

表九　　　　　　　　　　　　**交通运输工具**　　　　　　　　　　　　单位：万元

名称	型号	用途	数量	价格
考古现场应急处置车载实验室（四轮驱动中型面包车）	依维柯越野车（改装）	通过改装，设置固定工作台，适应各种路况。用于装载考古发掘现场应急处置与保护的便携式设备器材、保护试剂、工具等，以及转运急需保护处置的文物	1辆	约60（含改装20）
考古现场工作车（四驱越野）	丰田兰德酷路泽	人员乘用车，以及装载少量便携式设备、工具、文物保护材料	1辆	约100
普通越野车		辅助工作车	1辆	约40
合　计				约200

表十　　　　　　　　　安保监控设备　　　　　　　　　单位：万元

名称	型号	用途	数量
安保监控设备		用于大型和小型发掘工作室、分析化验室、材料实验室、文物保管库、影像室、试剂材料库、车库等的安全保卫日常监控	1套

表十一　　　　　　　　　环保设备　　　　　　　　　单位：万元

名称	型号	用途	数量
废水处理设备		用于实验室废水净化处理	1套
废气处理设备		用于实验室废气过滤处理	1套

附件三　投资估算（单位：人民币/万元）

项目	经费额度	小计
基础建设	①建筑：各种用房合计建筑面积约2000平方米，按4000元/平方米计（含建筑、装修），约需800万元 ②电力：铺设地下输电线路1000米，约需投资50万元 ③供水：铺设自来水管道500米，约需投资20万元 ④排污：铺设排污管道500米，约需投资50万元 ⑤道路：铺设道路10000平方米，约需投资50万元 ⑥绿化：栽种树木草坪等10亩，约需投资30万元 ⑦围墙：建设围墙约500米，约需投资15万元	1000
环保与安保设施	①安保监控设备一套，约需投资120万元 ②废水、废气处理各一套，约需投资100万元 ③太阳能供电设备一套，约需投资60万元 ④太阳能热水设备一套，约需投资15万元	295
科研设备	发掘清理、检测监测、保护处理、安全保障等设施、装备、仪器、工具等，约需投资4661万元	4661
交通运输	车载实验室，田野工作车，辅助工作车	200
合计	陆仟壹佰伍拾陆万元　　￥61560000.00	

中国社会科学院考古研究所

2011年2月12日

| 附录二 |

应用低氧气调链对汉代棺椁的保护方案

应用低氧气调链对汉代棺椁的保护方案

(中国社会科学院考古研究所)

天津森罗科技股份有限公司

目 录

1 任务背景及意义
2 "低氧气调链"介绍
  2.1 "低氧气调链"设计思路
  2.2 "低氧气调链"使用说明
  2.3 "低氧气调链"工作流程说明
    2.3.1 低氧工作室工作流程说明
    2.3.2 抽气/充氮单元工作流程说明
    2.3.3 储藏柜工作流程说明
3 分系统及其技术性能指标介绍
  3.1 低氧工作室
  3.2 移动式低氧气体工作站
  3.3 低氧储藏柜
  3.4 抽气/充气单元及专用气调袋
  3.5 自给式正压空气呼吸器及充瓶装置
4 主要配套设备清单
  附件1 文物低氧气调系统基础性试验研究
  附件2 《智稳系列 低氧气调储藏柜产品介绍》

1 任务背景及意义

地下文物在考古发掘前,与封闭的埋藏环境形成的相对平衡体系,减缓甚至阻止了文物腐蚀和劣化,使得某些文物历经千百年后出土仍保留原有状态。但是,在文物出土后,这种平衡状态被打破,含

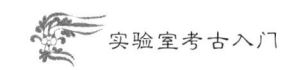

氧量丰富的空气致使文物迅速地被氧化；环境温湿度的昼夜交替、冷暖变化致使文物表面水分不均衡蒸发而出现快速干裂、变形；光线也会加速文物光分解、光氧化作用，致使有机质类文物和带有彩绘的文物发生变色、退色等现象；此外，各种微生物、虫霉等迅速滋生繁殖也是危害出土文物的重要影响因素。

有机质类文物中的漆木器、纺织品、书籍字画、皮革、尸体、骨质文物和象牙制品等，以及无机质类文物中的彩绘陶器、铁器等，均是抵抗环境变化能力较差，出土时极易出现病变的文物。比较典型的案例就是秦陵兵马俑出土时全为彩色，出土后即被氧化，表面颜色在短时间内消失退色。某些情况下，病害发展很快，以至于有些文物来不及送入保护实验室就很快氧化劣化，导致一些重要文化信息丢失，给以后的研究带来不可估量的损失。

本方案在保留出土文物完整性和不影响后续保护处理的前提下，采用"低氧气调链技术"对文物出土、现场清洁、分析研究、修复、保管和展示空间气体中的氧含量、湿度、微量气体和微生物进行综合调控，实现出土文物发掘全过程的"低氧调湿"保护，防止文物离开原环境后由于含氧量、湿度剧变造成的损害，使古代历史文明及艺术瑰宝继续传承。

2 "低氧气调链"介绍

2.1 "低氧气调链"设计思路

"低氧气调链"是以低氧气调技术为依托，用洁净氮气作为保护气体，并通过智能检控设备实现文物在出土、现场清洁、分析研究、修复、保管和展示等环节所处空间内的氧含量、湿度、气体洁净度等持续稳定调控，避免文物从发掘至展示的过程中因氧气、湿度、污染性气体、有害生物及霉菌等造成文物的氧化劣化，完整地保留文物原始形态，使其更加长久地保存，同时使古代历史文明及艺术瑰宝悠久地传承与展示。

2.2 "低氧气调链"使用说明

低氧气调链主要由低氧工作室、移动式低氧气体工作站、低氧储藏柜（含古尸专用低氧储藏柜）、专用气调袋等组成。

低氧工作室建在考古发掘现场，采用夹胶玻璃和柔性气密材料做围护结构，经气密处理后满足气密性与强度要求。工作室采用定制的柔性气密门，当棺椁搬运、人员进出时只需拉开或合拢拉链即可。为文物的清洁、观察、包装、修复提供一个密闭稳定的环境。

使用时，先将文物移入低氧工作室内，关闭气密门。再通过低氧气体站对室内空气进行降氧置换，通过加湿器进行加湿，约8小时工作室内的氧浓度从21%降至5%，相对湿度调节到80%。此时，工作人员佩戴正压式空气呼吸器可以进入工作室工作。

为避免工作人员呼吸产生的二氧化碳及开棺时释放出的气体伤害，气体工作站设计有开环工作模式。该模式工作时，系统将持续把室内气体排出，并补充进清洁的低氧气体，以保证低氧工作室内气体质量。当工作室内无人时，气体工作站自动切换至维持模式，系统依据室内的检测结果，自动启停系统设备，使氧含量及湿度等始终维持在设定值范围内。

为确保清洁后的出土文物处于低氧环境，方案配置了两台低氧文物储藏柜和一台加长型古尸专用低氧储藏柜。文物储藏柜能够自行建立保存空间中的氧浓度及湿度环境，满足文物的储藏要求，氧浓度可低至1%，湿度调节范围为10%—65%。

根据发掘现场需要，方案配套了200个不同尺寸的低氧气调袋，利用气体工作站的"抽气/充氮"工作模式，实现对装袋文物的快速低氧封存保护；为确保袋内湿度，气调袋内采用湿海绵进行湿度的调节。以容积为50升的气调袋为例，2分钟即可完成一次抽气充氮循环。

2.3 "低氧气调链"工作流程说明

2.3.1 低氧工作室工作流程说明

使用时，用户在气体工作站的控制台上对低氧工作室内的氧含量和湿度等参数进行设置，按"一键式"启动按钮，系统依程序自动启动检测、制氮、控湿等单元，根据工作室内的湿度及氧含量的检测结果，自动调节各单元工作状态，使低氧工作室内的氧含量和湿度始终维持在设定值范围内。

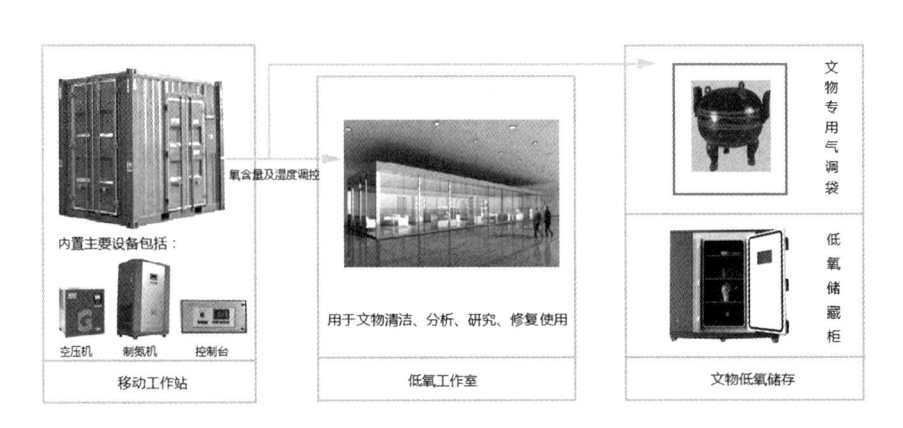

图1 低氧气调链简易流程图

为确保工作人员的安全，工作人员需佩戴正压式空气呼吸器方可进入库房低氧工作室，对出土文物进行清洁、分析研究、修复等操作。此外，若用户需要将工作室恢复至常氧状态时，可按"增氧"按钮，经净化处理的洁净空气被送入工作室内，既提高工作室内氧含量，又保证了工作室内气体的洁净度；期间，低氧工作室内的湿度通过湿度传感器以及气体工作站进行实时检测与调控。

2.3.2 抽气/充氮单元工作流程说明

使用时，先将出土文物装入文物专用气调袋内并密封，在控制台上启动"抽气/充氮"单元，进行"手动"和"自动"模式选择，即可对袋内的空气进行抽气、充氮置换。其中，"手动"模式，需要人工控制抽气和充氮时间；"自动"模式，系统依据设定抽气时间、充氮时间及循环次数，自动完成抽气、充氮操作。

2.3.3 储藏柜工作流程说明

使用时，将文物放入储藏柜中，设置氧浓度和湿度等参数，按下"一键式"启动按钮，系统自动启动制氮、控湿、检测等单元，并根据柜内的氧含量及湿度等检测结果，自动调节各单元工作状态，直至柜内的氧浓度和湿度均达到设定范围，系统自动停机。之后，系统转入"低氧维持"状态，自动检测、控制柜内氧含量和湿度，使柜内湿度和氧浓度始终维持在设定范围内；此外，该系统具有"自洁净调控"模式，长期维持工作室内洁净的气调环境。此外，该系统具有自洁净系统，可清除由展藏材料、外界入侵以及文物自身挥发带来的污染气体，维持柜内洁净的气体微环境。

3 分系统及其技术性能指标介绍

3.1 低氧工作室

低氧工作室由玻璃围护结构、柔性气密门、氧和温湿度检测装置及加湿装置等组成。工作室与移动式低氧气体工作站通过气路管线、通讯线缆连接，实现室内氧和二氧化碳的检测与调节；通过通讯线缆将所检测到的温湿度信号传送至气体工作站，实现工作室内湿度的调节。

该工作室为 L4.0 毫米×W5.0 毫米×H2.2 米，容积为 44 立方米；鉴于棺椁尺寸为 L2.0×W1.5 米，该工作室的柔性气密门为 W2.0×H2.2 米；为避免日常工作人员进出造成室内氧含量及湿度的较大波动，该气密门设计为不对称结构，即一侧宽度为 0.8 米，另一侧宽度为 1.2 米，日常使用仅需拉开或合拢 0.8 米侧的气密门即可。所选夹胶玻璃能够有效阻挡紫外线并吸收红外光中的热量，比普通玻璃透光率高 9%，具有可视性好、强度高、防盗、防爆、防火等特性。

工作室内的气体洁净度、氧含量及湿度稳定性试验结果见附件 1。

3.2 移动式低氧气体工作站

移动式低氧气体工作站以四面开门的集装箱为箱体，箱内集成安装有：综合控制台、双螺杆空气压缩机、中空纤维膜制氮机、增氧装置、抽气/充氮装置、空气充瓶装置、呼吸气瓶搁架、氧和二氧化碳浓度检测控制模块、湿度检测控制模块、通风散热以及工具柜等，工作站箱体尺寸为 L3.3×W2.25×H2.3 米，各门宽约 1.3 米，与工作室的管线距离应控制在 50 米，安装时四周应预留不小于 0.8 米的通道。

综合控制台主要由 PLC 控制器、触摸屏显示器、启停按钮及指示

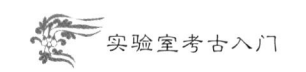

灯等构成。用户在综合控制台上对各系统单元进行集中操控，实现低氧工作室的置换、维持、控湿、增氧、检测以及专用气调袋的抽气/充氮等控制，具有智能化程度高、安全可靠、操作便捷等特点。

本系统采用等焓加湿技术，并借助于温湿度传感器实时监测工作室内的湿度，通过PID控湿技术，使工作室内相对湿度在10%—80%范围内可调，检测精度为±3%RH。

（1）性能指标

➢ 低氧工作室尺寸：　　　4000毫米×5000毫米×2200毫米；
➢ 低氧工作室容积：　　　~44立方米；
➢ 低氧工作室建议指标：

清洁时氧浓度范围：5%—15%；

维持时氧浓度范围：1%—3%；

相对湿度控制范围：10%—80%（20℃）；

最多工作人数：10人；

➢ 置换时间：8小时（氧浓度从21%降至5%）；
➢ 增氧时间：≤1.5小时（氧浓度由5%升至人体安全值17%）；
➢ 供电：　　　　　　　　AC380V/50Hz/10kW；
　　　　　　　　　　　　AC220V/50Hz/3kW。

（2）功能指标

➢ 湿度、氧含量等参数设定、显示、储存、查询与修改；
➢ 置换、维持工作模式的切换；
➢ 低氧工作室的氧含量、湿度等自动检测与控制；
➢ 专用气调袋抽气/充气功能；
➢ 低氧工作室内空气净化及增氧功能；
➢ 设备故障报警和更换提示功能。

3.3　低氧储藏柜

低氧储藏柜集制氮检控装置和储藏柜于一体，具有低氧储藏、湿度调控和自洁净调控功能。使用时，可依据文物材质的不同，将考古现场已清洁或修复好的文物分类储藏，为其创造最佳的储藏环境，最大限度地延缓或抑制文物的氧化劣化，使其更加长久、完好地保存下去。

试验结果显示，该低氧储藏柜具有良好的气密性，平均换气率 $0.02d-1$，仅为国外同类产品的1/8，仅需7—10天补气一次。

近期，该系列产品荣获"2015年全国十佳文博技术产品"称号，产品介绍详见附件1《智稳系列　低氧气调储藏柜产品介绍》。

在上述产品的基础上，结合出土汉代棺椁的尺寸，设计了用于古尸储藏的加长型专用储藏柜，既方便直接取放古尸，又能快速实现古尸的低氧、恒湿、洁净储藏。结合盖蒂研究所（GCI）采用低氧密封控湿技术对埃及开罗博物馆的木乃伊成功应用经验，建议该古尸储藏柜内的氧含量低于2%，相对湿度控制在33%—45%。

图2　低氧文物储藏柜外形图

图3　古尸专用低氧储藏柜

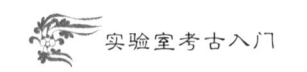

(1) 性能指标
- 储藏柜数量：　　　　　　2个；
- 储藏柜尺寸：　　　　　　2450mm×1050mm×1920mm；
- 储藏柜容积：　　　　　　3立方米；
- 氧浓度控制范围：　　　　1%—15%；
- 相对湿度控制范围：　　　10%—65%（20℃）；
- 置换时间：　　　　　　　≤5小时（氧浓度从21%降至5%）；
- 供电电源：　　　　　　　AC220V/50Hz/2kW。

(2) 功能指标
- 湿度、氧含量等参数设定、显示、储存、查询与修改；
- 定时自动开关机模式选择与时间设定功能；
- 具有自洁净调节功能；
- 湿度及氧含量的实时监测与控制；
- 设备故障报警和更换提示功能。

3.4 抽气/充气单元及专用气调袋

专用气调袋是以食品级PE（聚乙烯）薄膜为材料，具有无毒、无味、防潮、气密好、透明、抗氧、耐酸、碱等特点。结合发掘现场文物周转箱及估算棺椁内古尸的尺寸，设计了如下规格专用气调袋，见表1。

表1　　　　　　　　　　专用气调袋尺寸及数量

类型	周转箱及特殊文物尺寸/cm （长×宽×高）	适合气调袋尺寸/cm （长×宽）	配套气调袋数量/个
文物周转箱	22×16×9	50×60	78
	27×19×9		
	45×31×17	60×80	70
	38×27×16		
	72×56×23	110×130	50
	70×52×43		
古尸	200×100	250×150	2

气调袋由大小两个端口，由大端口将文物放入气调袋内，利用密封夹或密封拉链密封；小端口与工作站的抽充气管连接，通过工作站的抽气/充氮单元对袋内气体进行氮气置换，完毕后拔出抽充气管，再用密封夹将小端口封住即可，使用方法如图4所示。

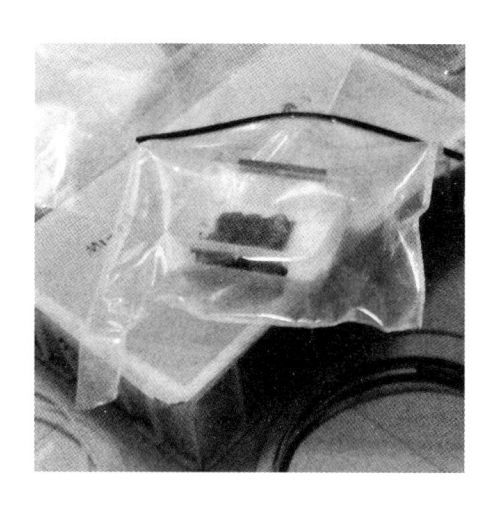

图4　文物专用气调袋使用方法展示

（1）性能指标
- 氮气纯度：　　　≥99.5%；
- 置换时间：　　　≤2分钟（容积50升完成一次抽气充氮循

环）;

注：抽气/充氮单元与低氧工作室由移动低氧气体工作站集中供电，供电指标见3.2（1）。

（2）功能指标

➢ 手动和自动操作模式选择功能；

➢ 自动模式下，系统依据设定的抽气时间、充氮时间以及循环次数，自动运行功能；

➢ 设备故障报警和更换提示功能。

3.5 自给式正压空气呼吸器及充瓶装置

为保证工作室内人员的呼吸要求，本方案配置了1台充瓶装置、10套自给式正压空气呼吸器、20套碳纤维氧气瓶（一备一用）和阀门配件等构成，可供10人在低氧工作间内连续使用2小时。自给式正压空气呼吸器由呼吸面罩、供气阀、碳纤维气瓶等构成，如图5所示。气瓶符合欧洲 DIN EN 12021 安全标准，容积为9.0升。充瓶装置选用德国宝华公司产品，充瓶气体质量符合欧盟标准，平均5—10分钟即可充满一瓶，该装置安装在移动低氧气体工作站内。

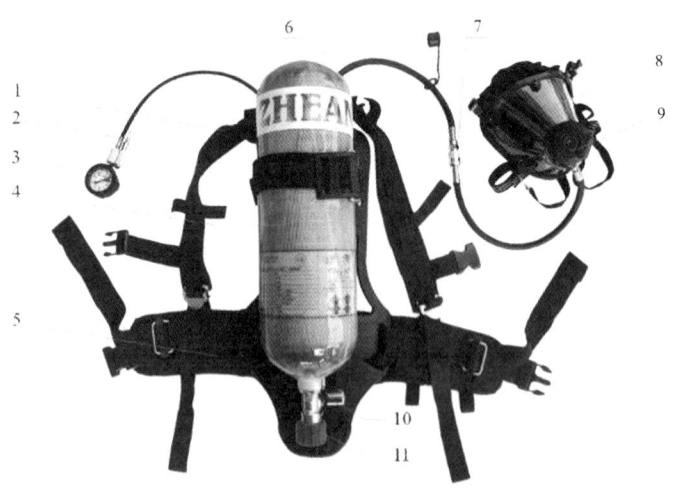

1.背带 2.报警器 3.压力表 4.气瓶 5.背托 6.高压管
7.快速接头 8.全面罩 9.供气阀 10.减压阀 11.气瓶阀门

图5 自给式正压空气呼吸器

4 主要配套设备清单

表 2 系统配置表

序号	所属单元	名称	数量	备注
1	低氧工作室	气密玻璃展柜	1 套	CNRO
2		柔性气密门	1 套	CNRO
3		温湿度检测装置	1 套	CNRO
4	移动低氧气体工作站	集装箱	1 套	CNRO
5		空压机（含冷干机）	1 台	Atlas Copco
6		中空纤维膜组	1 根	Generon
7		过滤系统	1 套	HANKISON
8		显示控制单元	1 套	SIEMENS
9		散热装置	1 套	CNRO
10		加湿装置	1 套	CNRO
11		抽气充氮单元	1 套	CNRO
12		气体检测单元	1 套	CNRO
13		储气装置	1 套	CNRO
14		压力检测及安全保护装置	1 套	CNRO
15		阀门	1 套	原装进口
16		综合控制台	1 套	CNRO
17		组态软件	1 套	CNRO
18		系统控制软件	1 套	CNRO
19	储藏柜	低氧储藏柜	2 套	CNRO
20		古尸专用低氧储藏柜	1 套	CNRO
21	专用气调袋	专用气调袋	200 个	CNRO
22		密封夹	400 套	CNRO
23	呼吸及增氧装置	空气充瓶装置	1 套	BAUERr
24		自给式正压空气呼吸器	10 套	Honeywell
25		碳纤维氧气瓶	20 套	CNRO
26		阀门配件	10 套	CNRO

续表

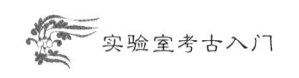

序号	所属单元	名称	数量	备注
27	其他	管线	1套	CNRO
28		安装调试费	1套	CNRO
29		安装辅材	1套	CNRO
30		包装运输费	1套	CNRO

附件1 文物低氧气调系统基础性试验研究

1.1 低氧洁净环境质量监测

我公司委托已通过国家认可委员会实验室认可（CNAS）和中国质量技术监督局（CMA）评审，与美国、英国、德国等62个国家和地区签署国际实验室认可合作组织互认协议（ILAC-MRA）的谱尼测试科技股份有限公司（PONY）对低氧展柜、低氧洁净储藏柜以及低氧库房内气体质量进行分别检测，结果显示二氧化硫、二氧化氮、臭氧、氯气、氯化氢等各项指标均符合欧洲档案馆、博物馆环境空气质量监测标准要求，结果见图1-1。

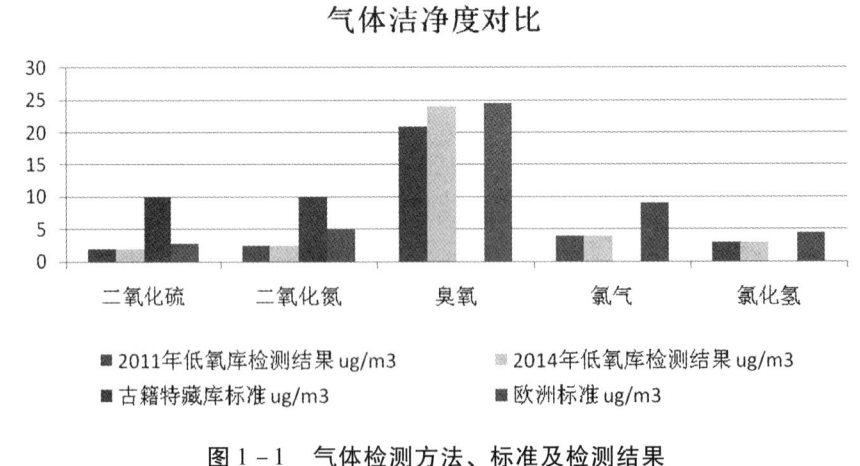

气体洁净度对比

（柱状图：二氧化硫、二氧化氮、臭氧、氯气、氯化氢；图例：2011年低氧库检测结果 ug/m3、2014年低氧库检测结果 ug/m3、古籍特藏库标准 ug/m3、欧洲标准 ug/m3）

图1-1 气体检测方法、标准及检测结果

1.2 密封空间内湿度及氧含量稳定性试验研究

大量研究表明，湿度波动是导致文物劣化损害的主要环境因素之一。为探索密闭空间内湿度及氧含量的变化规律，验证低氧控湿技术在文物低氧气调保护项目中的应用可行性，2015年6月—2015年7月，我公司采用为首博研制的低氧洁净系统对公司内的气密展示库房进行了湿度及氧含量调控试验，为保证试验真实性，在气密展示库房空间内、外不同位置均设置了多个检测点。

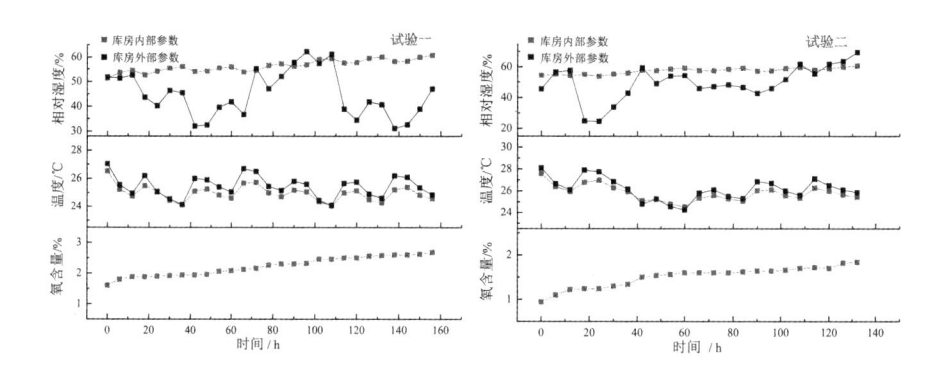

图1-2 外界温湿度变化对密封空间内温湿度及氧含量的影响

通过试验观察，六天内外界环境温度日波动范围为0.9—2.2℃，相对湿度日波动范围为13.2%—28.1%RH；而密封空间内日均相对温度波动范围为0.7—1.8℃，相对湿度日波动范围为2.1%—3.3%RH，氧含量日均变化量小于0.2%。

试验结果表明，密封空间内湿度受外界环境湿度影响较小，良好的气密围护结构能够有效减缓或隔离外界环境温湿度对密封空间内湿度的影响，有效隔离外界SO_2、NO_2、O_3、CL_2、HCL等有害气体的侵入，长期维持低氧工作室内微环境的稳定，同时采用低氧控湿技术可实现气密空间内的湿度稳定、均匀调控，符合安全、节能环保的要求，具有良好的经济、技术可行性。

附件2 《智稳系列 低氧气调储藏柜产品介绍》

2.1 简介

智稳系列低氧气调储藏柜,以气密围护结构为基础,用洁净氮气作为保护气体,将储藏柜中原有的气体置换出去,并通过智能检控设备维持空间内的洁净度、湿度等气调参数,营造出最适宜文物储存的环境,实现对文物的长期保护储藏。该系列产品已经荣获"2015年全国十佳文博技术产品"。

智稳系列低氧气调储藏柜由气源箱和标准气密储藏柜组合而成。气源箱集成了过滤、氮气发生、配气、恒湿、检控等功能;储藏柜由柜体、分隔架等组成,有3立方米和5立方米两种规格。一台气源箱可以带五个储藏柜,可组合出15立方米至25立方米的储藏空间。

使用时文物装入储藏柜内,设定氧浓度和湿度后开机。气源箱自动生成洁净且湿度适宜的气体,将储藏柜内原有空气置换替代,建立起洁净、恒湿、低氧的储藏环境。

智稳系列低氧气调储藏柜采用一键式操作控制技术,自动运行。设备具有远程传送、监控、服务功能。

2.2 低氧气调储藏柜类型

2.2.1 一体式低氧气调储藏柜(基础型)

一台制氮显控装置与一台储藏柜采用一体式结构设计,称为"一体式低氧气调储藏柜"。

- ➢ 产品型号: CWDC-03-01B
- ➢ 外形尺寸: 2450×1050×1920mm
- ➢ 储藏空间: 3立方米;
- ➢ 换气率: ≤0.02d^{-1}。
- ➢ 氧含量调节范围: 1%—15%(可调);
- ➢ 露点温度: -30℃;

➢ 柜内湿度调节范围：10%RH—65%RH（20℃）；
➢ 供电电源：　　　　　AC220V/50Hz/2kW。
➢ 可选 CWDC-03-01BY，带数据远程传输功能。

图2-1　基础型低氧气调储藏柜

2.2.2　"一拖四"型低氧气调储藏柜

一台一体机最多可另配四台储藏柜，各储藏柜之间相互独立，可单独进行参数设定和控制。

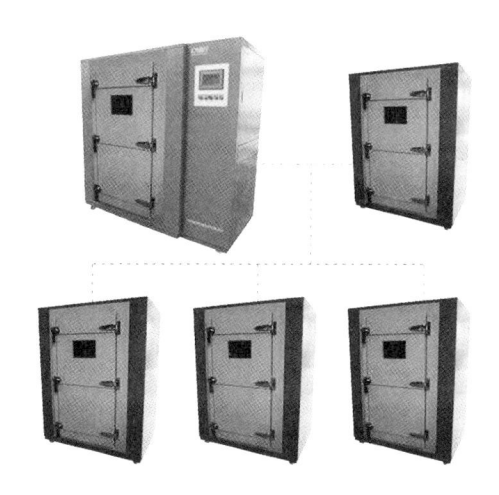

图2-2　"一拖四"型低氧气调储藏柜

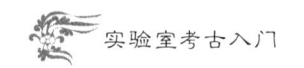

2.2.3 "一拖五"型低氧气调储藏柜

制氮显控装置与储藏柜采用分体式设计，即一台制氮显控装置最多可控制五台储藏柜，各储藏柜之间相互独立，可单独进行参数设定和控制。"一拖五"型按单个储藏柜的容积可分成3立方米和5立方米两类。在实际应用中，一般将制氮显控装置放置在设备间，储藏柜放置在库房，对用户来说，这种分开放置的方法大大增加了文物保护工作的安全性。

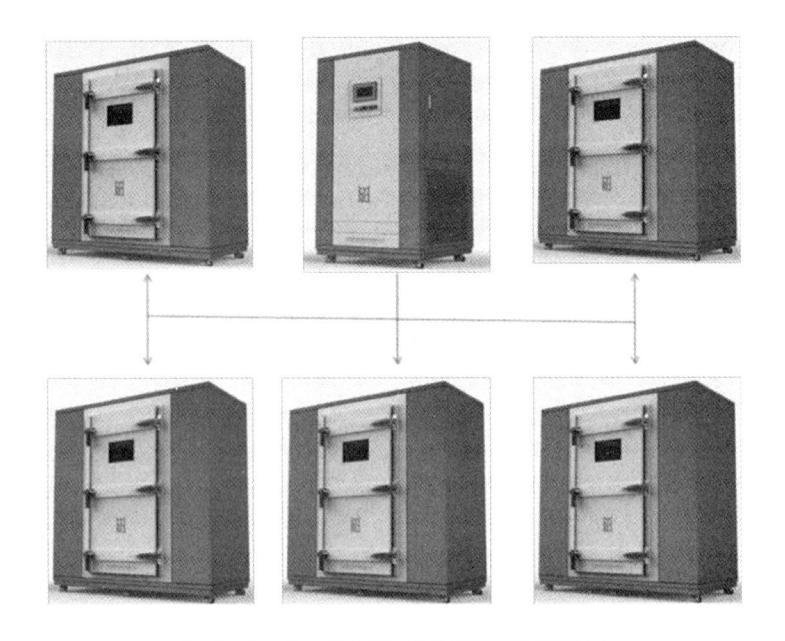

图2-3 "一拖五"型低氧气调储藏柜

2.2.4 珍品储藏柜

该装置具有体积小，易于移动等特征，可根据需要自由组合，有单层、双层、可移动式、不可移动式等多种组合形式，内部展架高度可调节。与制氮显控装置配套使用，可实现柜内氧含量、湿度等自动调节，起到防虫、杀虫、灭菌、防霉作用。该装置主要用于贵重资料长期或短期的保存保护。

图 2-4　珍品储藏柜

主要技术指标如下：
- 换气率：　　　　　≤0.02d^{-1}；
- 氧含量调节范围：1%—15%；
- 相对湿度范围：　　10%RH—65%RH（20℃）；
- 柜体外形尺寸：　　单层 L900×W650×H1000（mm）；
　　　　　　　　　　双层 L900×W650×H2130（mm）。

2.3　产品特点

2.3.1　系统智能化

低氧储藏柜系统的智能化，是通过内部和外部两个层面实现的。其内部包括了一键式启停全自动控制系统，外部具备了远程监控及维护保养和报警提示等功能，两个层面均可向用户提供高效、方便、安全的智能化控制。

2.3.2　可调节搁物架

储藏柜内的搁物架可以进行拆卸，其上下位置、进深宽度均可进行调节，能够满足不同高度和形状的文物储存需求，提高空间利用率。

2.3.3　万向脚轮

制氮显控装置和储藏柜均配备带刹车功能的万向脚轮，方便柜体的移动和固定。

2.3.4　智能触摸屏

安装于制氮显控装置的智能触摸屏，集显示、控制功能于一体，可完成参数的设置、实时显示、历史数据查询、运行时间显示等功能。

2.3.5　数据的存储和导出

对于不带远程功能的储藏柜，系统自动完成数据的存储，用户可直接在触摸显示屏上进行历史数据的查询，通过U盘将历史数据导出。对于带远程功能的储藏柜，系统通过SD卡存储数据，用户可在远程计算机上查询并导出历史数据，触摸屏上无法进行历史数据的查询。

2.3.6　更低能耗

由于低氧储藏柜具有良好的气密性，平均换气率为$0.02d^{-1}$，仅为国外同类产品的1/8，仅需7—10天补气一次，每月开门检查一次，减少了设备的频繁启停次数，从而降低了设备的使用能耗，基础型低氧气调储藏柜全年用电仅300度。

参考文献

一　法律法规

《中华人民共和国文物保护法》，全国人民代表大会常务委员会1982年11月19日发布，2017年11月4日第五次修订。

《〈中华人民共和国文物保护法〉实施条例》，2003年5月13日国务院第8次常务会议通过，2003年5月18日国务院第377号令公布，自2003年7月1日起施行。2016年1月13日第二次修订。

《中华人民共和国考古涉外工作管理办法》，国务院1991年2月22日发布，2016年2月6日修订。

国家文物局：《考古发掘管理办法》，1998年4月21日国家文物局局长办公会通过，报经文化部同意，发布实施。

二　规章规范

国际古迹遗址理事会中国国家委员会：《中国文物古迹保护准则》，2000年。

国家文物局：《田野考古工作规程》，文物出版社2009年版。

国家文物局：《水下考古工作规程》，2011年10月28日颁布。

三　国际文件

联合国教科文组织：《关于适用于考古发掘的国际原则的建议》，1956年颁布。

国际古迹遗址理事会：《考古遗产保护管理宪章》，1990年颁布。

联合国教科文组织：《保护水下文化遗产公约》，2001年颁布。

四　考古报告、简报

国家文物局水下文化遗产保护中心、中国国家博物馆、广东省文物考古研究所、江阳市博物馆编著：《南海Ⅰ号沉船考古报告之一——

1989—2004 年调查》（上下册），文物出版社 2017 年版。

国家文物局水下文化遗产保护中心、广东省文物考古研究所、中国文化遗产研究院、广东省博物馆、广东海上丝绸之路博物馆：《南海Ⅰ号沉船考古报告之二——2014—2015 年发掘》（上下册），文物出版社 2018 年版。

陕西省文物保护研究院、扬州市文物考古研究所：《花树摇曳，钿钗生辉——隋炀帝萧后冠实验室考古报告》，文物出版社 2019 年版。

马菁毓、梁宏刚、霍海俊：《浙江瓯海杨府山西周土墩墓出土青铜器的实验室考古清理》，《考古》2009 年第 7 期。

中国社会科学院考古研究所文化遗产保护研究中心、山西省考古研究所翼城大河口考古队：《山西翼城县大河口西周墓地 M1 实验室考古简报》，《考古》2013 年第 8 期。

甘肃省文物考古研究所、山西省考古研究院：《甘肃张家川县马家塬战国墓地 M4 木棺实验室考古简报》，《考古》2013 年第 8 期。

陕西省考古研究院、德国美茵兹罗马—日耳曼中央博物馆：《西安市唐代李倕墓冠饰的室内清理与复原》，《考古》2013 年第 8 期。

陈杰、罗曦云、陆耀辉：《福泉山遗址实验室考古清理的实践与思考》，中国社会科学院考古研究所文化遗产保护研究中心编：《文化遗产研究》第 2 辑，科学出版社 2013 年版。

韩非、马燕如：《甘肃张家川马家塬出土车厢侧板的初步实验室考古清理》，中国社会科学院考古研究所文化遗产保护研究中心编：《文化遗产研究》第 2 辑，科学出版社 2013 年版。

李存信、蔺明林：《山西大河口出土西周漆木器制作工艺及复原研究》，中国社会科学院考古研究所文化遗产保护研究中心编：《文化遗产研究》第 2 辑，科学出版社 2013 年版。

李存信：《大河口西周墓 M1 出土漆木器后期维护保存》，中国社会科学院考古研究所文化遗产保护研究中心编：《文化遗产研究》第 2 辑，科学出版社 2013 年版。

韩飞、王辉、马燕如：《甘肃张家川马家塬出土车厢侧板的实验室考古清理》,《文物》2014 年第 6 期。

刘国祥、白劲松、陈永志等:《内蒙古陈巴尔虎旗岗嘎墓地》,《考古》2015 年第 7 期。

周必素、彭万:《贵州遵义市新浦播州杨氏土司墓地》,《考古》2015 年第 7 期。

马志军:《唐李倕墓发掘简报》,《考古与文物》2015 年第 6 期。

江西省文物考古研究所、南昌市博物馆、南昌市新建区博物馆:《南昌市西汉海昏侯墓》,《考古》2016 年第 7 期。

中国社会科学院考古研究所文化遗产保护研究中心、南京博物院考古研究所大云山考古队:《江苏盱眙县大云山汉墓七号陪葬坑实验室考古清理》,《考古》2017 年第 8 期。

杨军昌、束家平、党小娟、柏柯、张煦、刘刚、薛柄宏:《江苏扬州市曹庄 M2 隋炀帝萧后冠实验室考古简报》,《考古》2017 年第 11 期。

黄晓娟、赵西晨、严静:《陕西米脂出土汉代玉覆面和玉鞋的实验室清理及复原研究》,《文物保护与考古科学》2018 年第 1 期。

朱磊、刘勇、李存信等:《山西翼城大河口 M5010、M6043 实验室考古简报》,《江汉考古》2019 年第 2 期。

五 专著、研究报告

中国社会科学院考古研究所编:《考古工作手册》,文物出版社 1982 年版。

朱泓:《体质人类学》,吉林大学出版社 1993 年版。

朱俊英:《考古勘探》,科学出版社 1996 年版。

李虎侯:《实验室考古学》,科学出版社 1998 年版。

汤卓炜编著:《环境考古学》,科学出版社 2004 年版。

周昆叔:《环境考古学》,文物出版社 2007 年版。

刘长江、靳桂云、孔昭宸:《植物考古:种子果实研究》,科学出版社 2008 年版。

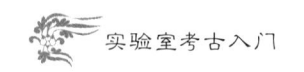

蔡大伟主编：《分子考古学导论》，科学出版社 2008 年版。

陈铁梅：《科技考古学》，北京大学出版社 2008 年版。

赵志军：《植物考古：理论、方法和实践》，科学出版社 2010 年版。

中国社会科学院考古研究所：《科技考古的方法与应用》，文物出版社 2012 年版。

杨璐、黄建华：《考古发掘现场文物保护技术》，科学出版社 2012 年版。

王蕙贞：《文物保护学》，文物出版社 2012 年版。

夏正楷编著：《环境考古学——理论与实践》，北京大学出版社 2012 年版。

朱诚、李兰、刘万青：《环境考古概论》，科学出版社 2013 年版。

王巍总主编：《中国考古学大辞典》，上海辞书出版社 2014 年版。

袁靖：《中国动物考古学》，文物出版社 2015 年版。

[美] Catherine Sease 著，陕西省文物保护院译：《考古人员现场文物保护手册》，陕西新华出版传媒集团、陕西科学技术出版社 2015 年版。

李存信：《考古现场处置与文物保护技术》，中国社会科学出版社 2016 年版。

罗宏杰：《考古发掘现场脆弱文物安全提取与临时固型技术研究》，科学出版社 2018 年版。

袁靖主编：《中国科技考古讲义》，复旦大学出版社 2019 年版。

中国文化遗产研究院曹兵武、刘爱河、余建立主编：《中国观察：中国文物保护利用理论与实践》，文物出版社 2019 年版。

《文物学概论》编写组编：《文物学概论》，高等教育出版社 2019 年版。

六　论文

王振江：《考古发掘中彩绘木器的清理和起取》，《考古》1984 年第 3 期。

丁六龙：《安阳殷墟孝民屯西南地 M1613 车马坑的起取和组装》，《考古》1984 年第 9 期。

丁六龙：《北京琉璃河西周燕国墓地出土漆器在室内的清理起取和保护》，载国家文物局博物馆司、中国文物学会文物修复委员会编《文物修复与研究》，国际文化出版公司 1995 年版。

张光敏：《土坑墓整体切割与搬迁》，《文物保护与考古科学》2004 年第 3 期。

陈家昌：《考古现场脆弱文物的提取与保护材料的应用》，《中国文物报》2007 年 8 月 17 日。

杨忙忙、张勇剑：《实验室微型发掘方法在北周武帝孝陵发掘中的应用》，《文物保护与考古科技》2010 年第 3 期。

梁宏刚：《宁家坡新石器时代出土陶窑的加固保护性搬迁与修复》，《江汉考古》2018 年第 6 期。

刘勇、陈坤龙、韩向娜、李存信：《出土脆弱木质遗存的整体提取与修复——以谢尔塔拉 M11 椁盖为例》，《江汉考古》2018 年第 4 期。

李存信：《全新理念下海昏侯墓的考古——论海昏侯墓葬主棺箱体包装设计理念与实施方法》，《南方文物》2018 年第 2 期。

刘勇：《南昌墎墩汉墓五号墓室内考古发掘与相关遗物科学分析研究》，北京科技大学博士学位论文，2019 年 4 月。

王迪、李存信：《考古遗存的整体提取——以墎墩五号墓主棺的提取为例》，《南方文物》2019 年第 6 期。

李存信：《二里头遗址绿松石龙形器的清理与仿制复原》，《中原文物》2006 年第 4 期。

杜金鹏：《实验室考古导论》，《考古》2013 年第 8 期。

杜金鹏、杨军昌、李存信：《实验室考古的成绩与问题》，《江汉考古》2016 年第 5 期。

杨忙忙、张勇剑：《实验室微型发掘方法及探讨》，载《中国文物技术协会第六次学术年会》，科学出版社 2010 年版。

刘建国：《可移动文物的多视角影像三维重建》，《考古》2016 年第

12 期。

梁宏刚：《考古现场出土文物清理与保护的实践与探索——以广西上思县出土三合土棺的室内考古清理与文物保护为例》，《南方文物》2017 年第 4 期。

李存信、刘勇：《江西海昏侯墓园 M5 棺盖揭取与保护方法》，《考古发掘现场脆弱文物安全提取与临时固型技术研究》，科学出版社 2018 年版。

七 考古和文物保护技术标准

国家标准

序号	标准名称	标准编号	主要起草单位	发布时间
1	文物运输包装规范	GB/T 23862－2009	秦始皇帝陵博物院	2009 年
2	可移动文物修复室规范化建设与仪器装备基本要求	GB/T 30238－2013	中国国家博物馆	2013 年

行业标准

序号	标准名称	标准编号	主要起草单位	发布时间
1	馆藏金属文物保护修复档案记录规范	WW/T 0010—2008	中国国家博物馆	2008 年
2	馆藏出土竹木漆器类文物保护修复档案记录规范	WW/T 0011—2008	荆州文物保护中心	2008 年
3	石质文物保护修复档案记录规范	WW/T 0012—2008	陕西省文物保护研究院	2008 年
4	馆藏丝织品保护修复档案记录规范	WW/T 0015—2008	中国丝绸博物馆	2008 年
5	馆藏文物保存环境质量检测技术规范	WW/T 0016—2008	上海博物馆	2008 年
6	馆藏文物出入库规范	WW/T 0018—2008	秦始皇帝陵博物院	2008 年
7	文物藏品档案规范	WW/T 0020—2008	中国文化遗产研究院	2008 年
8	陶质彩绘文物保护修复档案记录规范	WW/T 0023—2010	秦始皇帝陵博物院	2010 年
9	田野考古出土动物标本采集及实验室操作规范	WW/T 0033—2010	中国社会科学院考古研究所	2010 年
10	田野考古制图	WW/T 0035—2012	中国社会科学院考古研究所	2012 年

续表

序号	标准名称	标准编号	主要起草单位	发布时间
11	田野考古出土人类遗骸DNA获取技术规范	WW/T 0036—2012	吉林大学	2012 年
12	碳十四年代测定考古样品采集规范	WW/T 0042—2012	北京大学	2012 年
13	田野考古植物遗存浮选采集及实验室操作规范	WW/T 0044—2012	中国社会科学院考古研究所	2012 年
14	碳氮同位素食性分析、骨质样品采集及实验室操作规范	WW/T 0045—2012	中国社会科学院考古研究所	2012 年
15	馆藏文物保存环境检测、气体扩散采样测定方法、甲酸和乙酸的测定	WW/T 0046—2012	上海博物馆	2012 年
16	馆藏文物保存环境检测、气体扩散采样测定方法、氨的测定	WW/T 0047—2012	上海博物馆	2012 年
17	馆藏文物登录规范	WW/T 0017—2013	秦始皇帝陵博物院、首都博物馆	2013 年
18	古代陶器科技信息提取规范、方法与原则	WW/T 0053—2014	中国科学院上海硅酸盐研究所	2014 年
19	古代陶器科技信息提取规范、化学组成分析方法	WW/T 0054—2014	中国科学院上海硅酸盐研究所	2014 年
20	古代陶器科技信息提取规范、形貌结构分析方法	WW/T 0055—2014	中国科学院上海硅酸盐研究所	2014 年

后 记

作为新生的中国考古学分支，实验室考古从诞生之日起，便面临着不断科学化、规范化的艰巨任务。其理论建设与发展，技术创新与完善，将是永远的课题。本书的写作，就是上述任务的组成部分。

本书的写作，始于2018年10月拟列写作大纲，但等到2019年11月，我才开始正式动笔。期间，因有"额定"写作任务，不得不中断一段时间去完成硬性工作任务，故本书的写作有些断断续续，不太连贯。我真正全心投入，大约是在2020年的六七月间，"新冠"疫情导致"禁足"居家，终于完成书稿。因此也可以说它是庚子鼠年"抗疫"小成果。

从写作时间上看，本书似是"急就篇"，实际上对它的构思已有挺长时间。它虽然不是"色香味"俱全的美食大餐，就权当一碗可以临时充饥的"方便面"吧。希望不久的将来会有更好的此类著作超越它、取代它。

本书的写作，得到我的同事李存信先生的大力支持，提供了若干照片和文字资料。我的朋友西北工业大学杨军昌教授也热忱支持，提供照片等资料。本所王迪、刘勇等青年才俊，也不时施以援手。我的助理马文芳承担一些辅助工作。在此一并致以真诚的感谢！

中国社会科学院老干部局、考古研究所老干部处、中国社会科学出版社等单位，为本书的出版提供了大力支持；中国社会科学院考古研究所老干部处吴海燕女士、中国社会科学出版社历史考古出版中心郭鹏先生等好友，为本书出版事务热心联络；本书责编郭鹏先生尽心尽责，为本书增色甚多。在此谨致以真诚感谢和崇高敬意！

杜金鹏

2020年7月29日于

北京官书院